뉴딜, 세 편의 드라마
THREE NEW DEALS

THREE NEW DEALS

뉴딜, 세 편의 드라마

루스벨트의 뉴딜 · 무솔리니의 파시즘 · 히틀러의 나치즘

볼프강 쉬벨부시 지음 ｜ 차문석 옮김

지식의 풍경

뉴딜, 세 편의 드라마

일러두기

1. 이 책은 영어판 *THREE NEW DEALS*(Metropolitan Books, 2006)를 번역하였다.

2. 저자의 주는 후주로 달았으며, 본문 안에 실린 각주는 독자의 이해를 돕기 위해 한국어판 옮긴이가 덧붙인 것이다. 영어판 옮긴이가 덧붙인 주는 '영역자의 주'라고 따로 표기하였다.

3. 본문에 나오는 ( ) 안의 설명은 모두 저자의 것이고, 같은 크기의 〔 〕도 저자의 것이다. 작은 크기의 〔 〕은 한국어판 옮긴이가 이해를 위해 붙인 것이다. 저자가 이탤릭체로 강조해 둔 것은 고딕으로 표기하였다.

4. 외래어는 외래어표기법에 준하여 표기하였다.

옮긴이의 글

아마도 이 책을 지금 막 읽으려고 책장을 넘긴 독자들에게 뉴딜New Deal
은 매우 친숙한 용어일 것이다. 어쩌면 이 책이 뉴딜에 관한 수많은 저
서에 또 하나가 첨부되는 것으로 생각할 수 있겠다. 그리고 어쩌면 루스
벨트와 뉴딜에 관한 이야기, 혹은 신화神話는 적어도 이미 역사적으로
정리된 것이 아닌가라고 생각할 수도 있겠다. 하지만 뉴딜이라는 이 구
닥다리 같은 주제에 대해 '용감하게' 새로운 이야기를 꺼내려는 것이 이
책의 저자 볼프강 쉬벨부시Wolfgang Schivelbusch가 가진 의도이다.

쉬벨부시는 뉴딜을 단순히 미국에서 특별하게 창조되어("made in
USA") 세계로 확산된 것〔즉 미국판 대문자 뉴딜New Deal에서 유럽으로 확
산된 소문자 뉴딜new deal로〕이 아니라 당대의 독일, 이탈리아, 미국, 심지
어 소련에서 일종의 공통의 기반 위에서 벌어졌던 보편적 세계사世界事
로 위치 짓고자 한다. 그의 예리한 성찰에 따르면 뉴딜은 탄생된 후 거
의 70년이 지난 오늘날까지 그릇되고 과잉 신화화된 주장들로 포장되어
왔다. 따라서 이 책에서 '뉴딜(혹은 뉴딜들)'에 관한 쉬벨부시의 분석은,
이러한 역사적 무게를 가져 견고하게 된 그릇되고 신화화된 주장들과
불가피하게 한바탕 충돌할 수밖에 없다. 쉬벨부시는 뉴딜에 대한 기존
의 관념과 통념들을 할퀴고 들어가 상처를 낸다. 그리고 다양한 입론과

자료들을 통해 뉴딜과 관련된 새로운 차원의 세계를 제시한다. 그 세계는 과거의 이야기를 통해서 미래로 향해 있다. 뉴딜 '들'에 관한 이 책의 이야기는 독자들에게 하나의 신선한 충격이자 새로운 정립의 기회를 제공할 것이라 믿어 본다.

쉬벨부시 이전에 뉴딜을 전혀 다른 차원에서 학술적으로 분석한 사람이 있다. 경제인류학자로서 곧잘 분류되고 있는 칼 폴라니Karl Polanyi(1886~1964)이다. 독자들은 의아해 하시겠지만, 본 옮긴이는 폴라니로부터 이야기를 시작하려고 한다. 그는 냉전 시대의 뉴딜 신화에 균열을 가하는 총체적 규모의 분석[《거대한 변환》(1944)]을 제시했었다. 비록 쉬벨부시가 폴라니를 언급하지는 않지만, 폴라니의 논의를 소개하는 이유는 쉬벨부시의 논지가 이단화異端化되는 경향을 경계하고 객관적인 성찰의 대상으로 자리 잡게 하기 위함이다.

쉬벨부시가 소개하는 독일, 이탈리아, 미국의 뉴딜들New Deals은 1920년대 말의 세계적 규모의 경제 대공황에 직면해서 각국 정부가 '사회'와 '공동체'를 지키려는 지난한 몸부림 과정에서 창출된 것이다. 폴라니 또한 시장 및 시장 경제가 유발한 사회적 변환transformation으로부터 '사회'를 지키고자 하는 동학들을 밝혀내고자 했으며, 이를 통해 뉴딜 동학이 20세기 지도 위에 어디쯤 위치하는지, 그 좌표를 확인시켜 주고자 했다. 이러한 각국의 '사회 보호' 노력이 당시에 부상하고 있던 근대 국민 국가 시스템과 결합되면서 기형성을 갖게 된다고 보았다. 물론 옮긴이의 생각에는 시장 혹은 자본으로부터 '사회(혹은 공동체 생존 윤리)'를 지키고자 하는 노력은, 18세기 영국을 분석한 톰슨E. P. Thompson과 동아시아 농민 사회를 분석한 스콧J. C. Scott 등이 제기한 도덕 경제moral economy로 표출될 수도 있고, 근대 국민 국가의 확고한 정치권력 하에서는 그것이 '뉴딜'로서 나타날 수 있다. 뉴딜을 채우고 있는 알맹이는 도덕 경제의 동학과 유사하다고 보는데, 단지 그러한 동학을 농민이 아니라 정치권력 그 자체가 차용하고 있을 뿐이다.

우선 칼 폴라니의 논의를 들어 뉴딜이 등장하는 메커니즘을 살펴보도록 하자. 단순히 1929년에 촉발된 대공황이 뉴딜 등장의 유일한 이유였는가는 폴라니에 의해 기각된다. 대공황은 어느 정도의 가성假性적 인과 관계를 연계하는 하나의 표출적 사건에 불과하다. 그보다 더욱 구조적으로 폴라니는 시장(혹은 시장 경제)에 관심을 집중시켰다. 폴라니에게 시장 경제는 '자기 조정적' 성격을 갖는다. 이때 자기 조정적 시장 경제란 애덤 스미스A. Smith의 '보이지 않는 손'에 해당하며, 스스로를 조정하기 때문에 정부는 절대 개입해서는 안 된다는 전제를 도출시킨다. 이러한 전제 위에서 파편화된 개인 주체를 정치적 주체로 인정하고 경제와 정치의 분리를 선언하는 자유주의 국가가 출현하게 되는 것이다.

자기 조정적 시장 경제는 내부로부터 '사회'를 붕괴시키기 시작했다. 고유한 농민 공동체를 향해 쇄도해 들어오는 시장은 역설적으로 이에 대항하는 농민들의 도덕 경제 확립에 근거를 마련해 주었다. 이와 유사하게, 민족주의가 최고조에 달했던 1930년대에 파시즘이 등장했던 이유는 자기 조정적 시장 경제가 만들어 낸 위기에 대항해서 사회를 보호하기 위해서였다는 것이 폴라니의 생각이었다. 즉 시장 경제에 오면 시장 또는 경제라는 것이 원래 사회에 뿌리내리고 종속되어 있던 것에서 벗어나 더 이상 경제가 사회에 의해 통제되지 않게 된다는 것인데, 이를 폴라니는 사회로부터 시장의 '탈脫배태disembedded'라고 했다. 이러한 자기 조정적 시장 경제가 '탈배태'됨으로써 사회가 통제할 수 없는 시장이 나타나 사회를 위협하고 위기에 빠뜨리게 되는데, 사회가 다시 여기에 저항하게 되는 구도가 등장한다고 보는 것이다. 결국 이에 대한 대안으로서 파시즘Fascism, 사회주의Socialism, 뉴딜New Deal이 나타나게 되었으며, 이러한 체계들이 등장한 것은 어떤 형태로든 시장으로부터 사회를 보호하려는 움직임이라고 본 것이다. 파시즘의 경우에는 사회의 해체에 대한 저항의 목소리를 가장 크게 냈기 때문에, 사회주의의 경우에는 자본주의에 대한 근본적인 제동을 걸기 위한 사회의 자기 보호 메커니즘이었기 때문에 등장했다고 폴라니는 봤다. 마지막으로 뉴딜의 경우에는 포괄적인 대응을 시도했는데, 자기 조정적 시장 경제 자체를 통제하는 방식으로 나아갔던 것이다.

칼 폴라니를 경유하면서 우리는 적어도 냉전 시기에 '자유주의화' 된 뉴딜을 일정 정도 상대화시킬 수 있게 되었다. 즉, 전체주의와 사회주의에 대한 자유주의 혹은 자유방임주의의 승리라고 간주되어 왔던 신화를 재검토할 수 있는 여지가 생겼다. 폴라니에게 파시즘, 사회주의, 뉴딜은 모두 시장과 시장 경제에 대한 안티테제anti-these의 의미를 갖고 있지만, 독일의 나치즘을 포함해서 이들 상호 간의 관계는 본격적으로 조명되지 않았다. 이러한 역할을 자청하고 있는 것이 바로 쉬벨부시의 《뉴딜, 세 편의 드라마Three New Deals》가 아닐까 한다.

《뉴딜, 세 편의 드라마》라는 제목과는 어울리지 않을 것 같은, 이 책의 저자 볼프강 쉬벨부시는 사실 문학, 철학, 사회학을 두루 섭렵한 '문화사의 거장'으로 널리 알려져 있다. 그가 쓴 책으로는 《브레히트 이후의 사회 드라마》(1974), 《철도 여행의 역사》(1978), 《기호품의 역사》(1980), 《지식인의 황혼》(1982), 《섬광》(1983), 《빌헬름 시대의 한 오페라》(1985), 《뢰벤의 도서관》(1988), 《패배의 문화》(2003) 등이 있다. 한국에는 1999년에 《철도 여행의 역사》가, 2000년에 《기호품의 역사》가 각각 번역되어 독특한 필치와 놀랄 만한 성찰과 직관으로 이미 많은 독자층을 확보하고 있다. 하지만 《뉴딜, 세 편의 드라마》는 문화사를 넘어 어쩌면 정치학과 역사학을 아우르고 있는, 기존의 쉬벨부시의 저작과는 전혀 다른 성격의 저작이다.

이 책은 서론과 에필로그를 제외하면 총 5개의 장(친족 관계?, 리더십, 선전, 땅으로 돌아가자, 공공사업)으로 구성되어 있다. 독자들은 본격적인 논의를 시작하는 1장에 들어가기 전에 서론(비교들에 관하여)에서 약간의 당혹감을 느낄 수 있을 것이다. 옮긴이 또한 이 책을 한국어로 옮길 때 서론에서 제기하는 쉬벨부시의 설명 구조가 상당히 이질적으로 와닿았다. 왜 그토록 우리에게 생경한 건축학과 건축사조에서 글을 시작하는지 의아했다. 하지만 서론을 어렵사리 지나 본론을 통과하면서 쉬벨부시가 의도했던 서론의 장치를 이해하게 되었고, 나아가 독특한 구성에 또 한 번 감탄하게 되었다. 그것은 독일, 이탈리아, 미국에서 전개된 이 세 가지 뉴딜들이 갖고 있는 '동근성同根性'〔간단히 말해서, '뿌리가 같다'는 의미. 이 책에서는 '수렴'이라는 용어로 표현〕을 도출해 내기 위한 장치였던 것이다. 그런 연후에 쉬벨부시는 서론에서 기술하고 있는 특정한 건축학의 사조를 뉴딜들New Deals에 관한 설명으로 연결시키려고 시도한다.

이러한 연결 고리들이 어떻게 서론에서 본론으로 이어지면서 작동하는지를 독자들에게 간략하게 정보 차원에서 서술하는 것이 필요할 수 있다는 생각을 했다. 물론, 많은 독자들은 미국의 뉴딜, 독일의 나치즘(국가사회주의), 이탈리아의 파시즘, 심지어는 소련의 스탈린주의 간에 유사성이 존재한다는 사실만으로도(그리고 나아가 루스벨트, 히틀러, 무솔리니, 스탈린을 동급으로 취급한다는 느낌에) 불쾌해 할 수도 있을 것이다. 기존에 지식화되고 신화화된 세계사 상식에서는 미국의 뉴딜은 '좋은good'것이며 그 반대편 극단에 전체주의 국가들의 '극악함evil'이, 즉 제2차 세계 대전을 일으킨 주축국인 독일과 이탈리아의 국가사회주의와 파시즘이 있기 때문이다. 하지만 쉬벨부시는 비교하고 수렴시키기 위해서 아예 이들을 섞어 버렸다.

먼저 이 책에서 지속적으로 등장하고 있는 용어들을 정리해 보아야 할 것 같다. 이 책에서는 monumentalism과 monumentality를 각각 '모뉴멘털리즘'과 '기념비성'으로 번역했다. 기념비성monumentality은 '추억을 불러일으키는 것', '회상 혹은 회고하게 하는 것'이라는 의미를 지닌 라틴어 '모뉴멘텀monumentum'에서 유래한다. 베르그송H. Bergson의 어법을 빌린다면, 이것은 일종의 '기억memory'을 의미한다. 이 '기억'은 특정 이미지 안에서 구성될 필요가 있는데 이 '기억에 대한 보존'이 기념비적 건축에서 가장 기본적인 개념이 된다.

그렇다면 기념비와 기념비적 건축은 어떻게 다를까. 기념비는 말 그대로 기념 건조물, 기념비 자체, 기념탑, 기념문, 묘당, 납골당 등 과거의 사건, 사업 및 사자死者의 유업을 기념하는 건조물을 말한다. 기념비적 건축은 기념비에 나타나는 여러 특성을 빌려서 표현하고자 하는 바를 나타내는 건축을 의미한다. 바로 이 특징이 현대에 와서 기념성과 조형성이 강한 다양한 용도의 건축물에 사용되었다. 기념비적인 건축이 갖는 상징성을 이용해 공공을 위한 대규모 건축물과 시대정신이 반영된 건축물이 지어지고 있다. 하지만 모더니즘modernism은 기념비적 건축을 등한시했다. 모더니즘은 예술이나 미술 그것 자체만의 독립적이고 자율적인 영역을 갖고 있다고 믿었던 것이다. 이것이 이 책의 초반에서 기존의 건축, 즉 모더니즘과 모더니스트들에 대한 비판으로 시작되고 있는 이유이다.

쉬벨부시는 '신고전주의neoclassicism'를 눈여겨 주시한다. 신고전주의는 '국가가 권력과 권위를 시각적으로 생생하게 보여 주는 건축 양식'을 주도하기 때문이다. 이러한 신고전주의는 대공황 시기에 총체적인 국가 개입으로 절정에 달했다고 평가한다. 이것이 키워드이다. 국가 개입, 그것은 파시즘, 나치즘, 스탈린주의, 그리고 뉴딜을 하나로 수렴시키는 당대의 조건이자 요인이었다. 이 시기에 유행하고 확산된 건축이 바로 신고전주의적·모뉴멘털리즘적 건축 양식이었던 것이다. 파리에서, 베를린에서, 모스크바에서, 워싱턴에서 신고전주의 건축 구조물들은 그곳을 지배한 이데올로기와 체제가 아무리 달랐다 해도 경쟁적으로 치솟아 올랐다.

사실 고전주의classicism 건축의 원형은 그리스와 로마 건축이다. 반면에 신고전주의 건축은 1789년 프랑스 대혁명과 1798~1801년의 나폴레옹의 이집트 원정이 경계가 되어 나타난 건축 양식이다. 이집트 원정은 그리스와 로마의 전통만을 고집해 온 서양 건축에 이집트 건축이 접목되는 계기가 되었고, 이것이 신고전주의적 기념비적 건축의 시작이 되었을 것이다. 한편, 신고전주의는 일정 정도 합리주의를 수용하여 '건축의 정수essence of architecture'를 찾고자 노력했는데, 18세기 후반에 고전주의가 가진 합리주의에 과도하게 반응했던 바로크에 대한 반발은 역으로 신고전주의가 등장할 때 합리주의가 포용될 수 있었던 배경이 되었다. 신고전주의는 프랑스뿐 아니라 독립전쟁 이후의 미국의 건축에도 큰 영향을 끼쳤다. 그리고 소련을 위시한 동유럽 사회주의, 이탈리아 파시즘, 독일의 나치즘 정권의 정치적 도구로서 기념비적 건축이 활용되었고, 제2차 세계 대전 이후에는 신생 독립 국가와 제3세계 국가들, 심지어 북한에서도 같은 목적으로 기념비적 건축이 확산되었다. 결국 이 책에서 모뉴멘털리즘과 기념비성이라는 경향은 신고전주의적인 건축을 일컫는 것으로 보면 되겠다.

20세기에 들어와서 신고전주의적 공공 건축물들이 제1차 세계 대전과 제2차 세계 대전 사이에 지어지게 된다. 독자들도 알다시피 이 시기는 대공황과 이에 대한 대응으로 각국에서 국가 개입을 총체적으로 실행하여 나치즘, 파시즘, 뉴딜이 속속 등장하는 시기이다. 이러한 국가의 개입적 근육을 정당화하는 기념비적 건축이 등장하게 된 것이다. 쉬벨부시가 의식적으로 개입하고자 하는 곳이 바로 여기다.

지금까지 '기념비적인 건축=나치의 제3제국 및 20세기 전체주의 정권' 이라는 등식이 정당화되었으며, 반면 '근대modern 건축=자유민주주의 와 사회 복지 국가'라는 등식이 유행했었다. 신기한 것은 이러한 등식이 1970년대까지 전혀 문제 제기되지 않았으며, 심지어 근대 건축의 창시 자인 브루노 체비Bruno Zevi와 같은 사람은 1990년대 말에도 신고전주 의를 파시스트적이고 전체주의적이라고 경멸했다. 나아가 신고전적이 고 기념비적인 건물들이 사실상 베를린, 로마, 모스크바뿐 아니라 1930 년대에 워싱턴, 파리, 런던, 그리고 제네바에도 건축되었다는 사실을 애 써 숨기려 했다. 좀 더 구체적으로 말하자면, 미국의 경우 1932년 뉴욕 현대미술관, 프랑스의 경우 1937년 샤요 궁 등이 그러했다. 앞에서 언급 했듯이 이것은 모두 현지의 국가 권력이 자신의 권력과 권위를 시각적 으로 표출하려는 시도였다.

따라서 '모뉴멘털리즘=전체주의'라는 단순화된 등식은 오류이다. 이러한 조악한 이분법적인 등식은 건축에만 한정되는 것이 아니었다고 보는 것이 쉬벨부시의 입장이다. 이것은 다른 어떤 것을 정당화하고자 한 상징 장치였는데, 바로 1930년대의 자본주의적 자유주의와 그리고 국가사회주의 및 파시즘 간의 이데올로기적 적대를 상징하는 것이었다. 이러한 적대는 바로 '모뉴멘털리즘=전체주의=파시즘 혹은 나치즘'이 라고 선전하는 것에 고스란히 반영되어 있었고 지금까지 우리도 그렇게 믿어 의심치 않았다. 그리고 사실 냉전 덕분에, 그리고 파시즘과 나치즘 이 가진 억압성을 두드러지게 강조한 덕분에 '상대적으로' 완벽하게 신 화화된 뉴딜이 존재하게 되었고 제2차 세계 대전 이후 전체주의라는 악 의 세력에 대항해 승리한 루스벨트라는 등식이 성립하게 되었던 것이다.

하지만 이러한 이분법적 등식이 1930년대식의 체제적 적대의 반영이 라는 사실이 드러나면서 파시즘과 나치즘이 왜 당시에 대중들을 끌어들 일 수 있었는지에 대한 연구도 진행되었고, 그 체제의 억압성 이면에 존재하던 평등주의적 기획이 부각될 수 있었다. 그와는 정반대로 전체주의의 대안으로 이상화되고 신화화되었던 뉴딜과 루스벨트는 비판에 직면하기 시작했고, 그에 대한 이른바 '성상 파괴' 가 시작되었다.

물론 쉬벨부시는 여기서 논의를 끝내지 않는다. 그가 의도하는 바는 선악의 이분법을 새로이 제시하거나 선악의 대상을 교체하는 것이 아니라 파시스트 이탈리아, 나치 독일, 그리고 낭만적 감성을 제거한 뉴딜 사이의 수렴 지점(혹은 동근성)에 대해서 본격적으로 문제를 제기하고자 하는 것이다. 이것이 쉬벨부시만이 갖고 있는 독특한 성찰의 방식이다. 이제 본문의 배치들에 대해서 약간 개관하면서 쉬벨부시의 문제 틀을 따라가 보자. 물론 본격적인 탐구는 독자들의 몫이 되리라 생각한다. 독자들은 본문에 들어가기에 앞서, 개러티J. A. Garraty를 인용한 서론의 마지막 언급을 기억하는 것이 좋다. '비교하는 것은 동일시하는 것이 아니다.' 왜냐하면 쉬벨부시는 이들 체제를 비교한다고 해서 이들 체제가 동일하다고 말하려는 것이 아님을 당부하고 있기 때문이다.

1장의 제목은 생경하게도 '친족 관계?' 이다. 물론 '물음표(?)' 는 쉬벨부시의 의도이다. 파시즘 혹은 국가사회주의와 뉴딜 사이에는 우리가 생각하는 것 이상으로 유사점이 나타나는데, 이들은 모두 자신의 국민 경제를 완전히 복구시키기 위해 재무장과 그에 따른 전쟁을 필요로 했다고 본다. 당시 루스벨트의 정적들은 루스벨트의 제반 정책들과 그 정책 기조에 대해 '러시아 방향으로 너무 멀리 갔다' 고, '이 나라 구석구석에 히틀러주의를 이식하려 했다' 고 비판했는데, 이는 루스벨트 정부의 친親파시즘적 경향을 은연중에 대변하고 있다. 실제로 루스벨트의 내무장관이었던 해럴드 이커스Harold Ickes는 '우리가 하고 있는 것은 러시아에서 해 왔던 것의 일부이며, 심지어 어떤 것들은 히틀러 치하 독일에서 행해진 것들이었다' 고 선언하기까지 했다.

이질적인 것으로 생각되어 왔던 이 체제들을 마치 친족 관계처럼 연결시키는 기제들은 다양하다. 군사 구조들과 군사적 메타포들이 그러했으며, 자유주의적 자본주의에 대한 대대적인 공격도 그러했다. 뉴딜의 이념적 고향이라 할 '혁신주의Progressivism'를 신봉하던 미국 관료들의 외침은 '자유방임주의는 죽었다. 사회 통제 만세'였다. 그리하여 쉬벨부시가 인용한 "미국이 파시즘을 취할 때 그것은 반反파시즘이라 불릴 것이다"라는 문장은 미국이 파시즘을 수용할 때 왜 반反파시즘이라는 가면을 쓰고 수용할 수밖에 없었는지를 알 수 있게 해 준다.

2장은 히틀러, 무솔리니, 루스벨트의 리더십을 다룬다. 쉬벨부시의 첫 마디는 아돌프 히틀러와 프랭클린 델러노 루스벨트는 거울상체antipodes〔거울에 비춘 상처럼 좌우만 뒤바뀌었을 뿐 나머지 구조는 같은 이성질체〕라는 것이다. 게다가 히틀러, 루스벨트, 무솔리니는 모두 국민 투표에 의해 합법적으로 선출된 리더십이다. 루스벨트는 라디오(특히 노변정담)를 통해서, 히틀러는 집회를 통해서, 그리고 무솔리니는 유희적이고 축제적인 효과들을 통해서 각각 대중들을 사로잡았다. 물론 라디오와 집회는 대단히 다르지만, 최종적으로 이 리더들은 대중들 스스로 자신들이 중요한 존재라는 것을 깨닫게 만듦으로써 대중들을 자신의 편으로 동원할 수 있었던 것이다. 이것이 그들이 가진 카리스마의 원천을 구성하고 있었다고 본다.

3장은 선전이다. 선전은 중간 매개적인 제도들을 우회해 대중에 대해 직접적인 장악력을 행사할 수 있는 수단이다. 이 시기 미국, 독일, 이탈리아에서는 엄청난 정부 정책 선전 기구들이 설립되었다. 각국에서 언론에 대한 통제도 동일하게 이루어졌다. 물론 미국의 언론은 상대적으로 자유로웠지만, 방송 허가권 등을 통해 다른 나라와 마찬가지로 언론을 통제했다. 미국이 특이했다면 '방송국은 자신이 말해야 할 것을 지시받을 필요가 전혀 없었다. 대개 그들은 해야 할 말을 이미 말하고 있었

던 것이다.'

선전에서 상징만큼 중요한 것이 있을까? 우리는 독일 나치즘의 상징으로 깊이 각인된 하켄크로이츠Hakenkreuz〔독일어로 '갈고리Hooks'를 뜻하는 '하켄Haken'과 '십자가Cross'를 뜻하는 '크로이츠kreuz'가 합쳐진 말로서 '갈고리 십자가'라는 뜻이다. 불교나 절卍의 상징으로 널리 쓰이는 '만卍'자 모양을 뒤집어 기울여 놓은 모양인데, 독일 나치즘의 상징으로 널리 알려져 있다〕를 너무나 잘 알고 있다.

반면에 뉴딜의 신전과 상징은 한국의 독자들에게 잘 알려져 있지 않은 것 같다. 이른바 '실업에 대항하는 여름 대공세'라 불리는 '블루 이글Blue Eagle 캠페인'은 1933년 7월에 대공황에 직면해 끝없이 추락하는 미국 경제를 통제하기 위해 착수한 정책이었다. 블루 이글 배지는 옷에 달도록 하였고 블루 이글 포스터(본문 122쪽)는 가게나 공장에 걸도록 했다. 블루 이글 상징물이 없을 경우 대공황과 싸우는 국민의 군대에 속하지 않는다는 것을 의미했고, 심지어 '우리와 함께하지 않는 사람들은 우리의 적'이라고 공표되었다. 블루 이글을 비방하는 사람들은 '얻어맞아도 싸다'는 정치인의 공개적인 발언도 회자되었다. 《데일리 헤럴드》의 한 특파원은 "독일의 스와스티카(나치 갈고리 십자가)보다 블루 이글이 더 많았다"고 했다.

이러한 상징을 통한 선전의 효과가 극대화되기 위해서는 먼저 공간의 재조직이 수반되어야 했다. 그리하여 4장에서는 이 체제들에 의한 공간의 재정의와 재조직에 대해 다루고 있다. 한마디로 요약하면 "땅으로 돌아가자back-to-the-land"는 정책이 각 체제에서 착수되었다. 즉 '땅에 대한 신화'를 창조하는 것이다. 땅은 조국이며 혈통이다. 이것은 극도의 민족주의와 인종주의를 생산해 낸다. 소비에트 러시아, 이탈리아, 독일, 그리고 미국에서 이러한 경향은 아우타키autarky〔국가의 경제적 자급자족〕적이고, 방어적이며, 내향(내부를 향하는 지역주의)적이었다. 파시즘,

국가사회주의, 뉴딜 모두는 각종 선전을 통해 대중들을 열광시키면서 전원-정착지를 건설하였다. 미국의 정착지는 아서데일Arthurdale에서 첫 삽을 떴고 소도시의 미국이라는 새로운 모델이 창출되었다. 독일에서는 란트도시Landstadt, 혹은 농촌 도시라는 개념을 통해 '땅과의 재회'를 선전했는데, 그야말로 아서데일의 나치 측 등가물이었다. 이러한 정책이 대중적 인기를 끌었다는 사실은 산업화가 파괴했던 전前산업적 생산양식에 대한 기억이 대중들에게 얼마나 생생히 남아있었는지를 보여준다. 일종의 도덕 경제라는 개념이 작동함으로써 나타난 공동체에 대한 향수가 아닐까 한다.

5장의 공공사업은 이 체제들이 자신을 대내외적으로 표출하기 위한 전시showcase 사업들이었다. 이 모델은 소련에서 모방했으며, 나치즘, 파시즘, 뉴딜 모두가 공유했던 지향이었다. 이탈리아 파시즘의 아그로 폰티노Agro Pontino, 미국 뉴딜의 테네시 강 유역 개발 공사TVA, 나치 독일의 아우토반Autobahn이 대표적이다. 독자들은 5장의 공공사업들이 추진되는 경로와 그것을 의도한 정치권력의 내밀한 욕망들을 읽어 내면서 새로운 성찰을 얻게 될 것이라 본다. 이러한 대규모 공공사업은 권력이 창출하고자 했던 새로운 문명을 대중적으로 기억하게 만드는 일종의 '기념비'의 완성이라고 할 수 있다.

이러한 기념비성을 말할 때 각국의 수도首都를 빼놓아서는 안 될 것 같다. 미국, 이탈리아, 독일의 수도 건설은 건축학적으로 매우 의미심장한 것인 바, 쉬벨부시는 바로 기념비성과 도시의 밀접한 연관성을 추출해 놓고 있다. 아닌 게 아니라 'monumental'이란 말과 'urban'이라는 말은 서로 밀접한 관계를 가지고 있다. 도시 경관urban scene이라는 개념에서 볼 때 도시의 핵심urban focus을 실현하는 과정은 기념비성을 실현해 가는 과정과 동일한 것으로 볼 수 있다. 역사적인 측면에서 살펴보자면 'urbs'나 'polis'는 광장forum이나 시장agora과 같은 빈 공간에서 시작되었고 기타의 건축물들은 이러한 빈 공간을 확정하고 한정하는 수단으로서 작용했다. 즉 전원성에 대응하는 도시성의 표현으로서 기념비적 건축이 이들 도시에 지어졌던 것이다.

이 옮긴이의 글의 목적은 독자들이 이 책을 본격적으로 읽기 전에 이 책에 관한 정보와 총체적인 지도map를 제공함으로써 독해가 원활하도록 하는 데 있었다. 그런데 옮긴이의 이 작업이 오히려 독해를 더 어지럽히지는 않을는지, 오히려 무궁무진한 쉬벨부시의 성찰의 흔적들을 오해받게 하거나 폄훼시킬 수도 있지 않을까 하는 우려가 맘 한가운데 생겨났다. 독자들은 옮긴이의 이 작업을 독자들의 편안한 독해를 위해 어쨌든 기여하고자 하는 마음에서 우러나온 작은 성의로 봐주셨으면 한다.

이 책을 옮기는 과정에서 많은 분들이 도움을 주셨다. 세미나라는 형식을 통해 오승은 박사, 염운옥 박사, 강정석 선생, 김지형 선생, 심재겸 선생, 이승우 선생 등이 내용을 더욱 풍부하게 이해할 수 있도록 도와주셨다. 특히 염운옥 박사는 번역된 원고를 처음부터 끝까지 꼼꼼히 교정해 주셔서 더할 나위 없는 감사의 말씀을 드린다. 지식의 풍경의 임영근 사장님께는 사죄의 맘이 크다. 그 긴 시간을 묵묵히 기다려 주셨다. 다시 한 번 송구함과 감사의 맘을 드리고 싶다.

옮긴이 차문석

물리적 힘은 항상 지배받는 자들 편에 있기 때문에 지배하는 자들은 여론을 제외하고는 그들을 지지해 줄 아무것도 가지고 있지 못하다. 그러므로 정부가 설립되는 것은 바로 여론 위에서이다. 그리고 이러한 격언은 가장 자유롭고 대중적인 정부뿐만 아니라 가장 전제적이고 가장 군사적인 정부들에게도 해당된다.

– 데이비드 흄David Hume

서론: 비교에 대하여

ON COMPARISONS

서론: 비교에 대하여

1946년 9월에 근대 건축에 관한 가장 유명한 역사가라 할 수 있을 지크
프리트 기디온Sigfried Giedion은 런던의 영국왕립건축가협회에서 강연
을 했다.《아키텍추럴 리뷰*Architectural Review*》의 편집자들은 기디온의
사상에 너무나 매료되어 그의 사상을 토론하기 위한 심포지엄을 개최했
다. 이 심포지엄에는 기디온 자신뿐 아니라 발터 그로피우스Walter
Gropius, 헨리 러셀 히치콕Henry-Russell Hitchcock, 그레고어 파울손
Gregor Paulsson, 윌리엄 홀퍼드William Holford, 루시오 코스타Lucio
Costa, 그리고 알프레트 로트Alfred Roth와 같은 손꼽히는 건축가들과 건
축사가들*이 초빙되었다. 심포지엄은 기디온의 원래 강연 제목을 따서
"새로운 기념비성의 필요성The Need for a New Monumentality"을 주제로
택하였다.

---

* **지크프리트 기디온**은 스위스의 건축사가이며 20세기 전반의 근대 건축 운동을 이끌었다.
근대 건축 국제회의의 서기장을 맡기도 했다.《공간·시간·건축》 등의 저서가 있다. **발터 그
로피우스**는 현대 건축의 선구자이다. 바우하우스를 창시한 독일의 건축가이며 국제주의 양
식을 확립했다. **헨리 러셀 히치콕**은 세계적인 건축 이론가로서 '국제주의 양식'이라는 용어
를 만들었다. **그레고어 파울손**은 미국의 건축가로 주로 공장과 사무소를 설계하였으며, 제1
차 세계 대전 후 바우하우스 교장, 도미하여 하버드 대학 등에서 교수를 지냈다. **윌리엄 홀
퍼드**는 영국의 대표적인 도시 계획자이다. **루시오 코스타**는 브라질의 건축가이고 **알프레트
로트**는 스위스의 건축가이다.

사상 처음으로 근대 건축이라는 분야 그 자체가 근본적인 자아비판을 받고 있었다. 19세기의 역사주의에 대한 투쟁 속에서 모더니스트들은, 어쩌면 그동안 너무나 배타적으로 건축의 기술적·기능적인 측면에만 초점을 맞추는 바람에 일상적 유용성을 초월하거나 건축을 역학이나 공학과 구별하려는 일련의 복잡한 욕구와 기대들을 배제했을지도 모른다는 중요한 통찰이 형성되었다. 기디온은 "사람들은 자신의 사회적, 의식儀式적, 그리고 공동체적 삶을 표현하는 건물들을 원한다. 그들은 자신의 건물들이 기능적인 만족 이상의 것이 되기를 원한다. 그들은 기쁨, 쾌락, 흥분에 관한 자신들의 열정을 발현하고자 한다. 기념비성은 자신들의 내적 생활, 행동들, 그리고 사회적 개념들을 드러내는 상징들을 창조하려는 인민들의 끝없는 욕망에 존재한다. …… 기념비성에 대한 이러한 요구는 결국에는 억압될 수 없다"[1]고 썼다.

심포지엄에 참석했던 대부분의 참가자들은 제2차 세계 대전 이전의 수년 동안에 이러한 기대들을 좀 더 잘 받아들였어야만 했다는 데 동의했다. 제1차 세계 대전 이후 근대 건축가들은 대중들에 의해서 그리고 대중들을 위해서 수행되었던 사회 혁명을 구조적으로 표현하려는 열망을 갖고 있었다. 그러나 대중들은 근대 건축을 결코 이해하지 못했으며, 하물며 그것을 좋아하지도 않았다. 그리고 자본주의의 위기 시기였던 대공황 시기에 대중들은 모더니즘의 가장 심각한 적들, 즉 국가사회주의와 파시즘에 현혹되었다. 왜냐하면 국가사회주의와 파시즘은 대중들에게 그들이 원하고 필요로 했던 것을 제공했기 때문이며, 모더니즘이 대중들에게 제공하기를 거부했던 어떤 것을 제공했기 때문이다. 그것은 바로 기념비성이었다.

기념비적 — 즉, 회고적이며 신고전주의적 — 건축을 나치의 제3제국˚ 및 20세기의 다른 전체주의적 정권들과 잘못 동일시하는 것은 1920년대와 1930년대의 정치적·이데올로기적 대립을 반영한다. 근대 건축이라고 하면 자유민주주의 및 사회 복지 국가를 연상하는 것 역시 마찬가지이다. 이러한 대립 구조에 수반된 근본적인 가정들에 대해서는 1970년대에 이르기까지 아무도 의문을 제기하지 않았다. 심지어 1990년대 말까지도 이탈리아 근대 건축의 창시자인 브루노 체비Bruno Zevi는 1930년대 (체비가 보기엔 파시스트적/전체주의적인) 신고전주의를 다루었던 한 학술회의에 대해 "역겨움"과 "경멸"을 드러냈다. 이탈리아의 주도적인 건축 잡지인 《라르키테투라L'architettura》에 실린 한 논문에서, 그는 그 학술회의가 "배설물, 똥, 토사물, 그리고 구토물"을 쏟아냈기 때문에 진지하게 취급할 하등의 가치가 없다고 덧붙이면서 그 회의의 주최 측을 "난잡하며, 무지하며, 거만하며, 그리고 어리석다"고 비난했다.[2]

수십 년 동안 비평가들은 기념비적 건축과 전체주의를 동일시한 그 패러다임에 이탈리아 파시즘도 초기 소비에트 공산주의도 맞지 않다는 사실을 무시했으며, 또는 무시하기로 작정했다. 비평가들은 또한 미스 반데어로에Mies van der Rohe**를 포함해 독일에서의 모더니즘 신건축 운동의 많은 주도적인 실천가들이 제3제국의 초기 몇 해 동안 파시즘에 동조하면서 느낀 호감도 무시했다. 나치즘을 보다 광범위한 역사적 맥락 속에 위치시키려는 총체적인 노력을 한 결과, 학자들이 초기의 등식들 〔기념비적인 건축과 제3제국 및 20세기의 다른 전체주의적 정권들을 동일시하는 것〕은 너무나 단순했다는 오늘날의 합의에 도달하기까지 제2차 세계 대전 이후 온전히 한 세대가 걸렸다. 그들은 신고전적·기념비적인 건물들이 베를린, 모스크바, 그리고 로마에서와 꼭 마찬가지로 1930년대에 워싱턴,

---

* **제3제국** 히틀러와 나치가 권력을 장악한 시기의 독일. 나치 독일은 신성 로마 제국을 제1제국, 1871~1918의 독일 제국을 제2제국, 1934~1945의 나치 지배 체제를 제3제국이라고 불렀다.

** **미스 반데어로에** 독일의 건축가로 세계 건축의 거장이다. 독일 공작연맹의 초대 부총재를 역임했다.

파리, 런던, 그리고 제네바에도 건축되었다는 사실을 갑작스럽게 깨닫게 되었다. 또한 그들은 무솔리니Mussolini의 건축적 기능주의 혹은 "합리주의" 프로그램이 모더니즘의 확장에 지나지 않는다는 것도 알아차렸으며, 심지어 반反모더니즘적 속물주의의 거대한 표본인 제3제국이 표현보다는 오히려 기능을 다룰 때 모더니즘적 접근법을 취했다는 사실도 알아차렸다. 그들은 건축적인 면에서 근대적인 파시스트들과 전통적인 자유주의자들이 존재했다는 것을 깨달았으며, 1930년대의 신고전주의적인 모뉴멘털리즘monumentalism이, 1932년에 뉴욕 현대미술관Museum of Modern Art이 국제주의 건축 양식International Style이라고 이름 붙인 모더니즘만큼이나 널리 퍼졌다는 것을 깨달았다. 신고전주의를 전체주의가 낳은 부작용의 하나로 환원시키는 대신에, 학자들은 얼마나 다양한 국가적, 정치적, 이데올로기적 체제들이 조르조 추치Giorgio Ciucci가 "권력의 특수한 미학"이라고 부른 것을 사용했는지에 대해 더욱더 관심을 갖게 되었다.[3] "기념비적 건축은 민주주의 체제에서는 제도들의 힘을, 독재 체제에서는 국가의 공격적인 권력을 똑같이 잘 보여 준다"는 프랑코 보르시Franco Borsi의 주장이 그랬던 것처럼, 건축사가 루이스 크레이그Louis Craig의 용어인 "거번먼트 인터내셔널government international"은 이러한 양식을 잘 요약하고 있다.[4]

비평가들은 왜 1927년에 대다수의 민주 국가들이 국제연맹 본부와 관련해 모더니즘적 디자인을 거부하고 대신 신고전주의적·기념비적 디자인을 선택했는지, 왜 프랑스의 제3공화국은 1937년 만국박람회를 위해 신고전주의적인 사요 궁Palais de Chaillot을 지었는지, 그리고 왜 워싱턴 DC의 건축은 루스벨트Roosevelt의 뉴딜New Deal 하에서 기념비주의적 양식을 수용했는지를 질문하기 시작했다. 거기에 대한 대답들은 똑같았다. 학자들은 신고전주의적인 모뉴멘털리즘 — 1930년대, 르네상스, 프랑스 혁명 혹은 나폴레옹 제국이든 간에 — 이 무엇을 위한 것인지를 점차 깨닫게 되었다. 그것은 바로 국가의 권력과 권위를 시각적으로 생생하게 보여 주는 건축 양식이었던 것이다. 신고전주의는, 국가가 자신의 역할을 감독관에 한정하면서 사적 영역이 건축적 미학을 결정할 수 있도록 했던 19세기 자유주의적 자본주의의 발흥에 따라 일시적으로 자신의 영향력을 상실했다. 하지만 20세기에 신고전주의는 자신의 영향력을 되찾았다. 제1차 세계 대전 이전의 몇 년 동안 경제에 대한 국가 규제가 증가하기 시작했고, 전쟁 동안에 국가의 경제적 동원을 통해 규제가 계속되었으며, 대공황 시기에는 거의 총체적인 국가 개입으로 신고전주의는 정점에 달했다.* 그러한 위기에 대한 다양한 국가 해결책들은 결과적으로 자유주의적 자본주의에게는 패배를, 정부의 권위에게는 승리를 의미했다.

자본주의적 민주주의 체제의 개혁적 국가들뿐 아니라, 볼셰비즘과 파시즘의 혁명 국가들 모두가 건축을 필요로 했다. 그것은 보다 깊은 의미와 공동체에 대한 신뢰, 존경, 그리고 의사 종교적 감정을 자극하는 ― 동시에 다른 세계에 대해서는 그 건축이 누구를 위한 것인가를 보여 주는 ― 하나의 사원寺院처럼 국민을 대표할 뿐만 아니라 국민 위에 우뚝 서게 될 건축이었다. 1937년 파리에서 열린 만국박람회에서 세 개의 가장 스펙터클한 건물들의 배치는 정치 체제 간의 경쟁을 구체적으로 구현한 것이었다. 기념비적인 사요 궁은 제3공화국 정부가 오래된 트로카데로 Trocadero**를 없애고 만든 것인데, 소련과 나치 독일의 "대규모 전시관"

---

* 이 책에서 "자유주의적liberal"이라는 용어 혹은 그것의 파생어가 사용될 때 그것은 진보적, 계몽적, 해방적, 사회민주주의적이라는 오늘날 미국에서 사용되는 의미가 아니라, 1930년대에 여전히 생생하고 유효했던 전통적인 의미로 사용된다. 즉, 애덤 스미스로부터 유래했고 19세기 맨체스터 자본주의에서 정점에 달했던 경제적·정치적 자유방임 철학을 의미한다. 마찬가지로 "탈脫자유주의적post liberal"이라는 용어도 국가가 사회를 지도하고 규제하는 데 적극적인 역할을 하는 정치적·경제적 흐름을 의미한다. ― 영역자 주
** 파리의 에펠탑 맞은편의 광장.

사요 궁의 기념비적인 외관.

을 양 측면에 끼고 중심축의 끝에 전략적으로 세워졌다. 사요 궁은 두 독재 체제 앞에서 결코 후퇴하지 않는, 오히려 경쟁국들을 따돌리면서 확고하게 중앙 무대를 장악하는 강대국으로서의 프랑스의 자아 인식을 상징했다.[5]

1930년대의 기념비 건설과 자기표현을 위한 일차적인 장소는 수도 首都였다. 파리는 이미 1860년대에 조르주 외젠 오스만Georges Eugene Haussmann* 하에서 거대한 기념비적 재건설을 경험했기 때문에 상대적

---

* **조르주 외젠 오스만** 프랑스의 유명한 관리. 나폴레옹 3세에 의한 파리 대개조 계획을 실행한 인물. 오늘날 개선문을 중심으로 한 방사선 대로는 오스만에 의해 이루어졌다.

으로 덜 변모했다. 그러나 독일, 소련, 그리고 이탈리아의 경우에 정권은 베를린, 모스크바, 그리고 로마에서 오스만이 했던 대변환을 계획했다. 급진적 변화에 정도의 차이는 있지만 도로들이 건설되고 확장되었으며, 도시의 주요 도로들은 과거에 도시 광장들에 사용되었던 정도로 넓게 배치되었다. 무솔리니가 "그림 같은 쓰레기"라고 비웃었던 독특한 옛 건물들은 나치 베를린의 인민회당과 모스크바의 소비에트 궁전과 같은 거대 건축물들을 건설할 자리를 마련하기 위해 해체되었고, 높이와 크기에서 신기록을 세우는 것이 목표되었다[6](예를 들어, 소비에트 궁전의 경우, 69미터 80센티미터 높이의 레닌 동상을 왕관처럼 씌워 약 410미터 높이로 세워지기로 되어 있었다). 결국, 도시 계획가들은 르 코르뷔지에Le Corbusier*, 그로피우스, 에른스트 마이Ernst May**와 같은 저명한 친소비에트 건축가들이 제안했던 교통과 위생에 관련된 국가적 조치들을 수행했던 것이다. 이것은 스탈린이 모스크바 재개발 책임을 맡겼던 라자르 카가노비치Lazar Kaganovich***가 1935년의 소비에트 총 계획의 성격을 묘사한 것처럼 "전쟁 계획들"이었다.[7] 여기서 뿌리째 근절되어야 했던 적敵은, 양식들과 구조들을 무계획적으로 뒤범벅한 19세기 자유주의의 자유방임적 건축 유산이었다.

모든 정권이 똑같은 결의로 이러한 투쟁을 수행한 것은 아니었으며, 어느 곳에서도 총체적인 승리를 이루지는 못하였다. 파시즘은 로마의 중세, 르네상스, 그리고 바로크 건축의 대부분을 헐어 버리고 기념비적

---

* **르 코르뷔지에** 프랑스의 세계적인 건축계 거장이며, 근대 건축 운동의 기능주의와 대담한 표현주의를 결합한 국제주의 건축의 제1세대이다.

** **에른스트 마이** 프랑크푸르트 시를 설계한 독일의 유명한 건축가.

*** **라자르 카가노비치** 소련의 정치가. 제화공 출신으로 18세에 볼셰비키 당원이 되었으며 1930~1935년 모스크바 시당위원회 제1서기 시절에 산업도시화를 진행하고 지하철을 건설했다.

구조물들과 함께 뒤섞이게 될 고대 도시를 드러내겠다고 공언했지만 자신의 목표 — 진지하게 의도된 것이라고 가정한다면 — 를 향해 거의 나아가지 못했다.[8) 베를린을 게르마니아Germania라 불리는 나치의 새 수도로 대체하려는 아돌프 히틀러Adolf Hitler와 알베르트 슈페어Albert Speer*의 시도는 더 이상 성공하지 못했는데, 주된 이유는 그 시도를 본격적으로 시작하기도 전에 군사적 패배가 건설을 방해했기 때문이었다. 국가의 수도에 희망했던 외관 변경을 가하는 데 가장 성공한 것은 바로 스탈린주의였다. 그러나 모스크바에서조차도 국가의 가장 야심찬 프로젝트, 즉 소비에트 궁전은 결코 실현되지 못했다.

워싱턴 DC에서도 마찬가지로 건설 프로젝트들이 빈번하게 이루어졌다. 오늘날의 도시와 관련된 대부분의 대규모 신고전주의적 건물들은 1933년과 1939년 사이에 만들어졌다. 그런 건물로는 페더럴 트라이앵글Federal Triangle, 국립미술관, 국립공문서보관소, 대법원 청사, 각종 부처 청사와 여타 정부 청사들, 스미스소니언 박물관들, 그리고 제퍼슨 기념관이 있다. 베를린, 로마, 모스크바에서의 동시적인 활동과는 대조적으로, 그리고 70년 전의 오스만의 파리 개조와도 대조적으로, 도시의 기본적인 배치는 변화되지 않은 채로 남았으며, 파괴된 역사적 건물들은 전혀 없었다. 1백 년 이상 워싱턴은 근교의 작은 마을들과 도시를 연결하는 인상적인 도로망을 유지해 왔다. 그래서 1930년대에 일어난 것은 기존 도시에 대한 전쟁도 아니었으며 기존 도시 배치의 파괴에 기반한 쇄신도 아니었다. 그것은 오랫동안 수도 건설을 위해 준비해 놓았던 빈 공간들을 건축물로 채우는 일이었다.

1933년과 1939년 사이에 수행된 작업은 확실히 1902년에 착상한 워싱턴 계획에 관심을 되돌리는 것이었다. 그 계획은 혁명전쟁에서 유럽

---

* **알베르트 슈페어** 히틀러가 총애하던 독일의 건축가. 베를린 계획을 수립했으며, 히틀러 관저, 뉘른베르크 전당대회의 '빛의 대성당', 독일민족대회당을 설계했다.

대륙군과 싸웠던 건축가, 피에르 샤를 랑팡Pierre Charles L'Enfant이 조지 워싱턴George Washington의 명령으로 1791년에 작성했던 계획에 기초한 것이었다. 베르사유에서 자라난 랑팡은 어린 시절 바로크 궁전의 정원들에서 받았던 인상들을 작업에 도입했다. 그 궁전 정원들에는 넓은 대로들과 수직선, 곡선, 대각선의 상호 교차로가 있었는데, 이것들은 인상적일 정도로 다양한 원근법을 낳았다. 건축사가인 존 렙스John W. Reps는 이를 두고 "최고의 아이러니"라고 묘사했다. 즉 "원래 전제적인 왕과 황세들의 영광을 찬미하기 위해 착상된" 건축 양식이 결국 "철학적 토대가 민주주의적 평등에 그토록 확고하게 뿌리박혀 있는 나라의 국가적 상징으로서 적용되게 되어 버렸다는 것이다."[9]

랑팡이 유럽에서 미국으로 수입해 온 바로크 기념비성 때문에 워싱턴 시를 유럽의 수도보다 훨씬 덜 파괴된 상태로 20세기로 이행할 수 있었다는 것도 역시 아이러니하다. 워싱턴에 대한 전망은 전前자유주의적 노뉴멘털리즘으로부터 탈脫자유주의적 모뉴멘털리즘으로 거대한 본질적인 도약을 이룩했다. 1902년 계획[10]의 배후 인물이었던 대니얼 버넘 Daniel Burnham*은 자신의 철학을 히틀러, 무솔리니, 혹은 스탈린의 도시 개발자들과 맞먹을 정도로 무뚝뚝하고 단호한 명령조로 요약했다. "작은 계획들은 세우지 마라. 그것들은 인간의 영혼을 휘저을 수 있는 힘을 갖고 있지 않다."[11]

*　　　*　　　*

1930년대의 기념비적 건축의 역사와 1945년 이후 수십 년 동안 그것이 받은 가지각색의 평판으로부터 끌어낼 수 있는 두 가지 교훈이 있다. 첫

---

* **대니얼 버넘**　미국의 건축가로 워싱턴 시의 설계를 맡았으며 시카고파 건축의 중심인물이었다.

번째는 동일한 양식적, 형식적, 그리고 기술적 발전들 — 건축 내에서 그리고 다른 여타 분야에서 — 이 어떻게 근본적으로 다른 정치 체제를 위해 사용될 수 있는가를 보여 준다. 두 번째 교훈은 특히 패배당한 독재의 경우에서처럼, 역사적 연구 대상이 전반적인 비난을 받고 있을 때 다음 세대들이 형식과 내용을 구분하는 데 얼마나 서투른지를 보여 준다. "추상적인 사고"의 결점 — 예컨대, 잘 생긴 살인자를 상상할 수 없다는 것 — 에 관한 헤겔Hegel의 불평 이래로 변화된 것은 거의 없었다.

모뉴멘털리즘과 전체주의의 극히 단순화된 등식이 유행에 뒤처진 것이 되어 버렸을 무렵 역사 연구는 새로운 방향을 취했다. 파시즘, 국가 사회주의, 그리고 스탈린주의는 더 이상 순수한 악마의 사례로 간주되지 않게 되었으며, 그것들의 경제적, 사회적, 심리학적, 문화적 구조들의 복합성들이 좀 더 면밀하게 검토되었다. 학자들은 파시즘과 나치즘이 억압적이고 살인적인 경향과 함께 사회-평등주의적 요소들을 갖고 있으며 1930년대에 이들 양 체제의 대중적 인기는 억압성이 아니라 평등성에 기인했던 바가 더 컸다는 사실을 발견했다. 국가사회주의의 "사회주의적" 측면에 대한 이런 식의 학문적인 인식뿐만 아니라, 나치즘의 인종적 교리가 모든 독일 국민들 혹은 민중들Volk에게 평등의 전망을 가져왔다는 나치즘의 신념에 대한 평가는 충격적으로 보였는데, 그것은 단지 나치즘의 이러한 측면이 1945년 이후에 너무나 완전히 억압되었기 때문이다.

미국 역사를 재평가할 경우에도 많은 동일한 과정들이 역으로 분명히 나타났다. 독일과 이탈리아 정권에 대해 영웅적이고 자비로운 대안으로 이상화되었던 뉴딜은 상당한 비판에 직면하기 시작했다. 역사가들이 파시즘과 국가사회주의를 간단히 "전체주의적인" 것으로 범주화하는 대신에 그것들이 가진 복합적인 구성 요소들을 기꺼이 고려하려고 하자, 그들은 한편에는 자유민주주의를, 다른 한편에는 억압적인 독재라는 극단적으로 단순화된 이분법을 넘어선 관점을 취하기 시작했다. 이러한 새로운 학문적 방향은, 절대로 오류가 있을 수 없는 정치가라는 루스벨트의 전설을 폐기 처분하려는 경향을 가지고 있었으며, 대중 선전의 힘을 통해서 성취되었고 제2차 세계 대전에서의 승리 그 하나 덕분에 성공할 수 있었던 일련의 경제적 불운不運들로서의 뉴딜에 대해 논쟁을 불러일으켰다. 그럼에도 불구하고 뉴딜, 파시즘, 국가사회주의를 좀 더 특수화된 역사적 맥락에다 위치시키려는 이러한 수정주의적 노력들은 거의 영향력을 갖지 못했다. 즉 이들 세 가지 사례 모두에 이데올로기적으로 영감을 받은 과거의 전망들이 지배했던 것이다.

좀 더 미묘한 의미가 담긴 이러한 접근법이 존재함으로써 파시스트 이탈리아, 나치 독일, 낭만적 감상을 제거한 뉴딜 사이의 수렴 지점들을 조사·연구할 수 있는 가능성들이 열렸다. 그러나 감히 위험을 무릅쓰고 이러한 비교를 행한 역사가들은 극소수에 불과했다. 1970년대에 미국과 독일의 역사가들은 이따금씩 이러한 방향으로 진출을 시도했으며, 1980년대에 이탈리아 학계의 한 작은 학파가 파시즘과 뉴딜을 비교하는 데 관심을 가졌다.[12] 뉴딜과 나치즘 모두를 주제로 다룬 신진학자인 존 개러티John A. Garraty는 1973년에 루스벨트의 프로그램과 그 행정부 시기 미국의 정치 문화의 특정 양상들을 제3제국의 것과 비교하는 논문을 발표했다. 개러티가 주장했던 유사성들에는 강력한 지도자, 국가·인민·땅을 강조하는 이데올로기, 경제적·사회적 업무에 대한 국가 통제, 그리고 마지막으로 정부 선전의 질과 양 등이었다. 개러티는 환히 들여다보이는 것을 강조하는 일에 신중했다. 즉 비교하는 것과 동일시하는 것은 같은 것이 아니라는 것이다. 루스벨트의 뉴딜 시기의 미국은 일당 국가가 되지 않았다. 비밀경찰도 없었고 헌법은 여전히 효력을 갖고 있었으며 강제 수용소도 없었다. 뉴딜은 국가사회주의가 폐지시킨 자유민주주의 체제의 제도들을 보존했다.[13]

그러나 그가 매우 신중하게 구별했음에도 불구하고, 미국의 유력한 역사 저널에 게재된 개러티의 논문은 거의 반향을 얻지 못하였다. 히틀러와 무솔리니의 주위를 에워싸고 있는 유황 냄새가 여전히 너무나 강해서 역사가들이 사실들에 직접적으로 접근하거나 그것들을 비교할 수 없었던 것이다.

1930년대에 비평가들은 오늘날 우리가 갖고 있는 양심의 가책을 갖고 있지 않았다. 물론 그들은 역사가 감행할 집단 학살의 과정을 미리 알 도리도 없었다. 그들은 전적으로 민주주의에 매력을 느끼기보다는 혼돈에 대하여 보호 — 심지어는 잘못된 보호일지라도 — 를 제공하는 운동들의 호소에 훨씬 더 민감했다. 즉 다른 방식으로 말하면, 1930년대의 정신을 결정한 역사적 계기는 1945년이라는 미래에 있을 나치즘의 패배가 아니라 1929년의 대공황이었다. 전 지구적 경제 재앙의 결과로 인해, 보다 밝은 미래를 약속하는 새로운 체제보다 자본주의와 가장 밀접하게 연관되어 있는 정치 체제인 자유민주주의를 선호할 특별한 이유는 존재하지 않았다. 그러하기는커녕, 대중들은 자유주의적 자본주의의 경제적 붕괴로 민주주의가 불가피하게 파멸할 것인지 자문自問하는 경향이 좀 더 강했다.

사실, 여전히 남아 있던 유럽의 민주주의 국가들에서 논의된 이야기들을 보면, 자유주의 진영의 대다수 인민들이 얼마나 기꺼이 자유주의적 안정安定 장치를 내던져 버리면서까지 그 어려운 고비를 넘기려고 노력했는지를 알 수 있다. 어떤 사람들은 제1차 세계 대전 시기의 경제와 같은 국가 주도식 경제를 다시 도입하자고 주장했다. 또 다른 사람들은 다양한 파시스트 모델들을 모방할 것을 제안했다. 1933년에, 보수당 의원이자 훗날 영국 수상이 되었던 해럴드 맥밀런Harold Macmillan은 자신이 "질서 있는 자본주의orderly capitalism"라고 묘사했던 일련의 광범위한 경제 개혁 정책을 주창했다. 이에 대해 비평가들은 그러한 견해들이 장점이 없는 것은 아니지만 이탈리아의 파시즘이 채택한 정치 체제, 즉 코포라티즘corporatism에 해당하는 것이라고 주장했다.[14]

나치즘의 권력 장악이 끼친 영향은, 자유주의 중도파들보다 유럽의 민주주의 좌파에게 훨씬 더 심각했다. 유럽의 사회주의 정당들의 지도자들은 자신들에게 어떤 결점들이 있는지를 알려고도 하지 않은 채 히틀러의 성공에 대해 비통함에 젖어 그저 자신의 손을 쥐어트는 것으로 만족하고 있었지만, 젊은 당원들이나 지식인들은 잔인할 정도로 자기비판적이었다. 사회주의자들 중에서 가장 목소리가 컸던 반反파시스트들도 역시 사회주의는 파시즘과 국가사회주의로부터 배워야 한다고 부르짖었다. 영국의 스태퍼드 크립스Stafford Cripps*, 프랑스의 마르셀 데아Marcel Deat**와 바르텔르미 몽타뇽Barthelemy Montagnon***, 그리고 벨기에의 앙리 드 망Henri de Man****과 같은 사람들은 한 몸이 되어 경직화된 당 기구를 경멸했는데, 그런 당 기구가 사회주의로부터 그 정신과 힘을 강탈해 갔다고 보았다. 그들이 생각하기에는 한때 사회주의 배후에 운집했던 대중들이 파시즘에 이끌려 들어갔다는 것이 하등 이상할 것이 없었다. 파시즘은 사회주의가 가진 젊고 왕성한 생명력, 목적의식, 그리고 자진해서 투쟁하고 희생하려는 태도 등을 전용했을 뿐 아니라, 프롤레타리아트에 한정되지 않고 더 넓은 계층의 대중들에게 호소하는 대중 운동으로 사회주의 신봉자들을 통합시켰다.[15] 사회주의적 반체제

---

* **스태퍼드 크립스** 영국 노동당의 정치가. 노동당 내의 좌파인 '사회주의동맹'을 이끌었다.
** **마르셀 데아** 프랑스의 비시 정권 하에서 독일 정책을 옹호했던 국가사회주의자.
*** **바르텔르미 몽타뇽** 프랑스의 사회주의자.
**** **앙리 드 망** 벨기에의 진화론적 사회주의자. 파시즘은 앙리 드 망의 '대중화' 현상에 관심을 기울이면서 선전과 테러에 활용했다.

인사들이 그것을 목격했을 때, 당면 과제는 파시즘이 사회주의로부터 탈취해 간 것들을 파시즘으로부터 다시 되찾는 것이었다. 혹은 누군가가 말했던 것처럼, 한때 열렬한 사회주의자였던 무솔리니가 사회주의의 새로운 형태로서 파시즘을 창조했을 때 무솔리니에 의해 시작된 차용의 순환cycle of borrowing을 끝장내는 것이었다.[16]

＊　　　＊　　　＊

파시즘과 국가사회주의로부터 배워야 할 명확한 교훈은 국가적이며 비非계급특수적인 형태의 사회주의non-class-specific Socialism가 창출 가능하다는 것이었다. 마르셀 데아는 "아직 사회주의적이지는 않지만 더 이상 자본주의적이지도 않은 형태의 사회"를 마음에 그렸는데, 그것은 자본을 전유하지 않으면서 그것을 통제하는, 하나의 강력한 중앙집권적 국가로 조직된 사회였다.[17] 영국 노동당의 가장 탁월한 내부 비판가 중한 명인 존 미들턴 머리John Middleton Murry는 이런 변화가 민주주의적인 것으로 될지 아니면 독재적인 것으로 될지에 관한 물음에 낙관적인 견해를 폈다.

> 소유와 통제의 경제적 분리라는 목표를 성취하며 국가의 안전을 보장하려는 정부는, 파시스트적인 사회 변혁이 정치적 자유의 보존과 양립할 수 있는 것처럼 민주주의적 "형태"의 보존과도 양립 가능하다.

1930년대 초반의 대부분의 동시대인들과 마찬가지로, 머리Murry는 파시즘을 억압과 테러를 필연적으로 포함하는 체제로 보지 않았다. 좌파 중 비非정통적인 소수에게 파시즘은 사회주의와 자유주의 사이의 중간 단계의 경로였으며 그것이 가진 초기의 폭력적 경향은, 프랑스 혁명과 러시아 혁명에서 유추하여 볼 때, 급진적인 새로운 운동이 탄생할 때 겪어야 할 산고産苦로 설명될 수 있었다.[18]

　평론가들은 뉴딜, 파시즘, 그리고 국가사회주의 사이에 수렴되는 영역들을 자유롭게 언급했다. 이 세 가지 모두는 영국과 프랑스의 고전적인 자유주의보다는 그들 서로 간에 좀 더 밀접한 관계가 있는, 즉 탈脫자유주의적인 국가자본주의 혹은 국가사회주의 체제로 간주되었다. 히틀러, 무솔리니, 그리고 루스벨트는 국민 투표로 선출된 리더십의 사례들로 간주되었다. 즉 서로 다르지만 철저하게 합법적인 수단을 통해 권력을 획득한 독재자들이었다는 것이다. 물론 준準군사적인 폭력 집단과 조직화된 억압적 국가 기제를 갖고 있는 파시즘 및 국가사회주의의 대중정당들과, 그리고 다원적 통합이었던 뉴딜 행정부 간의 차이를 몰랐던 사람은 아무도 없었다. 그럼에도 불구하고 자유주의적 논평가들과 파시스트 논평가들 모두 사회적으로 정향된 뉴딜의 정책들과 집단성을 강화하는 파시스트 사상들 사이에 많은 유사성들이 있음을 확인했다. 당시의 정치학자들과 경제학자들 사이에서 이루어진 합의는, 1933년 봄과 여름에 루스벨트 치하의 미국이 일종의 자발적 강화 과정 속에서 탈脫자유주의 국가로 스스로 전환했다는 것이다.

　이러한 동시성은 미국의 제2차 세계 대전 참전, 그리고 파시즘 및 국가사회주의에 대한 연합국의 승리와 함께 끝났다. 뉴딜이 자신의 적들과 나눈 공통의 뿌리에 대한 기억들은 억압받았고, 전후 아메리카는 자유민주주의적 복지 국가로 탄생하게 되었을 때 결점 없는 완벽한 관념의 신화를 마음껏 향유할 수 있었던 것이다. 더 이상 히틀러, 무솔리니, 스탈린과 동시에 불리는 이름이 아니게 된 루스벨트는 죽은 뒤에는 악의 세력들과 대항한 승리에 찬 투쟁에서 자유민주주의를 수호한 성인이 되었다.

비록 크게 억압받아 왔지만, 한편으로는 뉴딜에 대한, 다른 한편으로는 파시스트 정권과 국가사회주의 정권에 대한 비교적인 관점은 이제 다시 성찰하기에 적절한 시기가 되었다. 확실히 전후 수년 동안 지속되어 왔던 몇 가지 문제들에 대한 대답을 제공할 수 있게 되었다. 즉 어떻게 뉴딜은 용케도 1930년대의 전체주의적 정권들에 대한 그토록 성공적인 대안이 되었는가? 그리고 적어도 초창기에 이들 정권들에게 고취된 광범위한 충성들을 어떻게 설명할 수 있는가? 이들 전체주의적 정권들을 그토록 인기 있게 만들었던 바로 그러한 요소들 — 집산주의와 경제적·사회적 계획에 기초한, 그리고 카리스마적 지도자와 기념비적인 공공사업 모두에 구현된 새로운 국가 비전 — 을 통합할 수 있는 능력 덕분에 뉴딜이 얻은 유효성은 어느 정도였을까? 훗날 전체주의와 가장 엄밀하게 동일시되었던 특징들 — 순응을 위한 정치적 압력, 억압, 반대자들에 대한 국가 테러, 비밀경찰 기구, 그리고 강제 수용소 — 은 이 정권들을 매력적이게 만들었던 것들이 아니었다. 대중들이 이끌렸던 것은 자신들이 무시받지 않고 동등한 존재로서 취급받는다는 느낌 때문이었으며, 자신들이 더 이상 혼자 힘으로 살아가지 않아도 되며 국가라는 새로운 계급 없는 공동체가 제공하는 보호, 안전, 연대를 향유할 수 있다는 느낌 때문이었다. 뉴딜, 파시스트 이탈리아, 그리고 나치 독일 모두는 한 명의 강력한 지도자의 주의 깊은 감독 아래 그 구성원들이 서로의 복지를 보살펴 주려고 하는 평등주의적 공동체로서 국가를 바라보는 환상으로부터 이득을 보았다.

이 책의 의도는, 뉴딜이 갖고 있었던 국가적·사회적 집산주의 전망이 미국을 이탈리아 혹은 독일 모델의 한 변형으로 만들었다고 주장하는 것이 아니다. 그러한 주장은, 파시즘과 국가사회주의가 미국식의 홍보와 대중 설득 방식을 채택했기 때문에 사실상 자유민주주의적이었다고 주장하는 것만큼이나 부조리할 것이다. 공통성의 영역을 찾는 일은 동일성을 주장하는 것이 아니다. 개러티가 언급한 것처럼, 비교하는 것은 동일시하는 것이 아니다.

1장 친족 관계?

KINSHIP?

1장 친족 관계?

만약 자유민주주의 체제로서는 최저점이자 그 라이벌이었던 파시스트 전체주의 질서로서는 최정점을 의미했던 20세기의 전반부에 평화로운 한 해가 존재했다면, 그것은 1933년이었다. 제1차 세계 대전 이후에 요란한 팡파르와 함께 수립된 중부 유럽의 공화국들 대부분이 그때까지는 권위주의적 독재자들의 지배를 받고 있었다(체코슬로바키아는 아주 두드러진 예외였다). 파시즘은 권력 장악 11주년을 기념하고 있었다. 독일에서는 국가사회당이 선거에서 승리함으로써 유럽 최대의 산업 국가에서 자유민주주의는 결정적인 패배를 경험했다. 1933년 3월 이러한 승리의 여세를 상징적으로 확인이라도 하듯 파시스트 인터내셔널Fascist International이 설립되었다.[1]

같은 달 초에 프랭클린 델러노 루스벨트Franklin Delano Roosevelt가 미국의 대통령으로 취임했다. 루스벨트의 취임은 전 지구적인 정치적·경제적 전개 과정에 대한 미국식 민주주의의 강력한 대응이거나 그러한 전개 과정에 대한 미국의 암묵적 항복으로 이해될 만큼 엇갈려 보이는 하나의 이정표였다. 의회가 휴회에 들어가기 전에 루스벨트에게 부여했던 광범위한 권력은 평화 시기에는 전례가 없던 것이었다. 이러한 방식의 "권력 위임"을 통해서 의회는 사실상 스스로 입법 기관으로서의 지위를 일시적으로 폐지한 것이다. 행정부 권력에 대해 유일하게 견제할 수 있는 곳은 대법원뿐이었다. 독일의 경우, 1933년 2월 28일에 발생한 의문의 방화 사건으로 제국의회가 불타 버린 이후, 히틀러는 미국과 유사한 과정을 통해 입법 권력을 장악할 수 있었다. 미국처럼 사법부는 여전히 ─ 적어도 짧은 기간 동안에는 ─ 독립적으로 남아 있었다. 사실 독일의 최고 법정은 불가리아 공산주의자 게오르기 디미트로프Georgi Dimitroff*를 포함해 제국의회 방화 사건에 연루된 네 명의 용의자들을 무죄로 석방해 주었다. 그러나 이것은 독일 사법부의 자율성에 종말을 고한 마지막 판결이 되었다.

유럽의 관점

국가사회주의자들은 루스벨트가 취임 후 첫 100일 동안에 단행했던 긴급 구제 조치들을 자신들의 혁명적 프로그램과 완전히 일치하는 것으로서 환영했다. 1933년 5월 11일, 유력 나치 신문인《폴키셔 베오바히터 *Völkischer Beobachter*〔민족의 파수꾼〕》는 "루스벨트의 독재적인 경기 회복 조치들"이라는 제목의 기사를 통해 자신의 입장을 밝혔다. 그 기사의 필자는 "루스벨트 대통령의 취임 후 미국에서 일어난 일은 미국에서도 새로운 시대가 개시되었음을 알리는 명백한 신호이다"라고 썼다. 1934년 1월 17일에도 논조는 완전히 똑같았다. "우리 독일 국가사회주의자들은 정말이지 미국에 기대를 가지고 있다. …… 루스벨트는 실험을 수행하

---

* **게오르기 디미트로프**(1882~1949) 식자공植字工 출신의 불가리아의 정치가. 불가리아 공산당 창당에 중요한 역할을 수행했다. 사형을 선고받고 망명길에 오른 후, 코민테른 중부 유럽국장으로 일했다. 모스크바에서 코민테른 집행위원회 총서기를 지내며 대독일 인민전선을 조직하였다. 1945년 불가리아 수상이 되었다.

고 있으며 그 실험은 대담하다. 우리 역시 그 실험이 실패할지도 모른다는 가능성만 두려워할 뿐이다." 그리고 1934년 6월 21일에 그 신문은 뉴딜의 성공에 관하여 최초의 결론을 내렸다. "루스벨트는 협소하고도 불충분한 기반을 갖고 있었음에도 불구하고 인력으로 가능한 모든 것을 성취했다."

《폴키셔 베오바히터》는 국가사회주의가 바이마르 공화국의 퇴폐적인 "관료주의 시대"를 대체한 것과 마찬가지로 뉴딜 또한 1920년대 미국의 "억제되지 않는 시장 투기의 광란"을 대체했다고 논평했다. 신문은 루스벨트의 리더십을 히틀러 고유의 독재적 지도자 원리 *Führerprinzip*와 필적할 만한 것으로 칭찬하면서 "루스벨트가 경제·사회 정책에서 국가사회주의 계보의 사상을 채택"했음을 강조했다. "[루스벨트도] 역시, 비록 항상 똑같은 단어를 사용한 것은 아니지만, 개인의 이기심보다 집단이익이 우선되어야 한다고 주장한다. 그의 책 《전망*Looking Forward*》에 실린 많은 구절들은 국가사회주의자에 의해서 써질 수도 있었을 것이다. 어쨌든 누구라도 그가 국가사회주의 철학에 상당한 친화성을 느끼고 있다는 사실을 추측할 수 있다"고 그 신문은 썼다. 신문은 루스벨트가 이른바 "민주주의의 허구적인 외관"을 유지했다는 것을 인정했지만, 미국에서도 "권위주의 국가로의 발전이 진행되고 있다"고 주장했다. 또한 필자는 "그 대통령[루스벨트]의 기본적인 정치적 과정이 여전히 민주주의적 경향들을 포함하고 있지만, 강력한 국가사회주의에 의해 철저하게 영향을 받고 있다"고 덧붙였다.[2)]

히틀러 자신은 미국 대사였던 윌리엄 도드William Dodd에게 "의무와 자발적 희생의 미덕, 그리고 규율의 미덕이 전체 인민들을 지배해야 한다는 관점에서 대통령[루스벨트]과 주장이 일치한다"고 말했다. 대통령이 모든 개별 미국 시민들 앞에 제시했던 이러한 도덕적 요구들은 독일 국가 철학의 정수이기도 하다. 이는 "공공복리는 개인의 이익을 초월한다"

는 슬로건에서 그 표현을 발견할 수 있다. 심지어 1938년에 도드의 후임자인 휴 윌슨Hugh R. Wilson*은 히틀러와의 회담 내용을 워싱턴에 자세하게 보고했다.

> 그때 히틀러는, 대통령께서 미국을 위해 채택하려고 했던 조치들을 흥미롭게 지켜보았노라고 말했습니다. 그 이유는 대통령께서 대처해야 했던 문제들은 히틀러 자신이 취임했을 때 직면했던 문제들과 유사하기 때문이라는 겁니다. 저는 짧은 독일 체류 기간 동안에 각하께서 극복하려고 애쓰셨던 몇 가지 경제적 문제들과 히틀러가 공략했거나 어떤 경우에는 해결했던 문제들 사이에 유사성이 있음을 이미 주목했다고 말했습니다. 또한 저는 독일에서 마련되고 있던 사회적 차원의 노력들, 특히 청년들과 노동자들을 위한 노력들에 미국 대통령께서 매우 많은 관심을 갖고 계시며, 따라서 저의 첫 임무 중 하나는 이러한 노력들이 어떻게 수행되고 있는지에 관해 대통령께 보고하는 것이라고 말했습니다.[3]

게다가 루스벨트 치하의 미국의 발전을 이러한 관점에서 보았던 사람은 단지 나치만이 아니었다. 1936년까지는 미국에 관해서 대체로 자유롭게 보도할 수 있었던 독일의 비당파적 언론들도 역시 루스벨트를 카리스마 있는 권위주의적 지도자로서, 그리고 루스벨트 행정부의 정책을 국가사회주의적, 경제적 독재 정책으로 특징지었다. 비非나치 언론들은 국가사회주의와 미국을 명시적으로 비교하는 일에는 관심이 적었지만, 독일의 주도적인 자유주의 신문인 《프랑크푸르터 차이퉁*Frankfurter Zeitung*》 같은 언론은 여전히 루스벨트를 "미국 인민들의 집단적인 성신

---

* **휴 윌슨** 윌리엄 도드 후임으로 베를린 주재 미국 대사를 역임했다. 당시 독일의 정책을 '보다 나은 유럽'을 위한 것이라고 지지한 바가 있으며, 강력한 독일이 볼셰비키 소련에 대항하는 버팀목이 될 것이라고 보았다

을 이해한 사람, 그리고 인민들의 젊은 에너지와 자신감을 북돋아줌으로써 그렇지 않았으면 희망과 불신 사이에서 거칠게 동요했을 수도 있었을 대중들에게 새로운 신념과 활력을 불어넣는 방법을 알고 있는 사람"으로 간주했다. 그 신문은 "루스벨트는 인민들을 공동체적 삶의 새로운 단계로 이끌고 갈 그들의 총통Führer이자 개혁자이다"라고 결론지었다.[4]

영국과 프랑스의 논평가들도 유사한 그림을 그렸다. 그들은 루스벨트를 로마 공화정의 딕타토르dictator〔독재관〕와 유사한 비상 시기의 사령관으로서, 혹은 무솔리니와 같은 국민 투표제로 뽑힌 독재자로서 판에 박은 묘사를 했다. (히틀러는 좀처럼 불러내어지지 않았다.) 루스벨트 찬양자인 프랑스 인 베르나르 페Bernard Fay는 루스벨트를 "대중들의 애정과 열광적 지지를 받는 진실한 독재자"라고 불렀다.[5] 국가사회주의와는 달리 무솔리니 정권이 다년간 권력을 장악해 왔다는 사실 때문에, 파시즘과의 비교가 더 쉽게 이루어졌다. 무솔리니 정권은 이미 초기의 혁명적 폭력의 국면을 거쳤고, 그 독재적인 자세와 태도에도 불구하고 서구 민주주의 국가들에 의해 국제 정치 체제의 일원으로 받아들여졌다. 무솔리니는 볼셰비즘에 대항하는 환영받는 요새라는 지위를 획득했다. 이는 서구 민주주의 국가들이 새로이 취임한 히틀러에게는 주지 않던 지위였다. 이것이 1935년 무솔리니의 에티오피아 침공 때까지 파시즘이 1920년대부터 향유했던 국제적 배려에 대한 유일한 설명이다. 서구의 눈에는 무솔리니는 적법한 세계 지도자였으며, 레닌에 대한 카리스마 넘치는 안티테제였다. 그의 정권은 공산주의에 대항하는 효과적인 1차 방어선을 제공하였다. 그에 반해 국가사회주의는, 반反볼셰비키적인 온갖 수사修辭에도 불구하고, 위험한 혁명적인 것으로 간주되었으며 심지어 국

"루스벨트, 너마저도 ……." 《모닝 포스트Morning Post》, 런던, 1933.

가사회주의의 공동체적 요소들은 원형적 볼셰비키로 간주되었다.[6]

1933년에 왜 뉴딜이 파시즘과 종종 비교되었는지에 대한 한층 더 구체적인 이유는, 이탈리아가 대대적인 선전 캠페인으로 자유주의적 자유 시장 체제에서 국영 혹은 코포라티즘적 체제로의 전환을 수년 일찍 시작했다는 사실에 있었다. 스탈린주의 소련이 세계 경제로부터 철수할 때 실시한 국가적 자급자족 정책과 마찬가지로, 1930년대에 코포라티즘은 국제적으로 자유주의적 자유 시장 경제의 붕괴에 대한 완전히 이해 가능한 대응책으로서 고려되고 있었다. 역사가 마우리치오 바우다냐 Maurizio Vaudagna가 "당시까지 파시즘의 가장 독창적인 혁신"이라고 불렀던, 이탈리아의 코포라티즘 프로그램은 공산당의 "대약진great leap forward"보다 훨씬 더 나은 것으로 보였는데, 왜냐하면 그것은 사유 재산의 몰수를 포함하지 않았기 때문이었다.[7] 미국의 산업을 위한 위임 생산과 가격 "규약들"을 유지하려는 목적으로 1933년에 설립된 국가산업 부흥국National Recovery Administration이 주도한 루스벨트의 관리 경제에서 이탈리아 코포라티즘의 요소들을 보지 못했던 논평가는 거의 없었다. 이탈리아 언론은 이러한 유사성들에 상당히 매료되었으며, 무솔리니는 루스벨트의 《전망》에 대해 쓴 한 서평에서 그러한 비교를 위한 토대를 놓았다. 한편 무솔리니는 정신적인 친족 관계를 확인했다.

> 루스벨트는 독자들에게 청년의 결단성과 남성다운 절제심을 가지고 맞서 싸울 것을 촉구한다. 이러한 호소는 파시즘이 이탈리아 인민들을 자각시켰을 때 사용했던 방법과 수단을 연상시킨다.

다른 구절에서는 무솔리니는 좀 더 말을 삼갔다.

> 미국과 유럽에서 미국 대통령의 프로그램이 얼마나 많은 "파시즘"을 포함하고 있는가라는 질문이 종종 제기된다. 우리는 지나친 일반화를 하지 않도록 신중해야 할 필요가 있다. 파시즘을 연상시키는 것은, 국가 경제가 인민의 복지와 일치한다는 사실을 인정하고 국가는 더 이상 경제가 자기 방식대로 작동하도록 내버려 두지 않는다는 원칙이다. 의심할 나위 없이, 이러한 현저한 변화를 수반하는 분위기는 파시즘의 그것과 유사하다. 지금 말할 수 있는 것은 이 정도까지이다.[8]

무솔리니의 유보적인 태도는 파르티잔처럼 보이는 것을 피해 보려는 세계 지도자들 사이의 습관적인 에티켓을 반영하는 것이었다. 무솔리니의 서평이 실렸던 1933년 7월에 언론 담당 부서는 뉴딜을 파시즘적인 것으로 기술하지 말라는 명령을 받았다. 왜냐하면 그것은 루스벨트의 국내 정적政敵들에게 환영할 만한 공격 수단을 제공하는 셈이 될 것이기 때문이었다.[9] 1년 후, 무솔리니는 단어 선택에서 보다 덜 외교적으로 보이도록 하는 대통령으로서의 힘을 충분히 인지했다. 무솔리니는 루스벨트 정부의 농무장관 헨리 윌리스Henry A. Wallace가 쓴 책《뉴 프런티어 New Frontiers》의 이탈리아 어판에 대한 서평에서 다음과 같이 썼다.

> 이 책에서 제안하고 있는 개별적인 해결책들과 마찬가지로 이 책의 전체적인 논조 역시 "조합주의적corporativistic"이다. 또한 이 책은 신념의 선언이자 경제적 자유주의에 대한 고발이다. …… 미국이 원하는 것이 무엇인가라는 질문에 대한 윌리스의 대답은 다음과 같다. 자유 시장, 즉 무정부적인 경제로의 복귀가 결코 아니다. 미국은 어디를 향하고 있는가? 이 책은 의심할 여지없이 미국이 20세기 경제 체제라고 할 코포라티즘으로 향하는 길 위에 서 있다는 것을 주장하고 있다.[10]

무솔리니의 금지 명령에도 불구하고, 이탈리아 언론 역시 미국과 이탈리아를 빈번하게 비교했으며, 그러한 논의는 역사가 마르코 세다 Marco Sedda에 따르면 "완전히 자유로운 분위기" 속에서 이루어졌다.[11] 파시즘과 마찬가지로 뉴딜은 경제적·사회적 정향에서 반反자유주의였다는 데 만장일치의 동의가 존재했다. 파시스트당의 정치 이론 잡지인 《제라르키아Gerarchia》에서, 조반니 셀비Giovanni Selvi는 국가산업부흥국의 계획들을 "파시스트의 인장印章을 품고 있는 것"으로, 그리고 "조합 없는 조합주의corporatism"로 특징지었다.[12]

그러한 비교에서 결정적으로 문제가 되었던 것은, 파시즘과는 달리 뉴딜은 민주주의적 정치 체제를 폐지하려고 하지 않았다는 점이다. 한 파시스트 저자는 "미국에서도 역시 자본주의는 코포라티즘적인 국면에 진입했다"라고 쓰면서 이러한 차이에 대해 얼버무리려고 했다. 다른 저자는 탈脫자유주의적 경제 질서는 "미국의 운동을 파시즘뿐 아니라 이탈리아 모델을 따르는 다른 모든 사회적 실험들과 연결하고 있다"고 단언했다. 또 다른 저자들은 미국 대통령〔루스벨트〕이 가진 정력, 강한 의지, 신뢰, 그리고 "근대적 전망이 의심할 여지없이 그를 새로운 유형의 정치인의 한 명으로 확립시켰음"을 강조하면서, 자신들의 초점을 무솔리니와 루스벨트 각자의 퍼스낼리티에 맞춰 협소화시킴으로써 정치 체제의 차이를 얼버무리려고 했다.[13]

뉴딜이 지닌 탈脫자유주의적인 경제 요소들을 환영하는 것을 넘어, 국가 사회주의자들과 파시스트들은 루스벨트의 당선을 최고의 선전 기회로 보았다. 세계 최강의 국가가 수년 동안 자신들이 추구해 왔고 전파해 왔던 것과 똑같은 방향으로 이제 나아가고 있다고 주장할 수 있었기 때문이었다. 일거에, 파시즘은 갑작스레 그 영향력이 국경들을 초월하는 하나의 전 지구적 세력처럼 보였다.

그러나 이러한 자아상self-image은 인지적 부조화cognitive dissonance가 없지 않았다. 심리학적으로 볼 때 이탈리아와 독일의 지도자들은, 어느 날 어떤 부유한 신사가 그 여관을 예약했으니 놀랄 수밖에 없었던 평판이 매우 좋지 않은 여관 주인의 입장에 비유할 수 있다. 이 세계에서 달리 갈 곳이 없을 정도로 몰락한 그 신사에게서 여관 주인은 자부심과 기쁨을 느끼게 될 것인가 아니면 동정과 경멸이 뒤섞인 감정을 느끼게 될 것인가? 뉴딜에 대한 이탈리아와 독일의 담론에서는 두 가지 반응이 모두 명백하게 나타난다. 적어도 1933년에 미국에서의 전개 양상들은 나치당과 파시스트들에게 만족할 만한 유일한 이유를 제공했다. 자신들이 지구 상의 가장 강한 국가 미국에 의해 추인받았다고 생각하게 만들었다. 그러나 1930년대 중반 무렵이 되면 독일과 이탈리아는 그러한 견해와 결별하기 시작했다.

그러한 심경 변화는 1935년 이탈리아의 에티오피아 침공 이후 자유민주주의 국가와 파시즘 국가 간의 관계 경색, 그리고 스페인 내전에 대한 독일-이탈리아의 개입이 주된 이유였다. 서구의 입장에서 볼 때 이것은 모두 전체주의적 팽창주의의 사례들이었다. 또한 이탈리아와 독일은 뉴딜의 경제적 실패가 감지됨에 따라 나타난 워싱턴의 반反파시스트적 풍조를 무시해 버렸다. 독일의 한 정기 간행물은 "미국은 1933년에 루스벨트가 착수했던 것과 같은, 대담한 정책들의 성공에 결정적인 전제조건들이 되는 국민적 통합과 직접적 리더십*이 부족했다"고 의견을 피력했다. 그 논설은 뉴딜과는 대조적으로 "국가사회주의 혁명은 자신의 약속들을 지켰다"고 덧붙였다.[14) 그러한 비판은 몇 가지 사실적인 토대를 갖고 있었다. 미국의 실업률은 1937년에 1932년 수준에 육박할 정도로 급증했던 반면에 독일과 이탈리아는 모두 완전 고용을 만끽했다. 만일 미국이 제2차 세계 대전에 참여했기 때문에 비로소 대공황에서 완전히 벗어났다는 오늘날 역사가들의 합의를 받아들인다면, 파시즘/국가사회주의와 뉴딜 사이에는 한층 더한 유사점이 나타난다. 세 이데올로기들은 모두 자신들의 국민 경제를 완전히 건강한 상태로 회복시키기 위해서 재무장과 그에 따른 전쟁을 필요로 했던 것이다.

미국의 관점

뉴딜과 전체주의 이데올로기를 비교하는 일은 루스벨트의 국내 정적들의 일상적 수사의 중요한 부분이었다는 사실은 놀랍지 않을 것이다. 당시 한 공화당 상원 의원은 국가산업부흥국NRA을 "러시아 방향으로 너

---

* 미디어 등을 이용하는 간접적 리더십에 대비되는 리더십.

무 멀리" 나아간 것으로 묘사했으며, 심지어는 민주당 의원조차 FDR
[Franklin Delano Roosevelt의 약어. 루스벨트]를 "이 나라의 구석구석에다 히
틀러주의를 이식하려" 했다고 비난했다. 허버트 후버Herbert Hoover*는
FDR의 정책들에 대한 공개적인 저항을 부르짖었다. "우리는 미국의 비
전이었던 개인의 자유와 기회에 기초해 수립된 정부를 위해 다시 한 번
싸워야 한다. 만약 우리가 진다면 집산주의 이론들에 기반한, 일종의 한
개인의 정부로 이어질 뉴딜의 경로를 계속해서 따라가야만 할 것이다.
이러한 사상들 아래에서 우리 정부는 일종의 파시스트 정부가 될 수 있
다."15).

　물론 또 다른 루스벨트의 동맹자들이었던 경제학과 사회정책학 전문
가들이 이들에 공감하지만 않았어도 그러한 감정들을 통상적인 당파 정
치와 당내 경쟁 관계의 탓으로 돌릴 수 있었을 것이다. 지식인 전문가들
또한 뉴딜의 핵심 속에서 파시스트적인 요소를 보았다. 자유주의적 저
널리스트인 모리츠 할그렌Mauritz Hallgren은 《스펙테이터 Spectator》에
다음과 같이 썼다.

　미국에 있는 우리는 자본주의 체제를 구할 수 있는 유일한 수단으로서 미국
　이라는 국가에 더욱 의존하게 되어 있다. 검은 셔츠단black-shirt armies이
　나 독선적인 경제 독재자들 ― 적어도 잠시 동안은 ― 은 없지만, 우리는 파
　시즘으로 빠르고도 명백하게 떠밀려 가고 있다 …….

또 다른 곳에서 그는 다음과 같이 관찰했다.

　나는 이 나라에서 인민들의 감정을 상하게 하지 않도록 민주주의의 장식을

---

* **허버트 후버** 미국의 31대 대통령. 경제 대공황 시기에 대통령 자리에 있었다.

걸치게 될 날이 점차 다가올 것이라고 확신한다. 그러나 그날이 올 때, 이탈리아와 독일의 파시스트 정권들과 본질적으로 다를 것이 없을 것이다. 루스벨트의 역할은 바로 현재 수립되고 있는 국가자본주의가 전적으로 민주주의적이며 합헌적이라는 것임을 인민들에게 확신시키는 것이다.[16]

《노스 아메리칸 리뷰*North American Review*》에서 로저 쇼Roger Shaw는 이에 동의했다.

이상하게도, 뉴딜 추종자들은 자유주의적 목표들을 이루기 위해 파시스트적 수단들을 도입하고 있었다. 자체의 법전 체계, 경제 규제 조항들, 그리고 사회 개량의 몇몇 특징들을 가진 국가산업부흥국은 그 역학에서 명백하게 이탈리아의 조합주의 국가를 미국식으로 개조한 것이었다. 뉴딜의 철학은 영국 노동당의 철학과 매우 유사하지만, 반면에 그 메커니즘은 이탈리아식에 대한 영국 노동당의 안티테제로부터 빌린 것이다.[17]

다소 강경한 정통 마르크스주의적 입장에서 캘버턴V. F. Calverton은 《모던 먼슬리*Modern Monthly*》에서 다음과 같이 썼다.

파시스트적 외관을 취하지 않은 채 국가산업부흥국은 유럽의 파시즘이 성취하고자 했던 작업의 일부를 진행하고 있다. 즉, 경제 세력으로서 소상인의 제거와 중소기업들의 해체가 그것이다. 그리하여 미국의 잊혀진 자들forgotten men에 의해서 선출된 프랭클린 델러노 루스벨트는, 계급으로서 그들을 사멸하게 만듦으로써 그 잊혀진 자들을 완전히 잊게 만드는 것을 목표로 하는 경제 전술의 아버지가 되었다. 그렇게 함으로써 그는 유럽의 파시즘이 더욱더 강렬하고 필사적인 방법을 통해 성취하고 있는 경제적 목표들과 동일한 목표들 중의 하나를 성취하고 있다.[18]

같은 잡지 같은 호에서 미국 사회당American Socialist Party 대표 노먼 토 머스Norman Thomas는 다음과 같이 의견을 피력했다.

뉴딜의 경제학과 무솔리니의 조합주의 국가 혹은 히틀러의 전체주의 국가 의 경제학 간의 유사성들은 밀접하고도 명백하다. 지금까지 루스벨트가 자 신의 연대를 조직할 때만 입혀 놓은 "자유주의적" 복장은 본질적인 것을 바 꾸지 못하고 있고, 그 자체로 닳아서 얇아지고 있다.[19]

《뉴 리퍼블릭 New Republic》의 자유주의적 편집자인 조지 소울George Soule은 1934년에 출간한 자신의 책《도래할 미국 혁명 The Coming Ameri- can Revolution》에서 "우리는 파시즘이 지닌 모든 사회적 혹은 정치적 폐 해를 겪지 않고 파시즘의 경제학을 엄밀히 시험해 보고 있다"고 선언했 다.[20] 오즈월드 개리슨 빌라드Oswald Garrison Villard는《폴리티컬 쿼털 리 Political Quarterly》에서 좀 더 가설적으로 말했다.

루스벨트 법령 전체가 대통령의 권위를 대대적으로 확장시켰고, 그에게 독 재적인 권력들을 부여하였다. 그리고 루스벨트 씨의 후임자나 혹은 바로 루 스벨트 자신이 우리를 파시즘이나 국가사회주의의 경로로 이끌고 가기 용 이하게 하는 선례들을 만들었다는 사실은 아무도 부정할 수 없다.[21]

매슈스J. B. Mathews와 샐크로스R. E. Shallcross가 1934년에《하퍼스 매거진 Harper's Magazine》에 게재한 한 논문은 "미국은 파시즘으로 가야 만 하는가?"라고 질문했다. 저자들은 다음과 같이 주장했다.

만약 논리적 결론에 따르면, 우리는 계획적인 재건, 그 방법들, 그 목적들이 지닌 바로 그 성격 자체에서 파시즘적인 경제 통제 단계로 귀결될 경향을 발견하게 된다. 온건한 조치들은 실패했으며, 그 실패 때문에 파시즘적 통제로 향하는 경향들을 강조하는 방식이 마련되었던 것이다.[22]

1935년에 길버트 몬터규Gilbert H. Montague는 《미국정치사회학회보 *Annals of the American Academy of Political and Social Sciences*》에서 자신의 결론을 내놓았다. "국가산업부흥국은 무의식적이었지만 본질적으로는 파시즘적이었던 행정 입법 형태와 어울렸다." [23]

대체로 당시 미국의 평자들은 파시즘과 뉴딜의 친족 관계에 대하여 유럽 측 평자들과 동일하게 파악하고 있었다. 뉴딜과 파시즘은 일종의 탈脫자유주의적인 양식의 정부 형태로 간주되었는데, 그 주요 취지는 사회 계획과 국가 주도 경제를 지향하고 있었다. 그와 동시에, 미국의 논평가들은 뉴딜은 파시즘과는 달리 개인들의 시민적 자유들을 보존했다는 근본적인 차이를 강조했다. 이러한 논평은 뉴딜이 파시즘에 대한 미국의 대답이었는지 아니면 파시즘에 의한 최초의 감염 징후인지에 관한 문제를 제기했다. 《뉴욕 타임즈*New York Times*》 논설에서 노먼 토머스는 "우리는 파시즘의 정치학이 없는 파시즘의 경제학을 어느 정도까지 취할 것으로 기대할 수 있는가?"[24]라고 물었다.

뉴딜 추종자 자신들은, 적어도 공적 무대에서는 자신들의 정책들이 유럽의 독재적이고 전체주의적인 체제들과 관계가 있다는 인상을 주지 않으려 항상 노력했다. 이는 별로 놀랄 만한 일이 아닌데, 왜냐하면 1930년대에 미국의 정치인들의 가장 커다란 두려움은 "비非미국적"이라는 낙인이 찍히는 것이었다. 하지만 루스벨트 행정부의 구성원들도 유사성들을 인정했던 예외들이 있었다. 루스벨트 스스로 언젠가 기자들 앞에서 무솔리니와 스탈린을 자신과 "피를 나눈 형제들"이라고 말했던 것이다. 그리고 전국산업부흥법National Industrial Recovery Act의 공식적인 선포식에서 루스벨트가 법령을 통해서 재건된 산업협회를 "근대적인 길드modern guilds"라고 언급했을 때, 전문적인 용어에 능숙한 사람들은 그것이 파시즘과 관련된 조합주의적 체제에 대한 언급이라는 것을 잘 알아차릴 수 있었다.[25]

루스벨트는 사적인 자리에서는 무솔리니에 대한 호감과 이탈리아 지도자의 경제적·사회적 질서에 대해 훨씬 더 솔직하게 관심을 나타냈다. 루스벨트는 히틀러에 대해서는 항상 사회적, 이데올로기적, 정치적 차이를 절감했던 반면, 무솔리니에게는 1930년대 중반까지 오직 "호감과 신뢰"만을 갖고 있었다.[26] 루스벨트는 백악관 기자단에게 "나는 이탈리아의 훌륭한 신사분과 매우 긴밀하게 접촉하고 있다는 것을 여러분들께 자신 있게 말할 수 있다"고 말했다. 1933년 3월에 취임한 이후 루스벨트가 처음 한 행동 중의 하나는 로마 대사로 브레킨리지 롱Breckinridge Long을 임명한 것이었다. 오랜 정치적 동맹자였던 롱은 파시즘의 사회적 모델에 대한 자신의 열정을 숨기지 않았다. 루스벨트는 롱에게 (국무부를 경유해서 보고하는 것이 관례였지만 그러지 않고) 로마에서 받은 인상들을 직접 보고하도록 했다. 롱이 보내 온 열광적인 첫 서한에 답하면서, 루스벨트는 "[무솔리니가] 진실로 우리가 하고 있는 것에 관심을 가지고 있으며 그리고 그[무솔리니]가 성취한 것들과 이탈리아를 재건한다는 그의 확실히 정직한 목적에 나는 깊은 감명을 받았고 많은 관심을 가지고 있다는 사실은 의문의 여지가 없는 것 같다"고 말한 것으로 인용되고 있다.[27]

파시즘에 대한 공감은 대통령과 함께 가까이에서 일했던 사람들에게서도 마찬가지였다. 그들 역시 공개적으로는 자신들이 고국에서 하고 있는 것과 파시스트 모델들이나 혹은 일부 사람들이 가지고 있던 소련의 공산주의적 실험들 사이의 수렴을 공개적으로 인정하는 데 신중했다. 그러나 사적인 자리에서는 이야기가 달랐다. 물론 국가산업부흥국의 국장이었던 휴 존슨Hugh Johnson이 이탈리아 코포라티즘에 관해 다룬 한 저서에 너무 감명을 받아서 종종 그 책을 선물로 나눠주었다는 주장에 대해서는 결정적인 증거가 없었을 수도 있다.[28] 하지만, 뉴딜의 내·외부 서클들에는 친親파시스트적 애호가들이 존재했다고 주장할 수 있는 증거는 꽤 많이 존재한다.

루스벨트의 고문단에서 가장 좌파적인 인사로 알려졌으며 소비에트 계획경제에 대한 찬양을 솔직히 털어놓았던 렉스퍼드 터그웰Rexford Tugwell* 또한 비록 이데올로기적 토대에서는 파시즘을 거부했지만, 무솔리니의 경제 정책들에 대해 자신이 지닌 존경심을 숨기지 않았다. 이탈리아 현지 조사 출장에서 돌아오자마자, 터그웰은 자신의 일기에 이렇게 적었다.

경제 위기를 극복하고 사회를 근대화시키려고 노력하면서 무솔리니 정권은,

필요해 보이는 많은 일들을 했다. 그리고 어쨌든 〔이탈리아는〕 체계적인 방법을 통해 물리적으로 재건되고 있는 중이다. 루스벨트처럼 무솔리니에게도 분명히 그를 반대하는 국민들이 있다. 그러나 무솔리니는 언론이 일상적으로 거짓말을 늘어놓지 못하도록 언론을 통제하고 있다. 그리고 그는 비록 자원은 부족해도 탄탄하고 잘 통솔된 나라를 가지고 있다. 적어도 외관상으로 볼 때, 그는 거대한 진보를 이룩한 것처럼 보인다.

터그웰은 또한 변화의 원동력이 될 수 있는 파시즘의 능력에 감명을 받았다. "그것은 내가 지금까지 보아 왔던 것 중에서 가장 깨끗하고, 가장 깔끔하며neatnest〔원문 그대로〕, 가장 효과적으로 작동하는 사회적 기계의 부속품이다. 그것은 나에게 부러움을 자아냈다."[29]

---

* **렉스퍼드 터그웰**　루스벨트의 농업안정 보좌관이자 경제정책 자문위원이었으며 당시 컬럼비아 대학 경제학 교수.

무솔리니가 이탈리아 사회를 손쉽게 개조한 것으로 보였던 것에 질투심을 느꼈던 사람은 터그웰 혼자만이 아니었다. 엘리노어 루스벨트Eleanor Roosevelt*의 절친한 친구이자 뉴딜과 관련된 커버스토리를 담당하던 저널리스트 로레나 히콕Lorena Hickok은, "만약 루스벨트가 실제로 독재자였다면, 우리는 잘되었을 것이다. 이 길은 정말이지 희망이 없다"라고 불평하는 한 지방 정부 공무원에 대해서 썼다. 히콕은 여기에, "나는 거의 그에게 동의할 수밖에 없었다. 만약 내가 20년만 젊었어도 그리고 34킬로그램만 덜 나갔어도, 나는 미국 파시스트 운동의 잔 다르크가 되었을 것이라고 생각한다"고 덧붙였다.[30]

*   *   *

아돌프 히틀러나 국가사회주의는 무솔리니와 그의 운동에 대해 루스벨트의 첫 행정부가 보여 준 존경과 선의를 단 한 번도 향유한 적이 없었다. 하지만 그렇다고 해서 워싱턴이 베를린에서 단행된 각각의 정책과 프로그램들이 적합한지 아닌지를 알아보는 일을 면밀히 검토하지 않던 것은 아니다. 예를 들어, 루스벨트의 내무장관 해럴드 이커스Harold Ickes는 "이 나라에서 우리가 하고 있는 것은 러시아에서 해 왔던 것의 일부이며, 심지어 어떤 것들은 히틀러 치하 독일에서 행해진 것들이었다. 그러나 우리는 그것들을 질서 정연한 방식으로 하고 있다"고 선언했다.

이탈리아와 독일에 대한 워싱턴의 이러한 입장 차이는 어느 정도까지는 양국에 대한 상투적인 이미지를 반영하고 있다. 이탈리아는 어떤 심각한 위협도 될 수 없는 오페레타operetta**의 나라였다. 독일은 정확

---

* **엘리노어 루스벨트** 루스벨트 대통령의 부인.

하게 그 반대를 의미했다. 즉 독일은 제1차 세계 대전 시기 미국의 거대한 적이었다. 미국은 선전을 통해 독일을 악마화했다. 또 엄청난 노력을 기울인 끝에 패배시킬 수 있었다. 국가사회주의는 초창기부터 튜턴 족의 침략성과 야만의 극치로 그려졌다. 벨기에의 아기들을 총검으로 찔러 죽이는 독일 병사들에 관한 제1차 세계 대전 시기의 선전 이미지는 단지 반反유대인 학살 이미지로 바뀌어야만 했다. 독일이 바이마르 공화국 14년 동안 보였던 결백과 무해함의 분위기는 사라졌다. 게다가 1930년대 초반에 무솔리니의 권력 장악에 동반됐던 거리 폭력은 이미 과거지사過去之事가 되었던 것에 반해, 나치 혁명은 바로 자신의 힘을 계속해서 겉으로 드러내고 있었다. 이탈리아에서 정적政敵들에 대한 파시스트의 폭력에 격분하던 자유주의자의 목소리는 약해진 지 오래되었으며, 이탈리아 철도 체계가 시간표를 잘 지키게 되었다는 새로이 발견된 정확성에 대한 찬양으로 대체된 것이다.

공통의 기반

공통성들에 관한 일반적인 주장들이나 비난들을 넘어서, 파시즘에 대해 많은 미국 지식인들이 가지고 있는 개방성에는 특정한 이론적 토대가 존재한다. 바로 실용주의pragmatism 철학 학파가 그것이다. 어떤 이는 독일의 역사가 페터 포크트Peter Vogt를 인용하면서 실용주의자들이 유

** **오페레타** '작은 오페라' 라는 뜻으로 노래로만 이뤄진 오페라와 대사 등 연극적 요소가 강한 민중 음악극이 합해진 것. 19세기에 이탈리아에서 대유행을 하기 시작했고 이를 '오페라 부파opera buffa라고 불렀다. 일종의 오페라의 대중판이라 할 수 있다. 여기서는 이탈리아가 오페레타를 좋아하는 나라이다 보니 세계에 별로 위협이 되지 않을 것 같은 이미지가 존재한다는 의미이다.

럽의 파시스트들에 대해 가지는 "선택적 친화성elective affinity"을 언급할지도 모른다. 아니면, 미국의 역사가 존 디긴스John P. Diggins가 쓴 것처럼, "파시즘은 무엇보다도 실용주의적 실험 윤리가 마음에 들었다."[32] 1920년대에 자유주의의 실패에 낙심한 미국의 지식인들은 어리석게도 파시즘이 자신들의 이상의 실현을 대변한다고 생각했다. 이는 마치 10년 뒤인 1930년대에 비어트리스 웨브와 시드니 웨브Beatrice and Sidney Webb와 같은 많은 지식인들이 무기력한 서구 사회주의에 대해 환멸을 느낀 후 스탈린주의에 빠져들게 되는 것과 마찬가지였다.

우리의 논의를 위해 실용주의는 단순히 세기 전환기 미국의 근대화 철학으로 간주될 것이다. 실용주의는 제1차 세계 대전 이전의 20년 동안 미국의 혁신주의Progressivism에 지대한 영향을 끼쳤다. 계몽사상의 고전적 합리주의와 자유주의가 19세기 말에 일었던 경제적·사회적 조건들에 더 이상 적절하지 않다는 가정에서 생겨난 것이다. 그리하여 수많은 실용주의적 정치·사회 사상가들은 경제, 사회, 국가, 그리고 공중 도덕을 근대화시키기 위해 초trans자유주의적 혹은 탈post자유주의적 방법들을 사용할 준비가 되어 있었다. 자유주의의 주요한 성취물들 중의 하나인 개인적 자유들이 근절되어야 한다고 제안하는 사람은 아무도 없었다. 그러나 경제적·사회적 목표가 여전히 "의식적이고 지적인 사회 질서"인 한, 포괄적인 국가 통제, 계획, 그리고 관리에 대해 꽤 높은 수준의 수용이 있었다. '의식적이고 지적인 사회 질서'라는 말은 실용주의 철학자 허버트 슈나이더Herbert W. Schneider의 표현이었다. 그는 존 듀이John Dewey의 제자였으며 컬럼비아 대학 교수였다. 슈나이더도 토머스 제퍼슨Thomas Jefferson의 아메리카 공화국의 이상들을 "제퍼슨의 파시즘"이라고 묘사했다.[33]

실용주의의 동조자들은 정치적 억압에 대한 파시즘의 강조를 유감스럽기는 하지만 이해할 수 있는 부차적인 현상으로 보았다. 예를 들어,

역사가 찰스 비어드Charles W. Beard는 "(다른 모든 역사적 변화들과 마찬가지로) 파시스트의 정치 과정들에 동반된 거친 행동들과 요란한 주장들을 심사숙고한 나머지 대담한 도전의 잠재성과 교훈을 간과하는 것은 잘못일 것이다"라고 썼다.[34] 또 다른 경우에 비어드는 파시즘을 차르 러시아의 노선을 따르는 "공포스런 전제 정치terrible despotism"와 구별하려고 애썼다. 대신 그는 파시즘을 견제와 균형의 미국 체제와 비교했다.[35]

실용주의 용어에서 "파시즘"이라는 단어는 대체로 국가 통제와 동의어였다. 1930년대에 유행한 이러한 함의는 뉴딜을 언급할 때 왜 "경제적 파시즘"이라는 용어가 일반적으로 사용되는가를 설명해 준다. 오늘날 우리의 관점에서 볼 때, 그리고 1933년 스웨덴처럼 다른 유럽 국가들이 채택한 체제들과 관련해서 볼 때, 뉴딜은 사회민주주의적 계획이라고 해야 좀 더 정확한 표현이다. 파시즘과의 비교는 아마도 경제적 자유에 대한 제약을 자유 일반에 대한 제약으로 인식하는 미국적 경향을 반영한 것처럼 보인다. 아니면 경제적 자유의 제한이라는 생각을 사회주의나 사회민주주의에 반하는 파시즘으로 간주했을 때 입맛에 보다 맞는 것이 되었을지도 모른다. 그 이유가 무엇이든 당시의 평자들이 자본주의에서의 모든 형태의 국가 개입을 적어도 의사 파시스트quasi-Fascist라고 즉각적으로 생각했다는 것은 놀랍다.

1930년대에는 (제복을 선호하는 파시스트의 성향을 가리키는) "셔츠 운동"이 그저 단순하게 미국으로 수입될 수는 없었다는 광범위한 합의가 있었다. 다른 말로 하면, "파시즘"이 미국에서 성공하려면 미국적 형태를 취해야만 했다. 혹은 휴이 롱Huey Long의 것으로 생각되는 금언金言을 인용하자면, "미국이 파시즘을 취할 때 그것은 반反파시즘이라 불릴 것이다."[36]

뉴딜과 같이 파시스트와 친화성들을 가진 미국의 토착적인 운동이 왜 억압이나 전체주의적 통제에 호소하지 않고도 성공할 수 있었는지에 대해서는 다양한 설명들이 있다. 하나의 주장은, 유럽에서는 힘에 의해서 강제되어야만 했던 평등주의, 순응, 그리고 무계급성을 포함한 특정한 파시스트 원칙들이 미국에서 오랫동안 현실로 존재했었다는 것이다. 물론, 현실로 인식되지 않은 채 말이다. "미국에서 파시즘은 가능한가?"라는 제목을 단 1934년의 한 논문에서 리언 샘슨Leon Samson은 "미국의 민주주의는 파시즘에 대한 반증이다. 미국의 민주주의가 공식적으로 반反파시즘적이기 때문일 뿐 아니라, 실제로는 파시즘의 요소들을 포함하면서도 감추고 있기 때문이다. 이것이 파시즘의 특수한 형태에 대한 미국 사회의 면역을 형성하는 데 이바지하고 있다"라고 썼다.[37]

또 다른 이론은, 미국의 자유주의적 체제로부터 의사 파시스트 체제로의 이행이 너무나 점진적으로 이루어져 인민들은 그것이 발생하고 있는지를 알아차리지 못했다는 것이다. 월도 프랭크Waldo Frank도 1934년부터 "파시즘이 미국에 도래할 것인가?"라는 자신의 논문에서 그러한 주장을 했다.

국가산업부흥국은 미국 파시즘의 시작이다. 그러나 이탈리아와 독일과는 달리, 민주적 의회주의parliamentarianism는 수세대 동안 앵글로 색슨 세계에서 강력했다. 그것은 일종의 종족적인 제도이다. 그러므로 그것을 갈고닦기보다는 오히려 폐기하는 파시즘은 북미나 혹은 영국에서 기대될 수 없는 것이다. 파시즘은 아마도 미국에서 너무나도 점진적이어서 대부분의 유권자들은 그것의 존재를 인식하지 못할 것이다. 진실한 파시스트 지도자들은 실버 셔츠를 입고 활보하는 독일의 퓌러Führer〔총통〕와 이탈리아의 콘도티에리condottieri〔용병대장〕의 현대판 모방자들은 아닐 것이다. 그들은 현명하고, 검정 프록코트를 입은 신사들, 일류 대학의 졸업자들이며 니컬러스 머리 버틀러Nicholas Murray Butler*와 월터 리프먼Walter Lippmann**의 제자들일 것이다.[38]

정치적 민주주의의 보존에 관한 당대의 평자들의 관점들은 그들이 이전에 갖고 있던 입장에 따라 채색되었다. 자유주의자들은 일제히 민주주의의 사망 — 예를 들어, 연방대법원을 넘어서는 영향력을 획득하려는 루스벨트의 시도들을 통한 — 을 두려워했으며, 뉴딜을 독재에 대한 민주주의의 승리로서 축하했다. 한편, 미국 민주주의에 대한 드 토크빌de Tocqueville의 고전적인 분석에서 가르침을 얻은 현실주의자들과 냉소주의자들은 "아마도 민주주의적 자유들을 억제할 필요는 없을 것이다. 아마 자유보다 억압이 훨씬 더 위험하다는 깨달음이 나타났다"라고 결론 내렸다.[39]

1934년 프라하에서 개최된 국제철학대회International Congress for Philosophy에서 컬럼비아 대학 교수이자 슈나이더의 동료 중 한 사람인 윌리엄 페퍼럴 몬터규William Pepperell Montague는 뉴딜을 위해, 혹은 좀 더 엄밀하게 말하면 그 자신이 제안하고 있었던 특정한 뉴딜 정책들을 보다 더 개발하기 위해, "페이비언 파시즘Fabian Fascism"이라는 말을 만들어 냈다.[40] "페이비언 사회주의Fabian Socialism"라는 말은 영국식으로, 신사적 버전의 변형된 사회주의나 혹은 민주적 사회주의를 의미했다. 그러므로 "페이비언 파시즘"은 파시즘의 문명화된 버전 — 인간의 얼

---

* **니컬러스 머리 버틀러**(1862~1947) 미국의 교육가. 1931년에 노벨 평화상을 수상했다.
** **월터 리프먼**(1889~1974) 미국 언론인.

굴을 가진 파시즘 — 을 암시했다. 그러나 몬터규는 "민주주의적 방법들에 따라 그리고 선의의 정신으로, …… 온건하게" 유럽의 파시스트 운동이 지닌 폭력성을 회피할 수 있는 가능성에 관해서, 그리고 미국의 자유주의 체제의 개혁 가능성에 관해서 다른 많은 사람들보다 덜 낙천적이었다. 그의 대안은 "파시스트적 공산주의와 민주적 자본주의의 이중경제dual economy"였다. 몬터규의 계획은 자본주의 체제 내에 일자리를 가진 사람들의 권리를 보호하는 한편, 실업자들을 코뮌들communes, 즉 "그 경쟁 세계로부터의 안전지대"로 통합해 내는 것이었다. 이번에는 코뮌들이 그 자체의 자율적인 경제 체제를 형성할 것이며, 독재적이고 기술 관료적인 노선에 따라서 조직될 것이다. 몬터규의 실용주의적 처방의 언어로 표현하면, 이는 "필요로 하는 사람들을 위해서는 공산주의를 수반한, 여유가 있는 사람들을 위한 자본주의"를 의미했다.

몬터규의 제안과 당시에 존재했던 파시즘 사이의 중요한 차이는 개인이 선택의 자유를 계속 가져야 한다는 것이다. 예를 들어, 그는 3년 정도 동안 코뮌의 독재를 따르겠다는 서명을 할 수 있으며 혹은 "만약 그가 좋아하지 않는다면 그 체제를 제거할" 수 있다는 것이다.

이중 경제라는 생각은 뉴딜에 전혀 낯선 것이 아니었다. 실제로 이중 경제는 이미 자경 자급 농장Subsistence Homesteads*, 민간자원보존단 Civilian Conservation Corps, 그리고 테네시 강 유역 개발 공사Tennessee Valley Authority와 같은 프로그램들에서 작동하고 있었다.** 발의된 이 모든 사업들에서 경제적·사회적 삶의 특수한 영역들은 자유주의적 자본주의의 정상적인 운영에서 벗어나 있었다. 예를 들면, 자작 농장 사업은

---

* 실업자를 위해 공장 지대 부근에 건설된 농장.

** 1930년대에 청년들을 위한 일자리 창출 정책이었던 민간자원보존단은 종종 제3제국에서의 유사한 정책들과 비교되었다. 자경 자급 농장과 테네시 강 유역 개발 공사는 이 책의 다음 장들에서 상세하게 논의될 것이다. — 영역자 주

파시스트들과 국가사회주의자들이 실시한 유사한 사업들과 거의 구별할 수 없는 준準군사적인 노선들에 따라 조직되었다.

군사 구조들과 군사적 은유들metaphors은 세 가지 체제들 사이에 또 다른 고리를 구성했다. 전쟁은 파시즘과 국가사회주의 양자 모두에게 이후에 뒤따를 모든 것들을 결정짓는 하나의 창조 행위였다. 양자 모두 제1차 세계 대전을 자유주의의 결정적인 사망 시기로 간주했다. 그들이 보기에 1918년 이후의 유럽의 민주주의는 시체에 홍분紅粉을 하여 사망자들을 되살리려는 시도에 지나지 않았다. 전쟁, 또는 더욱 엄밀하게 말해서 전선戰線의 경험은 새로운 무언가를 탄생시켰다. 즉 싸웠던 사람들 사이의 공동체 의식, 그들이 정화되고, 단련되고, 개조되었다는 확신이 그것이다. 전선의 "포화砲火"는 계급적 차이를 뿌리째 근절했으며, 새로운 종류의 동지 관계를 형성했다. 파시즘과 국가사회주의는 스스로를 군인들의 결속의 연장으로서, 다시 말해 여전히 구시대의 진부한 사상들에 의해 지배받는 국가를 새로운 혁명적 정신으로 활기차게 만들 영웅적이고 메시아적인 운동으로서 간주했다. 정치는 후방의 국민을 무장하기 위한 요청이었다.

이러한 운동들이 갖는 많은 특징들은 전쟁 경험을 반영했다. 즉 리더십의 원칙, 유니폼에 대한 의존, 돌격대원, 토론을 넘어 전부 아니면 전무라는 식의 정치 투쟁의 강조, 그리고 모든 주요한 경제 계획에 대한 "전투"라는 단어의 사용 등이 그것이다. 이탈리아와 독일 모두에서 "권력 장악"이라는 수사修辭는, 사실상 정치 체제의 법적 변화였던 것을 고국을 향한 병사들의 대장정의 승리적 종결로, 자유주의의 지배로부터 국가의 재정복으로, 전사들에 의한 상인들의 퇴거로, 그리고 독일과 이탈리아가 1914년과 1915년에 각각 전쟁을 선포했을 때 두 나라에 고취되었던 국민적 연대national solidarity 정신의 재활성화로 바뀌었다. 심지어 무솔리니와 히틀러 정권이 자신의 권력을 공고히 한 후에도 전쟁 신화war mythology는 자유주의 의회 국가로부터 군사 모델을 모방한 독재 체제로 전환했음을 계속해서 알렸다.

파시스트들이 호전적인 은유들을 선호한다는 사실은 잘 알려져 있다. 반면에 뉴딜에서 전쟁의 수사학과 심리학이 했던 역할에 대해서는 잘 알려져 있지 않다. 가장 전문적인 서클들 내부를 제외한다면, 뉴딜이 지니고 있는 매파적(호전적) 자아상은, 제2차 세계 대전을 평화와 자유를 대표하는 미국이 군사 정복에 혈안이 된 부도덕한 침략자들에 대항해 최후의 수단으로 벌어진 충돌로 바라본 주류의 입장에 의해 은폐되어 왔다. 루스벨트의 행정부는 탐욕스런 전체주의 정권들을 제거하고 총체적인 군사화로부터 세계를 구하기 위해 싸울 수밖에 없었던 자비롭고 평화를 사랑하는 기업가들의 정부로 여겨진다.

그러나 1933년의 루스벨트의 취임 연설은 전쟁 자체에 대해, 전쟁과 중상주의mercantilism의 관계에 대해 다소 다른 입장을 드러낸다. 그 연설에서 루스벨트는 "투기꾼들"이 경제 위기에 책임이 있다고 비난했으며, 그들을 국가의 전당에서 몰아내는 것을 자신의 행정부가 우선해야 할 정책들 중 하나로 삼았다. 대공황에 대하여 경제적·사회적 조치들을 취하는 것으로는 충분하지 않았다. 대공황에 대한 전쟁을 선언해야 했다. 생사를 가르는 사명으로 국가를 통합하는 그러한 선언 없이, 불가피한 희생들을 위해 에너지를 불러일으킬 수 있는 방법은 존재하지 않았다. 오늘날, 루스벨트가 행한 연설의 논조는 전통적인 전쟁 선전에 나오는 표어나 슬로건을 연상시킨다.

만약 우리가 앞으로 나아가고자 한다면 우리는 공동 규율이라는 선善을 위하여 기꺼이 희생하는, 훈련이 잘된 충성스러운 군대처럼 전진해야 할 것입니다. 내가 알기로는, 우리는 그러한 규율을 위해 우리의 생명과 재산을 기꺼이 바칠 준비가 되어 있습니다. 왜냐하면 그것은 보다 더 큰 선을 목표로 하는 지도력을 가능케 할 것이기 때문입니다. 나는 우리의 공통 문제에 대해 규율 있게 대처하고 헌신하는 위대한 군대와 같은 우리 국민을 지도하는 역할을 주저함 없이 받아들이고자 합니다.

게다가 만일 국민들이 연대를 호소하는 그의 요청에 주의를 기울이지 않는다면, 루스벨트는 계엄령과 같은 것을 선포할 가능성을 환기하는 일에 전혀 양심의 가책을 느끼지 않았다.

나는 내가 직면하게 될 명백한 책임을 회피하지 않을 것입니다. 나는 이 위기에 대처하기 위하여 남아 있는 유일한 수단을 의회에 요구할 것입니다. 그것은 비상사태에 맞서 전쟁을 수행하기 위한 광범위한 행정권, 우리가 실제로 외부의 적에 의해 침략을 받았을 때 나에게 주어질 권한의 크기만큼 거대한 행정권입니다.[41]

1933년 봄에는, 이 말들이 지금 들리는 것보다는 덜 은유적으로 들렸다. 왜냐하면 그것들은 최근의 역사적 사건들에 대한 기억들과 함께 울려 퍼졌기 때문이다. 파시즘과 국가사회주의의 지지자들과 마찬가지로, 뉴딜의 지도자들이 전쟁의 경험에 대해서 말할 때 그들은 제1차 세계 대전을 언급하고 있었다.

국민들이 전통적인 경제적·정치적 수단들은 대공황을 극복하는 데 충분하지 못할 것이라고 깨닫게 됨에 따라, 전쟁 시기에 요청되었던 것과 유사한 국력의 대대적인 과시를 요구하는 목소리가 1933년이 되기도 전에 크게 높아졌다. 1931년 초에 진보적인 성향을 가진 제너럴 일렉트릭General Electric 사의 회장인 제라드 스워프Gerard Swope는 전쟁의 유비로 가득 찬 위기 관리 계획을 발표했다.

만약 우리가 전쟁에 직면했다면, 대통령은 전쟁을 선포하고 군대를 소집하기 위해서 즉각적으로 임시 회의를 요청해야 할 것이다. 여러 가지 면에서 이러한 실업 상황은 전쟁보다 훨씬 더 심각하다. 그러므로 임시 회의가 소집되어야 하며 대통령은 10억 달러의 공채를 발행할 것을 요청해야 한다. 그리고 우리가 13년 전에 전쟁을 시작할 때 자유 공채Liberty Bond* 캠페인이 조직되었던 것과 마찬가지로 이 공채를 팔기 위한 캠페인이 조직되어야 한다.[42]

1931년에 전쟁 비유를 끌어냈던 사람은 스워프만이 아니었다. 손꼽히는 혁신주의 경제학자였던 리처드 일리Richard T. Ely는 같은 해에 출간된 한 책에서 경제학자들로 구성된 일반 참모general staff가 이끄는 실업자 부대를 만들 것을 제안했다. 이 실업자들은 "우리가 세계 대전 때 투입했던 모든 정력과 인적 자원들을 가지고 재난을 구제하기 위해 일하러 가야 할"[43] 사람들이었다.

이러한 제안들은 여타의 시민적이고 평화적인 담론과는 다른 군국주의적 이례異例가 결코 아니었다. 그러한 제안들은 1930년대 무렵의 위기 분위기를 표현한 것이었다. 그러한 제안들은 스워프 계획을 "파시스트적이고 독점적"이라고 대통령으로서 거부했던 허버트 후버 같은 사람들을 제외하고는 누구에게나 이해되고 수용되었다. 전쟁 은유는 뉴딜의 거의 모든 개혁 프로그램들과 이를 이행하기 위해 설치된 기구들에 영

---

* 미국이 제1차 세계 대전 중에 모집한 전시 공채.

향을 미쳤다. 국가산업부흥국은, 전시 생산 수요에 맞춰 산업을 편제시키기 위해 우드로 윌슨Woodrow Wilson*이 설립한 1917년의 전시산업위원회War Industries Board를 본떠서 만들어졌으며, 바로 그 기구에서 복무했던 전직 장군에 의해 지도되었다. 민간자원보존단은 구조상 준準군사적이었다. 심지어는 군사적 목적들과는 결코 연관이 없어 보였던 프로그램들(정착지 건설, 치수 사업, 그리고 전력 생산)도 전시 동원화의 아우라aura가 완전히 주입되었다. 실제 테네시 강 유역 개발 공사는 제1차 세계 대전 때부터의 방위 사업의 연속으로 대중들에게 제출된 것이었다.

뉴딜은 군사적 은유를 확장하면서 1917년과 1918년의 전시 경제를 관리했던 관료들을 다시 소집하는, 베테랑의 재집결로 비춰질 수 있었다. 그들에게 뉴딜은 실망으로 끝났던 역사의 한 장章을 좀 더 행복한 결론으로 이끌 수 있는 기회가 되었다. 터그웰이 전시 경제는 일종의 사회주의였다고 말했을 때, 그리고 전쟁의 종결로 하나의 거대한 실험이 그 흐름의 한복판에서 중지되었다고 애석해 하며 덧붙였을 때, 그는 많은 것을 대변한 것이었다. 그러한 감정들은 일찍이 파시즘과 국가사회주의가 자신들의 실험을 추구할 때 가졌던 향수 어린 도취감 속에서 울려 퍼졌다. 대서양의 양쪽에서 발생한 사건들을 목격했던 저널리스트들은 뉴딜의 초창기 나날들에서 마치 1922년 파시스트의 로마 행진과 1933년 3월 독일 선거들을 연상시키는 대중적 분위기를 발견했다.[44]

제1차 세계 대전과 두 번째 역사적 기회라는 관념을 언급하지 않고 뉴딜의 정신, 수사, 그리고 상징을 이해할 수 있는 방법은 없다. 즉 이것은 전선의 신화myth of the Front를 고려하지 않고서는 파시즘을 이해하기가 불가능한 것과 마찬가지이다. 그러나 전쟁 은유와 전쟁 심리학의

---

* **우드로 윌슨** 미국의 28대 대통령. 프린스턴 대학 총장을 지낸 학자이자 교육자이다. '유럽의 문제에 관여하지 마라'는 조지 워싱턴의 고립주의를 버리고 유럽의 문제에 본격적으로 관여하기 시작한 첫 미국 대통령이었다.

뿌리들은 훨씬 깊은 곳에 닿아 있다.

자본으로부터의 해방자들

제1차 세계 대전 이전 20년 동안 독일, 이탈리아, 미국에서는 자유주의
가 근대의 경제적·사회적 결과들을 다루는 데 실패했다는 사실에 초점
을 맞춘 개혁과 저항 운동들이 등장했다. 원래는 계몽적이고 진보적이
었을지라도, 자유주의는 자신의 생명력을 소진했고 점차 사회를 빈부로
양극화된 경제 질서로, 그리고 100년 전에 부르주아 사회의 등장을 위
해서 봉건적 절대주의가 폐기되었던 것처럼 19세기 말의 대중 사회에
쓸모없어진 정치 체제로 전락한 것처럼 보였다. 이러한 사실은 자유주
의적 문화도 마찬가지였는데, 자유주의적 문화는 다수에 대한 소수의
지배를 보장하기 위해 대중의 관심을 딴 데로 돌리는 오락 산업으로 퇴
보하면서 더 이상 계몽과 해방이라는 대의에 이바지하지 않게 되었던
것이다. 비판적 엘리트들이 경제적 불평등보다 훨씬 더 역겹게 생각했
던 것은 바로 저속한 속임수를 지닌 대중문화의 대량 생산이었다. 1870
년 무렵에 태어나서 1890년대에 성인이 된 세대들에게 이러한 상업화
된 문화는 한층 더 참을 수 없었다. 왜냐하면 그 문화는 그들이 자라났
던 국가의 고상한 이상, 그리고 세 나라 모두에서 국가 통일 전쟁을 주
도했던 그 고상한 이상과는 반대로 치달았기 때문이었다. 그 이상은 사
회가 무제한의 욕망의 시대로 진입함에 따라 거부되었다. 미국은 남북
전쟁 이후에 강도 귀족robber baron*의 도금 시대Gilded Age**가 뒤따랐

---

* 원래는 자기의 영지를 통과하는 여행자를 털었던 중세의 영국 귀족 영주를 의미하며, 19세
기 말 미국에서의 악덕 자본가를 일컫기도 한다.

다. 독일은 1871년의 통일 이후 금융 투기와 일련의 주식 시장 붕괴가 뒤따랐다. 그리고 이탈리아는 1870년의 국민 국가의 설립 이후 의회의 부패가 뒤따랐다.

1890년에 자신을 근대적이라고 생각한 사람들은 더 이상 자유주의자가 아니었다. 이들 중 어떤 이들은 탐미주의로 빠졌고 어떤 이들은 자본주의적 파괴로부터 자연을 구하려는 임무나 혹은 이윤 창출의 불타는 욕망으로부터 기술技術을 되찾으려는 임무에 헌신했다. 또 어떤 이들은 여전히 사회 조직, 규율, 그리고 궁극적으로는 내셔널리즘에서 자유방임주의적 무정부 상태에 대한 대안을 찾고자 했는데, 이는 국가 형성 시기의 이상주의를 부활시키려고 한 것이었다. 세기의 전환기에 탈脫자유주의적 세대들이 갖고 있었던 하나의 핵심 사상은, 국가의 역할을 자본에 봉사하기 위해 작동하는 순전한 야경꾼의 역할에서 자본가에게 무엇을 해야 하는지를 말해 주는 강력한 지도자의 역할로 승격시키면서 국가를 사업가들로부터 해방시킨다는 생각이었다.

탈脫자유주의자들은 사심 없이 주장했던 것만큼이나 자신들의 동기에도 사심이 없었던 것은 아니었다. 일단 자유방임적 자본주의의 미개척지들과 그들이 누릴 수 있었던 기회들이 폐쇄되자, 경제적 혹은 사회적 이동을 위해 남아있는 길은 거의 없었다. 금융 및 산업 부르주아지와는 대조적으로, 중간 계급들은 오로지 교육이나 혹은 전문적인 훈련을 통해서만 자신들의 지위를 향상시킬 수 있었다. 기업가 정신이라는 자유주의 이상을 넘어서 열망할 수 있는 무언가를 발견해야 할 필요성은 새로운 유형의 경력을 만들어 냈다. 즉 관리자 혹은 기술 관료가 바로 그것이었다. 자본이 부족한 새 관리자 계급의 구성원들은 스스로 자신

** **도금시대** 남북전쟁 이후 19세기의 미국의 호황기로 마크 트웨인의 소설 제목에서 유래했다. 각종 사회적 부정 부패가 만연했던 시기였다.

을 진정한 엘리트라고 생각했는데, 자신들이 지닌 기술적·전문적인 자질들이 그들을 기업가들보다 우월하게 만들었고 자신들의 소명은 경제, 사회, 그리고 궁극적으로는 국가 전체를 지도하는 일을 요구받는 엘리트로 여겼다.

＊　　　＊　　　＊

새로운 경제, 사회, 그리고 국가 질서에 대한 탈脫자유주의적 개념들은 두 가지 중요한 원천에 의존했다. 즉 경제와 국가의 종합synthesis인 사회주의 이론과 경제에 대한 국가 통제라는 프로이센 모델이 그것이다. 세기 전환기 무렵에 중간 계급의 몇몇 부류들이 사회주의 개념을 채택하게 됨에 따라, 참신하고 기발한 종합들이 많이 있었다. 프롤레타리아트에 관한 마르크스주의적 도그마를 포기하면서 크리스천 사회주의, 국가사회주의, 프로이센 사회주의, 그리고 여타 사회주의들이 계급에 상관없이 모든 사람들에게 구원의 교리를 제공했다.

　이러한 운동들의 미국적 등가물이 바로 혁신주의였는데, 뉴딜의 이념의 대부분은 이 혁신주의로부터 도출되었으며, 뉴딜의 지지자들 대부분은 그들의 경력을 혁신주의자로 시작했다. 청년 프랭클린 루스벨트에 막대한 영향을 미쳤던 이 운동은 프로이센-독일 모델에서 커다란 영향을 받았다. 1912년에 루스벨트는 개인적 자유와 집단적 책임 사이의 새로운 균형을 위한 모델로 독일의 개혁가들을 인용했다. "그가 자기 자신의 소유에 만족했을 때 그들은 개인의 자유liberty를 초월해서 앞서 나갔으며, 전체 인민의 자유freedom라는 이익을 위해 이러한 자유liberty를 견제할 필요가 있었다는 것을 깨달았다"[45] 게다가, 우드로 윌슨을 포함해서 지도적인 혁신주의 인사들 모두가 독일의 대학이나 독일의 노선에 따라 설립된 미국의 대학들에서 공부했다. 그 과정에서 그들은 무정부적 자유주의 원칙들에 더 이상 지배당하지 않은, 근대 사회들을 조직하는 가장 효과적인 방법으로서 강력한 국가에 대한 헤겔의 이론과 프로이센 군국주의의 진가를 인정하게 되었다.[46] 이러한 영향은 윌리엄 제임스William James의 유명한 논문인 "전쟁의 도덕적 등가물The Moral Equivalent of War"(1910)에서 정점에 이르렀는데, 그는 이 논문에서 규율, 질서, 그리고 계획이 갖는 결정적인 중요성을 강조하였다. 역설적이게도, 몇 년 뒤에 미국의 혁신주의자들은 자유와 민주주의를 수호하기 위해 미국이 제1차 세계 대전에 참전하는 것이 도덕적으로 필연적이라고 주장하면서 프로이센 군국주의는 인류의 재앙이 될 것이라고 선언했다.[47]

미국 혁신주의자들의 군국주의는, 제1차 세계 대전을 주로 세계 혁명을 위한 수단으로 바라보았던 무솔리니와 그의 이탈리아 사회당 분파를 떠올리게 한다. 미국의 혁신주의자들 중 기술 관료들에게 미국의 전쟁 참전은 민주주의의 수호 이상을 의미했다. 그것은 그들이 국가의 리더십을 장악할 수 있는 기회였다. 그들은 어쩌면 단 한 번의 조치로 평화 시기에 산업계 거물들industrial magnates이 항상 가로막을 수 있었던 것을 성취할 수 있었을지도 모른다. 즉 경제, 사회, 그리고 국가의 근본적인 부활이 그것이었다. 혁신주의적인 레토릭에서 "전쟁warfare"과 "복지welfare"라는 용어는 곧 거의 상호 교환할 수 있게 되었다.

혁신주의자들은 전쟁 기간 동안에도 자신들의 고귀한 열정들을 유지했다. "전시 사회주의wartime socialism"를 방패막이로 삼아, 사회의 리더십과 경제는 갑작스럽고도 겉보기에는 기적적으로 전문 관리자들의 수중으로 들어가 버렸는데, 그들 전문 관리자들은 이제 사적인 자본 소유자들에 대해 책임을 지는 것이 아니라 국가 그 자체를 책임지게 되었다. 혁신주의자들이 스스로 보기에 이런 상황은 자신들을 미국 인민들의 유일한 합법적인 지도자들로 만들었다. 이 시기의 도취감은 뉴딜 초기의 도취감과 같았다. 워싱턴 DC의 한 전시 관리자가 본 1917년〔의 상황에 관한〕보고서는 1933년에야 써질 수 있었다.

사회 서비스에 대한 열광이 전염병처럼 유행하고 있다. 넘칠 듯이 많은 새로운 기구들이 생겨나고 있다. 우리는 이리저리로 허둥지둥 수도首都를 향해 달린다. 우리는 사무실에다 타이프라이터와 새 레터헤드letterhead*를 갖춘다. 우리는 비용에 구애받지 않고 열광적으로 전화를 하며, 효율적인 "홍보 작업"을 위해 모든 수단을 동원한다. 그 모든 것들이 대단히 기분을 돋우고, 자극적이며, 도취적이다.

혁신주의 관료들은 "민주주의적 집산주의"라는 새로운 계몽 시대로 진입하고 있다는 확신에 의해서 추동되었다. 그들 중 한 명이 크게 기뻐하며 말한 것처럼, "자유방임주의Laissez-faire는 죽었다. 사회 통제 만세! 사회 통제는 우리에게 전쟁이라는 엄격한 요구에 응할 수 있도록 해 줄 뿐 아니라, 도래할 평화와 형제애를 위한 기초가 된다."48)

---

* 위쪽에 회사명, 소재지, 전화번호 등이 인쇄된 사무용지.

2장 리더십
LEADERSHIP

2장 리더십

오늘날 아돌프 히틀러와 프랭클린 델러노 루스벨트는 거울상체anti-podes*로 비춰진다. 사실, 이보다 더 극적인 인물 대비 연구를 상상하기란 어렵다. 히틀러는 벼락출세한 서민, 히스테리성 선동 정치가, 사악한 독재자, 야만과 악마와 그리고 전체주의의 화신으로 기억된다. 반면에 루스벨트는 귀족적인 신사, 개인적 정치적 권위를 선천적으로 타고난 자신감 있는 지도자, 자유민주주의적 휴머니즘의 구현자로 호의적으로 기억되고 있다. 그러나 1930년대 당대인들은 상이한 입장을 취하고 있었고, 최근의 몇몇 역사 연구자들 역시 당대인들과 비슷하게 보았다. 그들에게 히틀러와 루스벨트는 모두 대중을 자신의 영향력으로 사로잡았던 카리스마적 지도자들이었다. 그리고 이러한 종류의 리더십이 없었다면 국가사회주의나 뉴딜은 모두 불가능했을 것이다.

그러한 카리스마의 중요한 요소 중 하나는, 지도자가 기존의 권력 집단들과 그들을 떠받치는 제도들의 외부에서 명확하고도 상징적으로 강력한 지위를 차지하고 있다는 사실이다. 카리스마적 지도자는, 그가 무명의 대중으로부터 등장한 사람이든 지배 계급과 의견을 달리하는 사람

---

* 거울에 비춘 상처럼 좌우만 뒤바뀌었을 뿐 나머지 구조는 같은 이성질체.

이든 간에 정당 정치 위에 군림하는 사람이다. 그들의 배경은 근본적으로 달랐을지 모르지만, 제1차 세계 대전 당시 일반 사병이었던 히틀러와 특권을 누리던 귀족이었던 루스벨트는 모두 정치적 메시아의 역할을 수행하기 위해 "체제"로부터 충분한 거리를 두었던 아웃사이더들이었다. 프랑스의 정기 간행물 《라 레뷰 몽디알La revue mondiale〔세계평론〕》에 실린 한 기사는, 루스벨트의 카리스마의 한 주요한 요소로서 그의 귀족적인 아우라aura를 특별히 조명하였다. 루스벨트의 인기의 주요한 이유들 중의 하나로 그 기사는, 여기 "한 사람의 혈통 귀족aristocrat, 한 사람의 귀족patrician이 …… 금융과 산업의 거물들에 대항해 인민들의 편에 섰다"고 적고 있다.[1]

카리스마적인 리더십은 통상적인 대의제가 더 이상 결과들을 산출하지 못하거나 혹은 공공의 열광을 불어넣지 못하는 그러한 위기 상황에서 등장한다. 사회학적인 용어로 말한다면, 그러한 현상은 위기 상황에서 불신당해 온 의회와 정당 같은 매개 기구들을 우회하는, 대중과 지도자 간의 직접적인 국민 투표식 결합으로 설명될 수 있다. 심리학적으로 말한다면, 구체제에 대한 공동의 반란에서 대중과 카리스마적 개인이 상호 수렴한 것으로서 이해될 수 있다.

양차 대전 사이에 예리한 관찰자들은, 당시의 전체주의적 독재자들이 집정관 근위병들의 강제력에 주로 기초해서 지배한 구식의 전제 군주와 달랐다는 것을 즉각적으로 알아차렸다. 민주주의는 곧 독재이다la démocratie c'est la dictature(그리고, 그 반대도 마찬가지이다)라는 상투적인 문구는, 대중 사회의 도래로 인해 개인의 정치적 자유과 이성에 대한 신뢰라는 오래된 관념들이 시대에 뒤떨어져 가망이 없다는 통찰을 간결하게 표현한 것이다.

어떤 특정한 정치 체제에서도 독립적인 카리스마적 리더십은 국가 수장으로서는 대중과의 직접적인 정서적 연계를 구축하고 유지할 수 있

"Yes, You Remembered Me"

보통 사람에게 손을 내밀고 있는 귀족, 루스벨트. - 클래런스 배철러Clarence D. Batchelor가 1934년에 그린 만화

는 능력을 전제로 한다. 즉, 이것은 전통적인 정치인들이 자신의 선거구에서 오로지 간헐적으로만 성취할 수 있었던 정서적 유대감을 전국적인 차원에서 그리고 지속적으로 유지할 수 있는 능력이었다. 1932년에 벨기에의 사회학자 앙리 드 망은 카리스마적 지도자는 사자 조련사가 지닌 용감함을 소유해야만 한다고 지적했다. 그가 말하고자 했던 것은, 대중을 대할 때 갖는 두려움을 모르는 지도자의 자유가 아니라, 오히려 부르주아적 신중함에 대한 무시였다. 혹은 드 망의 말로 표현하면, 지도자의 "물질적 관심사에 대한 탁월한 무관심"인 것이다. 이 문구는 카리스마적 지도자가 지닌 위험을 무릅쓰는 대담한 측면을 강조하고 있다. 드 망이 《대중과 지도자들Masses and Leaders》에서 쓴 것처럼, 카리스마적 지도자는 "부르주아의 소심함으로부터 자유로워지고자 하는 거대하고

억제할 수 없는 욕망으로, 그리고 재산에 의해서 부여되기보다는 좀 더 고결한 종류의 권위에 의해서 지배되는 새롭고 영웅적인 시대에 살고자 하는 욕망으로 가득 차" 있다.[2]

그러나 도박꾼이나 모험가 — 혹은 실제로는 노련한 정치가 — 와는 대조적으로, 카리스마적 지도자는 그가 지닌 이타적인 동기들에 의문의 여지가 없을 정도로 엄격하고 신뢰할 수 있는 인물로서 그의 청중들 앞에 나타난다. 프랑스의 역사가 알렉상드르 도르나Alexander Dorna는 다음과 같이 썼다.

> 그의 연설들은 진실성, 정직함, 그리고 진지함의 인상을 주는데, 그저 평범한 정치가들의 생명력 없는 말투와는 현격한 대조를 이룬다. …… 그가 자신의 청중에게 전달하고자 하는 것, 그리고 중간 매개 없는 직접적인 방식으로 청중을 움직이도록 하는 것은 바로 진정성의 느낌이다. …… 카리스마적 정치 연설은 오로지 말[言]이라는 수단만을 통해서 이뤄지는 집단적인 장엄 미사High Mass이다.[3]

"총통Führertum"에 관한 국가사회주의적 이론은, 드 망이 "그의 방식을 다른 사람의 영혼에 감정 이입시킬 수 있는" 지도자의 능력에 관해 말했던 지점에서 한 걸음 더 나아가, 히틀러를 "공동체의 인격"과 다름 없다고 선언함으로써 카리스마적 리더십과 단순한 독재를 구별했다.[4] 지도자는 인민의 의지를 접합시키면서 인민의 영혼을 품고 육화肉化시키는 일종의 그릇이라는 것이다. 프랑스의 법학자인 로베르 보나르 Robert Bonnard는 국가사회주의의 법과 합법성 이론에 관한 1936년의 연구에서, 다음과 같이 설명했다.

> 지도자의 권력은 그가 지닌 개인적인 권위에 의존한다. 지도자 자신은 인민

아우토반 기공식. 자신의 인민을 위해 일하는 카리스마적 지도자 히틀러.

의 영혼에 강렬하게 스며들게 되고, 인민들은 그를 통해서 자기의 권력을 행사한다는 사실에 의해서 지도자의 권력은 정당화된다. …… 그러므로 인민들이 지도자의 의지를 따를 때, 그들은 자기 자신에게 복종하고 있을 뿐이다.

보나르는 실제로 카리스마적 독재자라는 경로를 매개로 해서 자신의 의지에 복종하는 인민들이라는 관념은 순전히 신화라는 것을 인정했다. 그러나 대중이 그것을 신뢰하는 한 그 믿음은 모든 전설이나 종교가 그러했던 것처럼 똑같이 거대한 사회심리적인 응집력을 발휘했다. 보나르는 "국가사회주의는 이러한 신화적인 토대에 자신의 힘을 기대고 있다"고 결론 내렸다.[5]

루스벨트의 라디오와 히틀러의 집회

히틀러와 루스벨트가 거의 동시에 권력을 장악했다는 사실은 두 사람 사이의 정치, 이데올로기, 사회적 배경, 그리고 퍼스낼리티에서 근본적인 차이점들을 돋보이게 만들었다. 하지만 당대의 평자들은 차이점 못지않게 히틀러와 루스벨트가 인민의 영혼을 감동시키는 탁월한 능력을 공유하고 있었다는 점에도 주목했다. 그들의 연설은 인간적이었으며 친밀감을 주었다. 그들은 각자의 고유한 방식으로 청중들에게, 군중이 아니라 마치 청취자 개인에게 말을 걸고 있다는 인상을 심어 주었다.

　루스벨트가 가진 재능을 설명하려면 그가 좋아했던 의사소통 수단을 언급하지 않을 수 없다. 바로 라디오였다. 친밀성과 직접성은 매체의 본질적인 부분이다. 라디오는 지도자에게 가장 친밀한 사회 단위인 가족에 대한 접근을 가능케 했으며, 자신의 메시지를 그 가족 구성원들 각각에게 친히 전달할 수 있도록 해 주었다. 그리하여 청취자들은 더 이상 연설가가 아닌 화자話者와 직접 대면하고 있는 것처럼 느꼈다. 대중 민주주의의 출현으로 점점 더 커지고 점점 더 익명성을 띠게 되었던, 대중 연설가와 그의 청중 사이의 거리는, 라디오 덕분에 갑작스럽고도 근본적으로 줄어들었다. 라디오는 대규모 청중의 육체적 현존에 의해 생산되는 힘과 매력을 가지고 있지 못할 수도 있다. 그러나 이런 라디오의 결점은 마셜 맥루언Marshall McLuhan*이 "자아Ego가 기술에 흡수되어 버리는 전기로 만든 에덴동산electrical Eden"이라는 환상으로 불렸던 것을 통해 그 이상으로 보완되었다.

라디오는 영화의 청각적 등가물인데, 청중에게 사태의 중심에 존재한다는 환상을 심어 주어 도취되게 하는 최초의 위대한 꿈의 공장이자 미디어였다. 청중들은 어두운 영화관의 고독과 라디오 앞에서의 아늑한 공간을 고립이 아니라 참여로 인식했던 것이다. 라디오는 청중들을 과거 어느 때보다도 밀접하게, 친밀하게, 은밀하게, 그리고 총체적으로 의사소통이 일어나는 공간 속에다 위치시켰다. 라디오에서 나오는 육체 없는 목소리는 무성 영화의 시각적 이미지들에 비유할 수 있는데, 양자 모두는 청중들을 일종의 심리학적 격류 속으로 휘몰아 넣었다. 관객들은 어떤 감각적 차원의 부재 ─ 무성 영화에서는 소리(청각), 라디오에서는 영상(시각) ─ 로부터 야기되는 간극들을 채우기 위해서 자신이 가진 상상력을 동원하지 않으면 안 되었다. 사실상 실재의 절반밖에 수신하지 못하기 때문에, 청중들은 자신들의 소망, 환상, 그리고 신념에 따라 나머지 절반을 채울 것이다. 오선 웰스Orson Welles의 "우주 전쟁"**

이 방영된 이후, 1938년에 대뉴욕greater New York* 지역에서 발생했던 공황 상태는 오로지 청각으로만 경험한 어떤 시나리오를 다른 감각에 의해 보충하도록 요청받았을 때 나타나는 대중의 상상력이 가진 힘을 보여 준 하나의 사례이다.

그 주제에 관한 1935년의 한 연구를 인용해 보자. "목소리들은 …… 육체 없는 목소리를 지탱하고 그와 잘 조화될 수 있도록 어떤 실체적이고 적절한 퍼스낼리티를 마음속에 그려 내는 상상의 흐름을 자극하는 방법을 가지고 있다."[6] 라디오 청취자들은 루스벨트가 "황금의 목소리", 즉 "신선하고", "유쾌하고", "풍부하고", "재치 있고", 그리고 "선율이 아름다운" 목소리를 가졌다고 믿었으며,[7] 그러한 속성들을 루스벨트라는 한 인격체에 이입시켰다. 시비에스CBS 방송 출신의 존 칼라일John G. Carlile이 당시에 언급했던 것처럼, "대통령 루스벨트의 목소리는 성실, 호의와 친절, 결단력, 확신, 힘, 용기, 그리고 넘치는 행복을 드러내고 있다."[8] 루스벨트의 목소리가 지닌 음향은 그가 무엇을 말하든 상관없이 설득력이 있었으며, 암시적이며, 권위가 있었다. 1930년대의 한 수사학修辭學 연구자는 "만약 허버트 후버가 마이크에다 [루스벨트의 취임 연설과] 똑같은 단어들을 말했다면 …… 주식 시장은 바닥으로 떨어졌을 것이며 그와 함께 국민의 신뢰도 붕괴했을 것이다"라고 결론 내렸다.[9]

전국 라디오 연설인 "노변정담fireside chats"**을 녹음할 때, 루스벨트는 이러한 유형의 매스 미디어 친밀성을 나타내는 하나의 브랜드를 만들어 냈다. 취임한 지 몇 주일도 채 안 되어 그에게 벌써 "라디오 대통령"이라는 명칭이 붙었으며, 풍자 만화가들과 풍자 작가들의 표적이 되

---

* 종래의 뉴역에 브롱크스Bronx, 브루클린Brooklyn, 퀸스Queens, 리치먼드Richmond를 합친 것.
** 난로 옆에 앉아 정담을 나누듯 라디오로 국민에게 국정에 관하여 이야기하는 것.

었다. 존 더스 패서스John Dos Passos는 루스벨트를 풍자적으로 "너와 나 대통령you-and-me President"이라고 불렀다.[10] 루스벨트의 '억양'은 어떤 전임자들이나 경쟁자들보다 라디오에 적합했다. 기존 정치가들의 라디오 출연은, 매체에 맞추는 것이 아니라 단지 매체를 경유해 방송되는 전통적인 스타일의 정치 연설로 구성되어 있었다. 루스벨트의 연설은 달랐다. 1933년 6월에 《뉴욕타임즈》의 미디어 비평가 오린 던랩Orrin Dunlap은 "다른 사람들은 장황하게 연설했던 반면에 그는 수다를 떨었다"고 썼다. 루스벨트의 경쟁자였던 앨프 랜든Alf Landon*은 이러한 점에서 "실패작"이었는데, 프랑스 인 논평가 베르나르 페는 "추측하건대 영국인 영화배우로부터 받았던 발성법 레슨에도 불구하고 …… 그리고 상황에 적응하려는 영웅적인 노력에도 불구하고, 마이크 앞에서 섰을 때 그는 유리 뒤편에서 바깥쪽을 응시하고 있는 어항 속에 든 한 마리의 물고기처럼 보였다"라고 썼다.[11]

마치 시대착오적인 커다란 제스처를 사용하는 동료들을 뒤로 한 채 자연스러운 연기를 하는 배우들이 영화의 등장으로 인해 이익을 얻었던 것과 같았다. 장엄한 수사학적 양식이 없는 루스벨트의 연설 방식은 라디오 시대에는 오히려 유리하다는 것이 증명되었다.[12] 그렇기는 하지만, 루스벨트의 성공은 단지 선천적인 재능의 산물만은 아니었다. 그의 라디오 연설들은 주의 깊게 구성되었으며 체계적으로 연습되었다. 히틀러가 거울 앞에서 제스처들을 충분히 연습한 것과 꼭 마찬가지로, 루스벨트는 발음, 억양, 속도, 숨 돌림 길이, 그리고 단어 선택에서 다양한 변화를 실험하면서 자신의 노변정담들을 연습했다. 그의 기본적인 규칙들 중 하나는 미국식 영어에서 어디에서나 가장 흔하게 사용되는 단어

---

* 앨프 랜든은 1936년 루스벨트 대통령의 재선 때 공화당 후보로 나섰다. 당시는 뉴딜로 경제가 회복세를 보임에 따라 루스벨트가 재선되었다. 미국 대선 사상 가장 큰 선거인단 차이로 루스벨트가 승리했다.

"너와 나 대통령"이 노변정담을 하고 있다.

들로 제한한다는 것이었다. 그는 또한 자신의 목소리에서 실제 연설에서는 거의 포착하기 어려운 경미한 쇳소리를 제거하기 위해 라디오 연설을 하기에 앞서 항상 의치義齒를 했다. 루스벨트는 라디오와 일상적인 연설이 각각의 특수한 극적인 규칙들을 따르고 있다는 것을 이해했으며 양자를 의식적으로 구별했다. 그런 이유로 그는 때때로 자신의 라이브 연설이 라디오로 방송되는 것을 거부하기도 했다.

　동시대인들은 대통령이 평범한 청취자들 자신에게 직접 연설하고 있으며, 그리고 "그 행정부는 자신을 특별하게 생각하고 있고, 자신이 사회에서 한 자리를 차지하고 있다"는 사실을 확신시키는 루스벨트의 잘 훈련된 능력에 즉각 주목했다.[13] 《뉴욕타임즈》에서 던랩은 루스벨트의 노변정담들을 "모든 미국인들과의 허심탄회한 대화"라고 표현했으며 엔비시NBC 방송 네트워크의 프로그램 편성자들 중 한 명을 예로 들었다.

"비록 그들이 수백 마일 떨어져 있다고 하더라도, 대통령이 청취자들을 향해 이야기하고 있다고 느끼게 하는 대신에 그가 자신들과 함께 이야기하고 있다고 느끼게 하는 각별한 재능이야말로 라디오 방송에서의 루스벨트 대통령의 성공의 열쇠이다. …… 눈에 보이지 않는 청중들은 마치 대통령이 자신들이 항상 믿어 왔던 것들에 대해 같은 생각을 하고 있는 것처럼 느낀다."

던랩은 이러한 재능을 루스벨트가 마이크에다 말하고 있을 때 수백만 청취자들을 상상할 수 있는 그의 능력 덕분이라고 생각했다. 즉 "그의 목소리는 국민들뿐 아니라 그의 청중들에게 친밀감을 전달한다. 그는 읽는 대신에 이야기하고 있는 것처럼 보인다. 그는 수백만 청취자들을 마음속에 확실하게 떠올리고, 그들과 친밀한 접촉을 하고 있다는 느낌을 가짐으로써 청취자들에게 그와 가깝다는 느낌을 갖게 한다."

루스벨트의 노동부 장관이었던 프랜시스 퍼킨스Francis Perkins는 백악관에서 있었던 노변정담의 녹음을 회고하면서 "마치 그가 실제로 청중들과 함께 현관의 베란다, 혹은 응접실에 앉아 있는 것처럼 그의 얼굴은 웃음을 머금고 있었고 밝았다"고 말했다. 청중들의 반응도 거의 똑같았다. 루스벨트의 보좌관들 중 한 사람이 백악관에 돌아와서, "이 아래 있는 모든 국민들은 자신들이 대통령을 개인적으로 알고 있다고 생각하는 것처럼 보인다! …… 그들은 대통령이 자신에게 이야기하는 것처럼 느끼고 있다"고 보고했다. 그 보좌관은 또한 만족스러워 하는 청취자 한 사람의 말을 인용했다. "그는 우리 개개인에게 직접 이야기하는 것처럼 느끼게 했다."[14]

루스벨트가 그의 노변정담들을 통해서 착실하게 맺어 나갔던 친밀한 연계는 나치의 주요 집회 무대에서 펼쳐진 인민과 지도자 간의 일체감에 대한 찬양과는 달랐다. 그럼에도 불구하고 양자 모두는 집단적인 경험이었다. 라디오 매체와 당 집회는 많은 점에서 달랐지만, 최종 결과(연설자와 대규모 청중 간의 새로운 종류의 "전기적electric" 연계)는 매우 동일했다. 히틀러의 가장 오랜 친구이자 동맹자 중의 하나였던 에른스트 한프슈텡글Ernst Hanfstaengl은 일찍이 다음과 같이 언급했다.

> 지난 몇 년간 그의 외양 — 마이크에다 한없이 고래고래 소리치는 선동 정치가와 독재자 — 을 통해서만 히틀러를 알고 있는 사람들은 그가 정치적으로 데뷔하던 시기에 증폭되지 않은 그의 목소리가 얼마나 미묘하고 감미로운 수단이었는지를 알 턱이 없다. 그의 바리톤은 온화하면서도 낭랑했다. 그의 후음은 청취자들에게 소름을 돋게 했다. 그의 성대聲帶는 여전히 생기에 넘쳤으며, 독특한 효과를 가진 뉘앙스를 만들어 내도록 했다. …… 그의 수사학적 양식은 악상의 암시보다 덜한 음조를 내기 위해 현 위에서 활 전체를 사용하지 않는 거장 바이올리니스트의 연주 기법을 연상시킨다.[15]

히틀러의 연설에 대해서 우리가 1945년 이후에 가지고 있었던 인상은 잘못된 것이다. 대체로 우리가 알고 있는 히틀러의 연설은 스타카토-포르티시모staccato-fortissimo〔짧고 세게〕가 지배적인 공격적이고 종종 쉰 목소리의 구절들을 발췌한 것으로 구성되어 있다.

그러나 이것들은 그의 연설의 일부에 지나지 않으며, 종종 청중에게 가장 커다란 영향을 미쳤던 부분도 아니었다. 수사학자인 울리히 울론스카Ulrich Ulonska가 1990년에 특별히 언급한 것처럼, 히틀러의 연설들은 고전적인 웅변이 지닌 3부 구성tripartite structure을 전형적으로 따랐다. 혹은 음악적으로 말하자면, 베토벤의 《전원교향곡Pastoral》과 같았다. 울론스카는 다음과 같이 쓰고 있다.

히틀러는 대개 일화들로부터, 그리고 표면상으로는 객관적인 사실 묘사로부터 조용하게 시작한다. 특히, 그는 청중들이 가진 가치와 욕망들을 불러내며, 그렇게 하면서 자신을 그들 중 한 사람으로 묘사하고, 그들의 신뢰를 호소한다. …… 이 단계의 그의 연설들에서는 거친 감정들은 존재하지 않는다.

두 번째 단계는 중상모략에 의해 지배된다. 히틀러는 길들여지지 않은 야성의 감정을 일깨우며 …… 청중들의 가치와 욕구들이 위협받고 있다고 묘사함으로써 사람 상호 간의 대인 관계에서 거대한 긴장을 창출해 낸다. 그는 두려움, 근심, 좌절을 야기하면서 구원과 그리고 위험으로부터 벗어날 길을 제시할 수 있는 지도자에 대한 욕망을 불러낸다.

히틀러의 모든 연설들은 긍정적이고, 건설적인 단계로 끝나게 된다. 비방은 갈수록 줄어든다. 히틀러는 특정 사안에 따른 특정한 목표의 성취를 통해서 도달할 수 있는 보다 나은 미래에 대한 전망을 청중들에게 제공함으로써 전 前 단계에서 유도했던 긴장으로부터 청중들을 해방시킨다. …… 감정적 힘과 확신을 통해서, 히틀러는 미래의 보다 나은 나날들을 위한 윤리적인 토대를 제시하고 동시에 도덕적 고결함의 본보기로 자신을 위치 짓는다. 이를 통해 그는 참석한 모든 사람들을 위한 상징적인 구원자, 도덕적 구제자, 그리고 집단적 초자아collective superego의 지위로 자신을 상승시켰다.[16]

1937년에 나온 당 내부의 지침에서는 나치의 심리학적 암시 용법에서 건설적이고 긍정적인 요소들이 지닌 중요성을 확인하고 있다. 그 지침의 저자는 "영리한 전술가라면, 청중에게 그가 제기할 주제와 기본적인 생각들을 알게 해 주는 적절한 서론을 말한 다음에 그의 연설의 부정적이고 결정적인 부분으로 옮겨갈 것이다. 결코 전체 연설 시간의 절반 이상을 부정적인 부분에 할애해서는 안 된다"라고 단언했다.

울론스카는, 1905년에 출간된 구스타브 르봉Gustave Le Bon의 《군중 심리학 _Psychology of the Masses_》과 같이 루돌프 바르텔스Rudolf Bartels의 《선동정치가 입문서 _Demagogues' Primer_》가 히틀러의 수사학적 양식에 중요한 영감이 되었을 것으로 추측하고 있다. 사실 이 책의 한 구절은 히틀러의 규칙적이고 수사학적인 분노의 폭발로 성취된 효과를 이해할 수 있는 핵심으로 해석된다. 즉 "강한 도덕적 감수성은 단호한 용어로 자체적으로 표출된다. …… 격분과 공포라는 단어는 그것을 사용하는 사람이 옳고 그름에 대한 단호한 감각을 가지고 있다는 표시가 될 수 있다. …… 징후와 분위기 사이의 연결은, 빈번하고 활발하게 내뱉는 도덕적 혐오의 언사를 너무나 가치 있는 것으로 만들어 버린다. 그것들은 대중들을 확신시키는 가장 효과적인 수단들 가운데 하나이다."[17]

히틀러는 그의 청중들과 신뢰 관계를 수립하기 위해서 고전적인 수사학의 기법들을 이용했다. 그의 연설 무대는 연극적, 음악적, 군사적, 그리고 종교적인 요소들을 통합한 것이었지만 결코 고전적이거나 전통적이지 않았다. 히틀러 전기 작가인 요하임 페스트Joachim Fest는 그것들을 "서커스, 대형 오페라, 그리고 가톨릭 예배식의 혼성물"이라고 묘사했다.[18] 상연上演은 청중들에게 연설자와 청취자 간에 심오한 관계가 있음을 믿게 하는 히틀러의 능력을 보여 주는 데 결정적으로 중요했다. 수사학 이외의 요소들은 전통적인 정치 집회에서 장식과 음악이 그랬던 것처럼 단순한 배경 장치에 그치는 것이 아니었다. 역사가 데틀레프 그리스벨레Detlef Grieswelle의 말을 빌리면, 그것들은 "연설과 융합되어 유기적인 전체를 구성한다."[19] 어두운 청중석, 크게 울려 퍼지는 군가, 물결치는 깃발 아래 행진 대형을 취하고 도열해 있는 나치 돌격대의 행렬, 그리고 스포트라이트 조명의 극적인 효과들은 청중들을 극도의 기대 상태로 기다리게 한 후, 히틀러가 메시아적 구세주처럼 웅장하게 등장할 수 있게 하는 하나의 집단적인 공간을 창출했다.[20]

이러한 설교가 시작될 때 군중에게 말을 거는 사람은 특별한 유형의 메시아였다. 히틀러는 영웅 지크프리트Siegfried*와 같은 초인이 아니라 오히려 평범한 사람들 중의 한 사람, 즉 얼굴 없는 보병으로서 무대에 올랐다. 그의 모든 연설들은 그의 등장, 선거 당선, 그리고 최고 지도자 자리에의 등극을 재현했다. 1936년에 콘라트 하이덴Konrad Heiden은 "히틀러는 자신이 공개 석상에 모습을 나타낼 때에는 오로지 절반만 보이도록 조명을 비추는 연출법에 대해서 충분히 알고 있었다. 홀을 들어갈 때, 그는 나치 돌격대 대열을 서둘러 통과했을 것이다. 그리하여 대부분의 청중들에게 그는 어느덧 지나가는, 흐릿한 환영幻影으로 남았다"고 말했다.21) 히틀러는 마치 말하고자 하는 것을 표현할 단어를 발견할 수 있을지 자신 없어 하는 것처럼 겸손하게 시작하면서, 그의 청중들에게 그들 중 한 사람이 공동 의지를 분명하게 표현하기 위해서 고함을 질렀다는 환상을 심어 주었다. 외국인 참관자들의 무수한 목격담들은, 요아힘 페스트가 히틀러의 대규모 집회들의 "성적性的 결합의 성격"22)이라고 칭한 것을 입증하고 있다. 한 목격자는 증언하기를, "그는 할 수 있는 모든 수단을 동원하여 청중들을 고함치고, 웃고, 울도록 만들면서 마치 거대한 오르간처럼 군중을 연주했다. 불가피하게도 불꽃 튀는 교류 전류가 연설자와 청중들을 하나로 융합시킬 때까지 그 흐름은 역류했다."23) 또 다른 사람은 다음과 같이 말했다.

히틀러는 …… 가장 비밀스런 욕망들, 용인될 수 있는 최소한의 본능들, 국가 전체의 고통과 개인적 반발 등을 나타내 보이면서 …… 인간 마음의 동요에 대해 지진계와 같이 민감하게 반응한다. 그의 말들은 목표물을 향해 날아가는 화살처럼 나아간다. 그는 모든 사적인 상처들을 건드리며, 가장

---

* 게르만 민족의 영웅서사시 《니벨룽의 노래》의 주인공.

깊은 곳의 염원들을 표출시키고 가장 듣고 싶어 하는 것을 말해 줌으로써 대중들의 무의식을 해방시킨다.[24]

그리고 또 다른 참관인은 "가장 대규모의 행사들에서조차, 개별적인 청중들 모두는 하나같이 총통이 자신에게 직접 말하고 있다는 느낌을 받는다. 그러한 것이야말로 개인들 하나하나가 이 사람에게 쏟는 거대한 애정과 충성의 원천이다"라고 평했다.[25]

히틀러 스스로가 인민들을 "융합"시키는 자신의 능력(즉, 인민들을 자신이 융합시킬 수 있는 어떤 대중으로 전환시키는 능력)이라고 언급했던 것을 콘라트 하이덴은 "내적 발산inner transpiration"을 위한 능력이라고 불렀다. 이는 "단일하고 동질적인 의지의 공동체, 신뢰의 공동체, 그리고 필요하다면 행동의 공동체에 다름 아니라는 느낌이 완전하게 침투된 상태"를 의미했다. 하이덴은 히틀러의 집회들에서는 "수동적인 청중들은 존재하지 않았다. 오로지 능동적인 참여자들이 존재했을 뿐이다"라고 단언했다.[26] 또 다른 곳에서 하이덴은 "대중들은 이 사람이 그들 자신이며, 그들이 가진 힘들의 총합이자 인격화라고 느낀다"고 언급했다.[27] *

테오도어 아도르노Theodor W. Adorno는 후에 그가 프로이트의 용어를 빌려 "위대한 보통 사람"이라고 명명한 지도자와 자신을 동일시하려는 대중들의 경향에 대해 설명했다. 이는 지도자 영웅이라는 인물 속에서 자아 이상ego ideal을 해소함과 동시에 지도자가 가진 "보통"의 측면

---

* 무솔리니의 경우는 약간 달랐다. 역사가 피에르 밀자Pierre Milza에 따르면, 무솔리니의 대중 집회들은 예배적이기보다는 유희적이고 축제적인 효과들과 관련되어 있었다. "오페라 예술이 왕이며 신성함의 표상이 눈부신 배경으로 둘러싸인 나라에서, 대다수의 이탈리아 인들이 파시스트적 예배식에 관해서 좋아하는 것은 …… 오랫동안 베네치아 궁의 발코니에서 힘찬 목소리로 불려져 왔던 …… 그것의 연극적인 성격이었다. …… 즉 그 위상, 메조 보체 mezzo voce[음량을 억제하여 여린 음으로 노래하는 목소리]를 전하는 긴 열변, 도발적인 제스처는 오늘날 우리에게 우스꽝스럽게 보이지만 그 자체의 맥락과 그 자신의 시대 속에서 재설정될 필요가 있다(Mussolini [Paris, 1999], 561~562쪽). - 영역자 주

과 동일시함으로써 자아도취를 보존하는 것을 의미한다. 아도르노는 "슈퍼맨은 추종자들과 닮아야만 하며, 그 추종자들의 '확대판'으로서 등장해야 한다. 따라서 인격화된 파시스트적 선전 장치들 중 하나는 바로 '위대한 보통 사람'이라는 개념인데, 이는 전지전능함과 그가 그저 민중의 한 사람이라는 관념을 모두 암시하는 사람을 말한다"라고 쓰고 있다.[28]

히틀러와 루스벨트의 "대중과 융합되는" 방법들에 있는 모든 유사성들에도 불구하고, 그것들이 근본적으로 다른 입장으로부터 유래했다는 사실에 주의하는 것이 중요하다. 히틀러는 진정한 정치적 아웃사이더였다. 독일에서 "종교 의식적"인 정치 시위들은 1920년과 1932년 사이의 권력 투쟁에서 군중들을 끌어들이기 위한 **최고의** 수단이었다. 즉 그러한 시위들은 카리스마를 구체적인 것으로 보여 주는 전반적인 과정을 원활하게 작동시켰다. 1933년 이후, 히틀러는 뉘른베르크 연례 당대회와 같은 공식적인 기념 축전에만 참석했다. 이미 총체적인 권력을 획득했기 때문에, 히틀러는 더 이상 군중들을 끌어들일 필요가 없었다. 사실, 군중에 아부한다면 그것은 그가 가진 권위에 대한 모욕이었을 것이다. 이전에는 절대적인 지도자의 지위를 획득하기 위해서 대중을 정복해야만 — 즉, 그들의 '화신'이 되어야만 — 했었던 반면에, 1933년 이후 그의 [공식 석상에의] 등장은 예측 불허의 여론 변동에 좌우되지 않도록 하면서 그의 우상으로서의 지위를 강화하는 데 목적이 있었다. 우상의 이미지를 유지하는 것이 히틀러에 관한 선전의 주요 업무였다.[29]

　물론 히틀러와 루스벨트가 처한 상황의 주된 차이점은, 루스벨트는 심지어 취임 이후에도 정치적 반대가 없었던 적이 한 번도 없었다는 것이다. 루스벨트는 1920년과 1932년 사이의 히틀러에 비교될 만한 정치 투쟁 시기를 경험하지 않았지만, 또한 절대적이고 확고한 정치적 권위를 향유한 적도 없었다. 심지어 대통령직에 있을 때조차도 그는 여전히 변함없는 투쟁가鬪爭家로 남아 있었다.

따라서 루스벨트가 라디오를 애호했던 이유는 자발적인 반대파와의 일상적인 경쟁 속에서 어렵게 얻은 카리스마를 강화하지 않으면 안 되었던 필요성 때문이라고 설명될 수 있다. 의미심장하게도, 루스벨트는 선출된 이후에야 라디오를 이용하기 시작했다(그는 뉴욕 주지사로 근무하는 동안에 처음으로 라디오 매체를 접했다). 과학기술적인 재생산 수단으로서 라디오는 루스벨트의 공적 분신public persona을 계속적으로 복제하기 위한 이상적인 형식이었다. 게다가 당시 미국에는 라디오가 가장 효과적일 뿐 아니라 가장 합리적인 매스 미디어라는 사회적 합의가 존재했다. 19세기 말 이래로 대규모 라이브 이벤트들은 위험한 것으로 간주되어 왔는데, 왜냐하면 군중들은 비정상적이고 제어할 수 없는 동학에 종속되어 있다고 봤기 때문이다. 이와는 대조적으로, 1930년대 사회 심리학자들은 라디오 청취자 공동체를, 물리적으로 단일하고 동질적인 대중으로 접합되지 않았기 때문에 결코 냉정을 잃고 흥분하지 않을 개인들의 집합체로 보았다. 1935년에 《라디오의 심리학 The Psychology of the Radio》이라는 제목의 책을 쓴 저자는 "우리는 타인들이 표현하고 있는 감정에 순응하거나 표현하라는 충동을 느끼지 않는다"고 말한 바 있었다. "우리는 덜 감정적이면서 더 비판적이고, 덜 군중적이면서 더 개인주의적이다."[30] 심지어 어떤 사회학자들은 미국이 자유민주주의를 유지할 수 있는 것은 발달된 라디오 문화 덕분이라고 믿었다. 군중들을 선동적이고 전체주의적인 세뇌 공작에 노출시켰던 정치 집회에 대한 교정책으로서, 라디오는 "계몽된 지도자의 목적에 따르도록 독성이 제거된 군중"[31]의 창출을 최고로 보증하는 매체로 간주되었다.

유익하고 민주적인 라디오의 타고난 속성에 대한 그러한 찬사는 유럽에서 동시에 발생한 독재 체제 하에서 라디오가 높은 관심을 누렸다는 사실에 비추어 볼 때 설득력이 덜한 것으로 보인다. 그럼에도 불구하고 이탈리아와 독일의 경우, 라디오의 인기는 전체주의 체제들이 등장하면서 막 시작되었고, 히틀러와 무솔리니가 권력을 잡았을 때 독일과 이탈리아에는 대중 라디오 문화라는 것도 없었다. 대조적으로 루스벨트가 취임했을 때는, 라디오가 이미 미국에서 인기를 누리고 있었다. 1932년에 미국은 세계의 약 2,000만 개의 라디오 수신기 중에서 1,600만 개를 소유하고 있었다. 심지어 유럽에서 과학기술적으로 가장 발전된 국가들에서조차 라디오는 여전히 초기 단계였으며, 프로그램 편성과 청중들의 청취 습관도 실험 단계에 있었다. 라디오가 가진 민주화 효과에 대한 주장들은 입증하기 어렵지만, 정치적 카리스마를 투사하는 미국적 방식에 라디오 문화가 필수적이었다는 점은 의문의 여지가 없다.

그리하여 루스벨트의 노변정담의 성공은 단순히 그가 가진 균형 잡히고 신뢰를 주는 목소리나 혹은 청취자들을 감화시키고 그들의 영혼을 감동시키는 능력에만 기인하는 것이 아니었다. 히틀러의 안무按舞로 편성된 의식儀式의 효과가 오로지 그의 청중들이 가진 심리학적이고 문화적인 기질에 준거해서 이해될 수 있는 것처럼, 루스벨트가 라디오에서 거둔 대성공은 오로지 새로운 매체가 특수한 심리적·문화적인 방식으로 그의 청중들을 프로그래밍했기 때문에 가능했던 것이다. 직접적인 인과 관계를 주장하지는 않았지만, 문화 이론가 워런 서스먼Warren Susman은 결정적인 영향력으로서 라디오 연속극soap opera이라는 장르를 지적하고 있다. 루스벨트의 노변정담이 시작될 즈음에 라디어 연속극은 이미 자리를 잡고 있었기 때문에, 루스벨트가 라디오를 통해 거실을 찾아갈 때 청취자들이 개인적으로 반응할 준비를 갖출 수 있도록 일련의 기대와 행동 반응을 가져다주었다.[32)]

라디오 연속극은 광고주들이 목표 청중target audience으로서 주부들

매스 미디어의 가정적 친밀성의 정반대 장면. 라디오에 집중하고 있는 히틀러청소년단.

을 발견해 냄에 따라 서서히 발전해 나갔다. 이전에 라디오 프로그램 편성은 하루 중 온 가족이 라디오를 중심으로 모이는 시간대인 저녁 시간에 집중했다. 그때 제공된 프로그램들은 종종 영화관, 콘서트 홀, 혹은 극장에서와 꼭 마찬가지로 청중들의 완전한 집중을 요하는 연극이나 뮤지컬 공연들이었다. 라디오 연속극은 그 모든 것을 변화시켰으며 이로 인해 대중들의 청취 습관도 변화되었다. 라디오 연속극은 집중을 요하지 않았다. 그것들은 배경으로 항상 존재하는 소리 나는 벽지였으며 그 동안 주부들은 부지런히 자신의 일상적인 가사를 계속했다. 그 과정에서, 라디오는 개별적인 공연들을 전송하는 장치에서 청취자와 함께하는 장치로, 주부들이 그 속에서 이리저리 돌아다닐 수 있는 일종의 소리 나는 에테르sonic ether를 제공하는 장치로 진화했던 것이다. 그것은 삶의 일부였으며 청취자들의 영혼의 일부였을 뿐 아니라 물질적 행복의 표식이었다. 1939년에 록펠러 재단에서 수행한 한 연구는, 실업 상태에 처한 가족들에게 라디오는 도덕적·심리학적인 지원支援의 중요한 원천이 되

었으며, 라디오의 상실은 절대적 빈곤의 표식으로 간주되었을 것이라고 결론 내렸다.[33]

인민들이 연속극과 그 줄거리에 귀 기울이는 — 평범하고도 친숙한 — 방식은 모두 허구와 실재, 환상과 일상생활 간의 구별을 흐리게 했다. 특수하고 제한된 기간 동안에 향유되었던 문학과 영화와 같이 어느 정도 현실과 거리를 둔 전통적 미디어와는 달리, 연속극은 계속 진행형이다. 그리고 전통적인 현실 도피적 문화와는 대조적으로, 연속극의 여주인공들은 백만장자의 신부, 딸, 혹은 여자 상속인들이 아니라, 청취자들과 동일한 사회적 배경을 가진 사람들이었다. 그들은 대체 이웃들이며, 대체 친구들이며, 그리고 대체 자아들인 것인데, 라디오에서의 그들의 존재는 이상화된 분신alter ego〔제2의 자신〕의 "일상적인 방문"과 같았다. 비평가 에크하르트 브라이팅거Eckhard Breitinger에 따르면, 라디오 연속극은 청취자들에게 "실현된 동화였으며, 대체물로서의 기능이 신중하게 은폐된 실재의 대체물이었다." 브라이팅거는 간접 광고의 초기 사례를 인용하고 있는데, 그러한 광고를 통해 아마도 청취자들은 여주인공이 착용했던 브로치를 라디오 연속극의 광고주에게 주문할 수 있었다. 그러한 기념품의 물신주의적 성격은 친숙하지만, 그것과 연관된 흡인력은 미디어 스타에 대한 전통적인 숭배와는 달랐다. 왜냐하면 그 흡인력은 그녀를 연기했던 여배우가 아니라 가상의 캐릭터로 향했기 때문이다. 의미심장하게도, 라디오 연속극에서 가상의 여주인공들은 종종 수천 통의 팬레터를 받기도 했다. 심지어 청취자들로부터 선물도 받았다.[34]

　표면적으로는 대규모 나치 집회 참가자와 라디오 연속극 팬 사이에 거대한 차이가 존재하는 것처럼 보일지도 모른다. 나치 집회는 지도자와 자신을 동일시하는 대중들의 "내적 발산"을 유도하는, 준準신화적이고 종교적인 무아지경의 기이한 이벤트였다. 완전히 진부한 일상의 편린인 라디오 연속극은, 일상의 가사를 계속하면서 라디오를 청취하는 주부들을 겨냥했다. 그러나 양자의 사례에서 최종적인 결과는 비슷했다. 개인들은 자신들이 중요한 존재라는 것을 느끼게 만들었던, 환상적인 오디오 세계에서의 소망 성취를 대가로 연설자에 사로잡혔다. 1930년대 후반부터의 라디오 연속극 청취자들의 심리에 대한 한 연구는 라디오 연속극은 다음과 같다고 결론 내렸다.

> [라디오 연속극은] 청취자들의 사적인 몽상과 환상을 사회적으로 승인된 행위의 채널로 향하게 하며, 가족이 가장 중요하며 여성이 가족생활의 변화와 부침에 대한 통제권을 가지고 있다는 것을 보여 줌으로써 여성들에게 자신이 중요한 존재라는 인식을 증가시킨다. 그리하여 [라디오 연속극은] 그들의 공허감을 감소시키고, 자신이 꼭 필요한 존재라는 느낌을 갖게 한다.[35]

결국, 루스벨트의 라디오 연출법에 대한 선호와, 히틀러와 무솔리니의 연출된 라이브 이벤트에 대한 의존 사이의 차이는 일차적으로 과학기술적인 따라서 문화적인 시간 지체의 결과로 보인다. 유럽의 경우 정치적 카리스마라는 관념을 주장하고 유지하기 위해서 거대한 물리적인 집회들이 여전히 요구되고 있었던 반면에, 미국의 경우에는 보다 진보된 매스 미디어 덕분에 동일한 심리학적 메커니즘들이 이미 상이한 규칙들을 따르고 있었다. 이탈리아와 독일 전역에 라디오가 보급된 이후에도 파시스트와 나치 정권은 계속해서 대규모 라이브 이벤트들에 커다란 강조점을 둬 왔다. 하나의 원칙과도 같이, 히틀러와 무솔리니는 결코 자신들의 연설을 라디오 스튜디오를 통해 전달하지 않았다. 히틀러의 경우, 눈앞에 청중이 없을 경우 효과적으로 의사소통을 하는 데 무능력하다는 추측으로 설명되어 왔다.[36] 그러나 그것은 이야기의 한 측면에

"독일 전체가 인민의 라디오에서 나오는 총통의 목소리에 귀 기울이고 있다." 심지어 대부분의 가정에 라디오가 보급된 후에도, 독일인들은 대중 집회의 친밀성 없이 지내는 것을 꺼려했다.

불과하다. 아마도 스튜디오 방송에 대한 히틀러의 거부는 라디오 문화에 대한 독일 청중들의 제한된 경험과 개인적으로 직접 전달되지 않는 연설에는 매료되지 않는 청중들의 감수성*을 반영한 것이기도 하다. 집회에서 히틀러의 연설이 "인민의 라디오Volksempfänger"가 도입된 이후에 훨씬 더 중요하게 되었다는 사실은 일종의 관성, 즉 대중 집회의 친밀함을 버리는 것에 대한 못마땅함을 보여 주는 것이다. 이는 또한, 대부분의 독일인 가족들이 자신의 가정에 라디오 수신기를 가지고 있다는 사실에도 불구하고, 도시 지역에 전략적으로 배치해 놓은 확성기를 통해서만 정치 연설을 방송하려는 나치의 또 다른 무감각한 고집을 설명하고 있다. 실제는 어떻든 외관상으로는, 라디오를 둘러싸고 모인 개인들 혹은 소규모 집단들이 도시 거리나 광장의 공용 확성기들 주위에 운집한 군중보다 히틀러의 지배에 영향을 덜 받을 것으로 느껴졌다.[37]

1945년 이후 유럽의 미국화는, 1930년대의 매스 미디어 문화와 심리학의 관점에서 볼 때 유럽 대륙이 얼마나 후진적이었는지를 보여 주고 있다. 오늘날 인민 대중이 모여서 "내적 발산"과 같은 것을 경험하게 되는 유일한 경우들은 스포츠 행사와 록 콘서트들이다. 오늘날 정치적 카리스마는 오로지 텔레비전 스튜디오에서만 기획된다.

---

* 즉, 정치 집회에서 집단적으로 전달되는 연설에 대중들이 반응한다는 의미.

3장 선전

PROPAGANDA

3장 선전

독재 정권들은 우리가 가장 자랑하는 설득 수단과 경솔한 대중에 대한 우리의 근원적인 경멸을 계승하고 완성함으로써, 우리에게 찬사를 표했다. 이것이야말로 독재 정권이 민주주의에 가했던 가장 치명적인 타격이었다.

– 막스 러너Max Lerner, 1934[1]

선전은 카리스마적 지도자가 의회, 정당, 그리고 이익 집단과 같은 중간 매개적인 사회적 정치적 제도들을 우회해 대중에 대한 직접적인 장악력을 획득할 수 있는 수단이다. 선전과 정권의 의지와의 관계는 자동 변속 장치와 자동차 엔진의 관계와 같다. 노골적인 국가 선전은 자유 민주주의 사회들에서는 좀처럼 존재하지 않는다. 왜냐하면 행정부가 여론을 통제하는 것을 헌법이 금지하고 있기 때문이다. 즉 정부가 경제를 지배하지 못하도록 하는 것과 꼭 마찬가지다. 오로지 위기의 시기에만 입법부는 행정부에게 어느 영역에든 개입할 수 있는 권한을 부여한다.

정부 개입은 제1차 세계 대전 동안 광범위하게 형성된 국가 간의 전선에서 처음으로 발생했으며, 전쟁 전의 상황과 비교할 때 교전국들 중에서 국가 개입이 미국보다 더 급진적으로 진행된 나라는 없었다. 그러한 갈등의 여파로, 여론이 미디어에 대한 국가의 전시 통제를 유해하고 사실상 비非미국적인 과잉 행동으로 보게 됨에 따라, 선전은 도덕적으로 나쁜 것이라는 인식이 생겨났다. 양차 세계 대전 사이에 유럽에서 전체주의가 등장한 것은 이러한 반감을 강화시켰는데, 전체주의 정권들이 선전을 필요악이 아니라 국가 이익을 표명하는 합법적인 수단으로 바라보고 실천했기 때문이었다. 물론 당시 정치 체제들은 경쟁국들의 행위를 선전이라고 비난하면서도 여론을 조정하려는 자신의 시도에 대해서는 "교육"과 "정보"라고 신중하게 이름 붙였다. "대중 계몽과 선전"을 전담하는 특별 정부 부서를 설치했던 국가사회주의만이 계몽과 선전 사이에 실질적인 차이가 존재하지 않음을 거리낌 없이 인정하였다.

제1차 세계 대전 시기의 여론의 강제된 순응성에 관해 1930년대에 독창적인 연구를 한 해럴드 라스웰Harold D. Lasswell은 교육과 선전을 구분하는 경계는 본질적으로 입장의 문제라는 데 동의했다. 라스웰은 이 두 개념에 대한 미국인의 이해 방식의 특성을 기술하면서 "논쟁의 여지가 있는 견해의 유포는 선전이며, 용인된 견해들의 유포는 교육의 기술skills이다. 시카고에서는 공산주의를 선전이라고 말하는 것이 적절하며, 모스크바에서는 교육이라고 말하는 것이 적절하다"[2]라고 결론 내렸다.

비합리적이고 위험스런 선전과 합리적이고 건설적인 교육 정보 프로그램 간의 차이에 대한 인식에서, 그리고 1930년대 미국의 라디오 이론에서 일반화된 비합리적 "군중crowd"과 합리적 공중public 간의 구별에서 유사성을 찾아내기는 쉬운 일이다. 라디오는 원래부터 정보 보급을 위한 합리적인 매체라는 미국 이론가들의 결론은, 민주주의 국가에서 정부의 정보 프로그램에 표출된 집단적 사회 의지는 어떤 독재 체제의 선전보다 우월하며 단지 대중을 교육하는 것만을 목표로 하고 있다는 신념과 밀접한 관련이 있었다.

선전을 말하든 교육을 말하든 간에 상관없이, 국가사회주의자들이나 뉴딜 지지자들은 어느 쪽도 위로부터 아래로 정보를 흘려보내는 과정으로 생각하지는 않았다는 점에 동의했다. 오히려 대중을 교육하고 대중에게 영향을 끼치는 첫 번째 단계는 항상 대중들 스스로가 생각하고 원하는 것을 발견해 내는 것이었다. 요제프 괴벨스Joseph Goebbels*는 다음과 같이 말했다.

> 정부는 과학적인 엄밀성을 가지고 인민의 영혼을 진단해야 하며, 시민들이 지닌 모든 심리학적 경향을 잘 알고 있어야만 한다. 만약 이러한 경향들이 아무런 성과도 내지 못한다면 인민을 계몽시켜야만 하며, 만약 인민의 의견이 정당하다면 그들의 의견을 인정해야만 한다.[3]

제3제국의 경우, 여론에 관한 정보의 수집과 평가는 32개의 지역 선전부, 지역 당 지부들, 제국보안대, 그리고 게슈타포에 의해서 수행되었다. 뉴딜의 미국에서 이에 상응하는 제도로는 다양한 정부 기구들과 백악관은 물론 민주당의 지역 당 지부들과 1933년에 설립된 국가비상대책심의회National Emergency Council였다. 게다가 루스벨트 행정부의 초점이 1930년대 후반에 국내 개혁으로부터 국제 문제에 대한 미국의 개입으로 전환됨에 따라, 단순히 대중 여론을 조사하기보다는 오히려 여론에 영향을 미칠 필요성이 증가했고, 1940년의 정보통계국Office of Facts and Figures과 같은 한층 진전된 홍보 부서들이 설치되었다.[4]

대통령에게 보낸 편지들은 중요한 정보 원천의 하나였다. 자신의 노변정담에서 루스벨트는 청취자들에게 청취 소감을 글로 써 달라고 노골적으로 부탁했으며, 연설할 때 정부 정책들이 대중의 바람에 반응하고

---

* **요제프 괴벨스** 나치 독일의 선전상으로 앉아 나치 선전 및 미화를 책임졌던 핵심 인물이었다.

있음을 보여 주는 증거로서 종종 그 편지들을 읽기도 했다. 이와 같이 여론에 관한 정보를 수집하고 여론에 영향을 미치는 것은 하나의 폐쇄적인 국민 투표적 서클plebiscitary circle을 형성하는 것이었다.[5] 그것이 성공적이었다는 것은 루스벨트가 그의 전임자였던 허버트 후버 대통령보다 백악관에서 받은 편지가 열 배나 더 많았다는 사실에서 증명된다.

정보의 수집과 확산을 책임졌던 워싱턴과 베를린의 정부 부서는 1933년 이후 규모와 수적인 면에서 대략 같은 비율로 증가했다. 그리하여 질적으로나 양적으로나 루스벨트 행정부와 히틀러 정권이 수행했던 홍보 작업은 이전의 그 어떤 정부들과도 달랐다. 국가사회주의와 뉴딜 간의 역사 비교에서 선구자 격인 존 개러티는 미국의 캠페인들을 "민주주의 체제들 중에서 미증유의 것"이라고 언급했다. 또한 그는 "루스벨트는 간접적으로나마 괴벨스의 선전 기구와 비교할 만한 기구를 창설하지는 않았지만, 뉴딜 하에서 정부는 평화 시기에는 전례가 없었던 노력들을 수행했다"[6]고 덧붙였다. 새 행정부는 신설된 부서와 기구의 직원을 조달하기 위해 염치없게도 워싱턴 신문 기자단을 급습했다. 당시 미국출판인협회Association of American Publishers의 대표였던 엘리샤 핸슨 Elisha Hanson은 "신문사와 통신사에 고용되어 뉴스를 작성하는 기자들보다 정부를 위해서 뉴스를 쓰는 신문 기자의 수가 더 많다"[7]고 빈정대며 말했다.

조직적인 면에서 워싱턴과 베를린의 주요한 차이는, 나치의 선전은 단.하나의 중앙 부서에 의해서 조정되었던 반면에, 뉴딜은 그러한 책임을 다양한 기관들이 분담하고 있었다는 것이다. 이전에는 한 명의 대변인, 한 명의 비서, 그리고 아마 한 명의 보좌관 정도로 구성된 보도국만 있었던 정부 부서들이 갑작스럽게 언론과 홍보 작업을 위해서 모조리 하위 부서들을 만들어 냈다. 농림부에서는 73개, 연방주택국에서는 23개, 그리고 사회보장국에서는 21개의 언론 담당 부서들이 작동했다.[8]

그들의 임무는 정부의 정책들과 프로젝트들에 관한 긍정적인 정보가 온 나라에 가득 차도록 하는 것이었다. 당시의 논평가들이 언급한 바와 같이, 그러한 정부의 "유인물들"은 "당신이 오늘 워싱턴발 일간 신문에서 읽었던 대부분의 뉴스 스토리의 근간"에 해당하는 것이었다.[9]

하지만 미국의 언론은 여전히 자유로웠다. 통제와 검열에 종속되어 있었던 독일의 저널리스트들과는 달리 미국의 언론인들은 정부의 직접적인 지령을 받지 않았다. 정부의 정보를 무시해도 어떠한 제재도 받지 않았으며, 1934년 이후 점점 反루스벨트 성향으로 바뀌었던 언론도 엄밀히 말해 그러했다. 그러나 우리는 자유로운 언론과 자유롭지 못한 언론을 지나치게 단순화시켜 대비하는 것에 대해 경계해야 한다. 최근의 역사 연구는, 나치의 언론 통제가 "실제로 행사될 때는 국가사회주의가 스스로를 묘사하려고 했던 것만큼, 그리고 많은 역사가들이 여전히 그렇게 생각하는 만큼 전체주의적이지는 않았다"[10]고 말했다. 일단 초기 단계의 포섭과 규율 조치가 끝나자마자 아직도 일자리에 붙어 있던 저널리스트들은 국가사회주의를 불가피한 현실로 받아들였다. 불문율에 따르지 않을 경우 발생할 결과를 인식하는 것만으로도 대부분의 언론을 정부의 노선에 복종하도록 만들고, 그리고 가장 효과적이고 비가시적인 형태의 통제 — 즉, 자기검열 — 를 강화하도록 만들기에 충분했다. 어찌되었든 간에, 전체주의적인 선전은 완전한 언론의 자유를 주장하는 자유주의적 요구에 대해 경멸을 쏟아 부을 기회를 헛되이 낭비하지 않았다. 파시스트의 감성에서는 사상 자체가 선전일 뿐이었다.

루스벨트를 민주적 지도자로 서술하는 전통적인 위인전과는 대조적으로 최근의 몇몇 연구자들은, 뉴딜은 루스벨트가 언론을 장악하기 위한 수단이었다고 주장했다. 예를 들면, 역사가인 다비드 쿨버트David Culbert

는 다음과 같이 쓰고 있다.

오늘날의 관점에서 본다면, 언론과 출판의 자유를 제한하기 위해서 ……
대통령제 하의 민주적 지도자가 완전한 언론 출판의 자유를 보장하고 있다
고 대중을 설득했던 그 기술에 누구나 감탄을 금치 못할 것이다. 언론의 포
섭, 즉 자발적 협력으로의 유인은 엄청나게 효과적인 것으로 증명되었다.[11]

하지만 이러한 견해는 실상을 과장하고 있다. 뉴딜의 첫 해에만 협력
하라는 상당한 압력이 신문사들에게 가해졌는데, 그때 루스벨트는 대중
적 열광의 첫 번째 파도를 의기양양하게 타고 있었다. 일단 그러한 파도
가 물러나자 공화당이 주로 통제하고 있었던 인쇄 매체가 뉴딜에 대항
했다. 게다가 루스벨트 행정부는 결코 직접적으로 언론의 자율권을 축
소하려고 하지 않았다.

그러나 라디오에 관해서는 상황이 다소 달랐다. 오늘날의 텔레비전
과 마찬가지로 대부분의 당대인들은 라디오가 인쇄된 글자보다 훨씬 더
대중들에게 영향력을 가지고 있으며, 그리고 비록 상업적으로 조직되었
다고는 하나, 라디오는 소유주의 손아귀에 결코 완전하게 장악되지는
않았다는 데 의견이 일치했다. 라디오라는 매체가 시작된 바로 그때부
터 국가가 통제 기관으로서, 즉 방송 전파의 최고 지배자로서 기능했고,
제한적인 방송 허가권의 형태로 사적 기업가들에게 임시적으로 **라디오
방송**의 소유권 행사를 보장해 주었던 것이다. 1927년의 무선법Radio Act
은 미국의 방송사들에게 "공공의 이익, 편의, 혹은 필요"에 복무할 것을
요구했다. 방송 허가권은 3년 동안 보장되며, 기간이 끝나는 시점에서
방송 허가권은 재심사를 받았다. 만약 어떤 방송사가 공식적인 요구 사
항을 위반한 것으로 밝혀지면, 방송 전파를 이용할 수 있는 권리를 상실
할 수도 있었다. 대부분의 방송국들이 전적으로 체제 순응적인 라디오

연속극 장르에 집중했기 때문에 방송 허가권을 취소한다는 위협은 가정으로만 존재했다. 대체로 정치에 무관심하며 대중 소비 지향의 1920년대 사회에서 라디오를 둘러싼 공적 이익과 사적 이익 간의 갈등은 발생하지 않았다.

그러나 1934년의 미국통신법U.S. Communications Act은 방송 허가권의 기간을 6개월로 제한했다. 그와 동시에 루스벨트는 가장 충실하고 신념이 확고한 당원 중의 한 사람을 연방통신위원회Federal Communications Commission[FCC] 의장에 임명했다. 이윽고 라디오 방송국들은 "공적인 사안에 관련된" 모든 프로그램의 사본을 FCC의 승인을 받기 위해 제출해야 했으며, FCC 위원은 정부에 비판적인 프로그램을 송출할 경우 방송 허가권이 취소될 수 있음을 알렸다.[12] 그리하여 1935년에 독일에서 나온 미국의 방송법에 관한 한 박사 학위 논문은 "국가 통제는 오늘날 미국에서 하나의 현실이다"[13]라고 결론을 내렸다. 이 결론에 정당성이 없는 건 아니었다.

사실, 그러한 상황은 총체적인 통제나 검열이라기보다는 방송사들이 원하는 것이었다. 특히 세 개의 주요한 라디오 네트워크가 그러했는데 이는 정부와 우호적인 관계를 유지하기 위해서였다. 광고주들과의 관계가 멀어지지 않도록 항상 신경을 쓰는 것과 꼭 마찬가지로, 라디오 산업은 종종 정부의 요구들을 알아차려 들어주고 순응하려고 노력했다. 루스벨트 행정부의 초기에 참여했던 휴 존슨은 그가 루스벨트에 거역했을 때 라디오 논평가 자리에서 즉각 해임되었다. 그의 해임은 백악관의 요청에 의해 이루어진 것이 아니라, NBC 방송국 사장이었던 프랭크 러셀Frank Russell 개인의 주도에 의해서 이루어진 것이었다.[14] 더구나, 1934년에 FCC가 NBC 방송국에게 정부의 교육 프로그램 편성에 좀 더 많은 방송 시간을 할당할 것을 요구했을 때, 방송국은 그러한 교육 프로그램에다 이미 250시간 이상을 투여했다고 지적할 수도 있었다. 라디오 방송국들은 말해야 할 것에 대해 지시를 받을 필요가 전혀 없었다. 대개 그들은 해야 할 말을 이미 말하고 있었던 것이다.

상징의 힘

훗날 나치당을 탈당하고 1936년에 독일을 버리고 망명한 전前 국가사회주의자 헤르만 라우슈닝Hermann Rauschning*과의 대담에서 아돌프 히틀러는 여론에 영향을 미치기 위해 자신이 선호했던 방법이 어디서 기원했는지를 밝혔다. 히틀러는 "나는 마르크스주의에서 많은 것들을 배웠다"고 말했으며, 다음과 같이 덧붙였다.

> 근원을 따지면 정치 투쟁의 이러한 새로운 수단은 마르크스주의자들로 거슬러 올라갈 수 있다. 나는 오로지 그것을 채택해서 좀 더 발전시키기를 바랐을 뿐이었으며, 결국 나는 본래 우리가 필요로 했던 것을 취했다. 나는 비장한 결의를 가지고, 독일 사회민주당이 민주주의라는 틀 내에서만 혁명을 성취하려고 고집을 부렸기 때문에 10번 이상이나 실패했던 곳에서 계속해 나가야만 했다. 국가사회주의란, 만약 마르크스주의가 민주주의 체제와의 부조리하고도 부자연스러운 결합으로부터 자신을 해방시켰다면 될 수 있었던 것, 바로 그것이다.[15]

히틀러는 또한 사회주의자들이 당의 상징색으로 붉은색을 사용하는 것에 큰 매력을 느꼈다. 그는 베를린에서 개최된 대규모 공산주의자 집회에서 받은 인상들을 회상했다. "그 행사는 붉은 깃발들, 붉은 완장들, 그

---

* **헤르만 라우슈닝** 나치의 경제, 행정 전문가. 영국으로 망명한 후 《히틀러와의 대화》를 썼다.

리고 붉은 꽃들이 바다를 이루었다. …… 겉으로 보기에도 그것은 장관이었다. 나는 거리의 사람들이 그런 장대한 스펙터클의 도발적인 마력에 어떻게 그렇게 쉽사리 빠져들 수 있었는지를 느낄 수 있었고 이해할 수 있었다."[16]

국가사회주의가 의지했던 다른 원천들에는 가톨릭교회의 성사聖事와 상징, 군대의 대형과 장식, 그리고 현대적인 아메리칸 스타일의 광고 기법들이 있다. 역사적으로 보았을 때 어떤 것을 완전히 전유해 내는 능력 면에서 나치당만이 그러한 능력을 독특하게 갖고 있었던 것은 결코 아니었다. 사실 상징은 자신이 표상하는 실제 권력의 변화에 변함없이 따르는 하나의 부속물을 형성하면서 계속적으로 다른 상징을 소비하고 다른 상징에 의해 소비되는 것이다. 가령 기독교가 이교도의 의례와 상징을 채택한다든지, 세속적 혁명이 기독교 예배식을 전유한다든지, 혹은 광고가 앞에서 언급한 모든 것들과 모든 역사적 원천들을 무엇이든 가리지 않고 이용하는 것도 그러했다.

1930년대에 상징은 정치 선전에서 주요한 유통 단위로 여겨져 왔다. 즉 초창기의 선전 전문가였던 에드워드 버네이스Edward Bernays의 말로 표현하면 "이해와 행동으로 가는 효과적인 지름길이다." 해럴드 라스웰에게 선전은 "폭력, 뇌물 수수, 혹은 보이콧이라기보다는 의미 있는 상징들(말, 그림, 노래)에 의한 집단적 태도의 조작"에 해당했다. 그러나 라스웰은, 만약 선전이 폭력의 기능을 할 수 있다면, 그 역도 마찬가지로 타당할 것이라고 결론 내렸다. 즉 폭력은 선전 행위가 될 수 있을 것이다. "폭력 행위는, 태도에 미치는 효과가 그 폭력 행위의 즉각적이고 객관적인 결과와 매우 불균형적일 것이라고 예상될 때, '행위의 선전propaganda of the deed'이 된다."[17] 이러한 진술은 혁명적 테러리즘과 국가가 조직한 테러리즘 모두에 대하여 똑같이 적절하게 들어맞는다.

우리가 뉴딜과 제3제국에 의한 상징의 창출과 이용을 검토하기에 앞서 일종의 전주곡으로서 바이마르 공화국의 마지막 시기의 에피소드를 고찰해도 좋을 것 같다. 비록 선전의 역사에서 미미한 자리를 차지하고 는 있지만, 주지하듯이 이 시기의 "상징 전쟁war of symbols"은 좀 더 면밀하게 검토해 볼 가치가 있다.[18]

1930년 9월에 국가사회주의자들은 국민 선거에서 승리하여 제국의회에서 가장 강력한 정당이 되었다. 나치당의 선거 성공은 독일의 사회민주당SPD 중도파에게는 주의를 환기시키는 오싹한 사건이었다. 파시스트들이 거리를 정복하는 데 사용했던 바로 그 수단이 정치 제도와 국가 그 자체를 공격하는 데도 사용될 수 있다는 것을 보여 주었기 때문이다. 그 교훈은 이중으로 쓰라렸다. 한편으로 사회민주당 중도파는 선동적이고 사이비 혁명적이고 의사 종교적인 것이라고 거부했던 방법들을 대중이 명백히 환영했던 반면에 자신들의 합리적인 주장들은 전반적으로 무시당했거나 혹은 더 나쁘게 말해 무관심을 야기했다는 점을 인정해야만 했다. 다른 한편으로 그들은 나치당이 그토록 성공적으로 이용했던 방법들이 사회민주주의 운동이 19세기에 개척했던 전투적 정치 문화의 모방에 지나지 않는다는 사실을 소름끼치게 깨달았다.

나치의 성공에 놀라서 정치적 중도파의 지도자들은 합리적인 논쟁과 정치 교육을 한층 더 엄중하게 강조함으로써 대응했다. 그러나 사회민주당 내에서 소수의 청년 당원들은 정반대의 결론을 내렸다. 즉 국가사회주의에는 그것에 알맞은 고유한 수단으로 맞서 싸워야 한다고 주장한 것이다. 청년 당원들은 동지들에게 대중들의 감정, 환상, 두려움, 그리고 실제적인 고통에 대해 반박하지 말라고 촉구했다. 다시 말하면, 율리우스 레버Julius Leber가 냉소적으로 언급했듯이, 대중들의 열망을 합리적인 논쟁으로 "논박"하지 말 것을 권고했다. 젊은 반란자들은 자신들의 운동을 '철의 전선Iron Front'*이라고 불렀다.

그러나 그들의 새로운 전략이 갖는 특성은 토착적인 산물이 아니라

한 젊은 러시아 이민자의 통찰력에 기반하고 있었다.

세르게이 차코틴Sergei Chakotin은 생물학과 동물학을 매개로 선전에 도달했다. 유명한 행동심리학자 이반 파블로프Ivan Pavlov의 학생이자 동료였던 차코틴은 파블로프의 조건 반사 이론을 대중 암시mass suggestion라는 관념에 처음으로 적용했다. 정치적으로 1917년 2과 10월 혁명에 영향을 받았지만, 그는 자신의 통찰력을 반反볼셰비즘을 위해 사용했다. 독일로 이주한 이후 국가사회주의 혁명이 발생할 가능성이 점차 높아지자, 그는 자신이 택한 고국이 독재에 굴복하는 것을 막아야 한다고 생각했다. 차코틴은 세 가지 원천으로부터 영감을 얻었다. 즉 사회민주주의자들의 과거의 성과, 10월 혁명 동안 겪은 차코틴 자신의 개인적 경험, 그리고 국가사회주의의 선전 모델이 그것이었다. 차코틴은 독일 사회민주당에게 전통적인 사민주의적 선동이 갖고 있는 정서적 공허감과 "애처럼게 이론만을 고집하는 권태로움"을 그만두고, 유권자들에 대한 정서적인 호소에 집중할 것을 촉구했다.[19] 그는 지루하고 따분한 집회 대신에 당은 역동적인 이벤트를 연출해야 한다고 주장했다. 끝없는 논쟁과 토론 대신에 당은 희생이 아니라 권력, 목적, 그리고 결단의 웅장한 몸짓과 대담한 시위에 열중해야 한다고 강조했다. 비록《나의 투쟁Mein Kampf》에 나오는 선전 구절에서 한 페이지를 따온 것이긴 했지만, 차코틴은 사회민주주의자들이 자신들의 선동을 몇 가지 가장 대중적인 슬로건과 상징에 한정할 것을 제안했다. 슬로건과 상징은 집단 무의식의 일부가 될 때까지 반복되어야 — 사실상 주입되어야 — 만 했다.
　차코틴의 가장 중요한 기여는 그가 디자인한 '철의 전선'의 상징이었

---

* **철의 전선**　사회민주당과 카톨릭 중앙당 소수파의 연합으로 1931년 12월 16일에 결성된 반나치 동맹. 차코틴은 이 조직의 로고를 디자인했다. 1933년에 불법화되었다.

다. 러시아 구성주의와 나치의 스와스티카swastika*로부터 절반씩 영감을 받은 로고는 붉은색 바탕에 마치 왼쪽 아래 귀퉁이에 있는 먹이를 공격하는 것처럼 위에서 아래로 비스듬하게 화면을 가르는 힘찬 화살 세 개(흰 화살표나 검은 화살표)로 이루어져 있다. 이것은 정확히 연상 작용을 의도한 것이었다. 그 로고는 나치의 갈고리 십자가가 더 이상 공격자가 아니라 그 자체가 공격받고 있다는 생각을 전달했다.

사회민주주의자들에게 친親히틀러 산업주의자들을 분쇄할 것을 호소하는 차코틴의 철의 전선을 위한 문장紋章.

차코틴의 상징은 1932년 몇몇 지방 선거에서 사용되어 대중적 호소력을 검증받았으며 나치 지지 유권자들을 사회민주주의 지지로 유도하는 데 도움을 줄 수 있었다. 그러나 주류 지도부는 당이 전국적인 차원에서 그 이미지를 채택하자는 제안을 거부했다. 지도부는 당의 통제를 넘어서 대중들을 흥분시킬지도 모른다는 두려움 때문에 1918년 혁명 시기에 했던 것과 똑같이 행동했다. 즉 승리한 나치에 의해 당이 박살이 날 때까지 합리적이고 온건한 노선만을 주장하고 있었던 것이다.

'철의 전선'의 일화는, 나치가 사회주의적 이미지들을 성공적으로 흡수한 것과는 달리 선전을 위한 모방과 채택에 대해 더 냉정한 통찰력을

---

* 산스크리트 어로 하켄크로이츠Haken Kreuz를 말하며, 갈고리와 십자가를 합친 卐자 모양.

보여 준다. 설령 사회민주당 지도부가 차코틴의 아이디어를 받아들였다 해도 바이마르 공화국의 종말은 피할 수 없었을 것이다. 선전적 상징만으로는 본질적으로 수동적이고 빈사 상태에 있는 정치 기구를 소생시킬 수는 없다. 국가사회주의자처럼 공격적이고 파렴치하지만 역동적이고 혁신적인 정당이 적들의 상징적 무기고를 습격할 때*와 양이 늑대 가죽을 뒤집어쓰려고 할 때**는 다르다. 실질적인 권력이 없는 선전은 그저 허풍스런 말에 불과하다. 선전은 이미 상승하고 있는 어떤 운동에서 가장 잘 작동하며, 선전의 효과가 가장 잘 나타나는 순간은 위기와 혁명의 시기에 온다. 그때는 사라져 가는 정권이 세력을 상실하고 있을 때이며 국민의 의지가 아직 결정되지 않았을 때이다. 그때야말로 선전이 우세하게 되며, 그 슬로건은 지금까지는 불명료했던 인민의 의지를 명확히 표출하게 된다. 선전의 이러한 국면이야말로 아마도 해럴드 라스웰이 선전을 강압과 폭력의 대체물이라고 정의했을 때 그가 마음속에 담고 있던 생각이었을 것이다.

이제 뉴딜이 상징과 강압을 어떻게 거대한 선전 캠페인 속에 통합해 냈는지를 살펴보자.

블루 이글

블루 이글Blue Eagle 캠페인은 자유 낙하하는 경제를 통제하기 위해서 국가산업부흥국이 착수한 정책이었다. 이 캠페인의 핵심적 내용은 국가산업부흥국이 제시한 기준을 따르는 생산자와 소매상인들이 어떤 상징

---

* 정치적 상징을 탈취할 때.
** 권력을 장악하려 할 때.

을 부착하면 대중들은 애국적인 의무감에서 그러한 상징을 단 판매점에서만 상품을 구매하도록 고취시키는 것이었다. 캠페인은 루스벨트 취임 후 100일이 경과한 1933년 7월에 시작되었다. 즉, 당시는 백악관의 새 주인에 대한 대중의 열광이 수명을 다했을 때였고, 국가가 대공황의 첫 3년간의 활기 없고 의기소침한 분위기로 빠져들 위험에 처한 시기였다.

블루 이글 정책은 효과적인 공격이 최상의 방어라는 스포츠 세계의 오래된 격언의 훌륭한 사례였다. 루스벨트 행정부의 취임 초기의 핵심적인 개혁 정책들 — 대대적으로 선전했던 산업 생산에 대한 새로운 국가 규제들 — 은 구체적인 결과물들을 거의 산출해 내지 못했다. 미국의 거대 기업 부문 중에서 면화 산업만이 정부가 경제 위기를 끝장내기 위해 마련했던 법규들을 수용했다. 다른 부문에서는 자율적인 가격과 임금 통제, 생산과 아동 노동과 노조 개입에 대한 제한 등과 관련된 국가산업부흥국의 지령이 여전히 책상 서랍 안에 쑤셔 넣어져 있었거나 서류 더미에 묻혀 있었다.

루스벨트는 행정부의 여러 부서에다 광범위한 비상 지휘권을 부여하기 위해 의회의 동의를 얻는 데는 쉽사리 성공했지만, 미국의 산업을 통제 아래 두려는 노력에서는 완전히 실패할 위험에 처했다. 나아갈 길은 명백했다. 그가 의회의 협력을 끌어내기 위해 대중이 찬성하지 않는다는 위협을 이용했던 것처럼, 이번에는 여론의 압력을 이용해 행정부가 원하는 대로 순응하도록 산업가들을 강제하려 했다.

그것은 협공이었다. 미국의 모든 고용주들 — 골목의 약국에서부터 헨리 포드Henry Ford*에 이르기까지 — 은 "대통령의 재고용 협약President's Re-Employment Agreement"이라는 제목의 문서를 받았다. 이 문서는 고용

---

* **헨리 포드** 미국의 자동차 제조 회사인 '포드'의 설립자이다. 조립 라인 방식을 통한 양산 체제인 포드 시스템을 확립했으며 효율적인 경영 방식을 도입했다.

주들에게 주당 12~15달러의 최저 임금과 아동 노동의 금지를 포함하는 일정한 지침들에 대해 루스벨트를 개인적으로 지지한다는 약속을 하도록 요청한 것이었다. 그와 동시에 루스벨트는 노변정담에서 방송 전파를 통해 모든 시민들이 이 프로그램을 지지해 줄 것을 호소했다. 자신의 취임 연설에서 썼던 전쟁 비유를 다시 꺼내 들면서, 그는 그 캠페인을 "실업에 대항하는 여름 대공세"라고 묘사했으며, 친구와 적을 구별할 필요가 있다고 주장했다.

> 전쟁에서 야간 공격 시 어둠 속에서 병사들은 동료들이 같은 편을 쏘지 않도록 하기 위해서 어깨에 밝은 배지를 달았습니다. 이러한 원칙 위에서, 이 정책에 협력하는 사람들은 한눈에 서로를 알아보아야만 합니다. 이것이야말로 우리가 이러한 목적을 위해서 "우리는 우리가 맡은 역할을 한다We do our part"는 글귀로 단순하게 디자인된 명예의 배지를 제공하는 이유입니다. 나는 나와 함께 하는 모든 사람들이 그 배지를 잘 보이게 드러내 줄 것을 요구합니다.[20]

문제의 그 "배지"는 핀, 포스터, 그리고 작은 조각상의 형태를 취했는데, 모두 흰색 바탕에 한 다발의 번갯불을 쥐고 있는 푸른 독수리를 묘사한 것이었다. 그 배지는 국가산업부흥국(NRA) 로고와 "우리는 우리가 맡은 역할을 한다"는 글귀로 구성되어 있었다. 접은 옷깃이나 블라우스 위에 엠블럼을 착용함으로써 남녀 소비자들은 대통령의 정책에 대한 자신들의 개인적인 지지를 보여 줄 수 있었다.

가게 진열창이나 공장 정문에 걸려 있는 포스터는 어떤 기업이 국가산업부흥국의 지침을 수용했으며, 그러한 지침이 집행되도록 일을 하고 있다는 것을 공개적으로 알리는 기능을 했다. 반대로, 블루 이글 표상이 없다는 것은 어떤 사람 혹은 기업이 루스벨트를 지지하지 않으며 대공

뉴욕 우체국 노동자들이 국가산업부흥국의 현수막을 게양하며 환호하고 있다.

황과 싸우는 국민의 군대에 속하지 않는다는 것을, 그리고 그러한 사람 혹은 기업은 적으로 취급될 것이라는 것을 의미했다. 국가산업부흥국의 국장 휴 존슨은 "우리와 함께하지 않는 사람들은 우리의 적이다"[21]라고 선언하면서 상징의 이분법적 의도를 명확히 했다.

블루 이글 캠페인은 루스벨트의 뉴딜 초기의 수사와 전략의 일부였던 호전적인 노선을 따르고 있었으며 그 노선을 강화했다. 그것은 1917~1918년의 미국의 전시 동원화와 그에 따른 조치들을 노골적으로 참조한 것이었다. 즉 경제와 언론에 대한 국가 통제와 지도, 전쟁 비판자들에 대한 범죄화와 기소, 그리고 크릴위원회Creel Committee*에 의한 언론 자유의 제한 등이 그것이었다. 요컨대, 미국 사회가 정부의 전시戰時 노력들에 협조하도록 했던 강제적이고도 자발적인 수단들의 전반적인 장치였던 것이다. 이 시기부터 많은 전문가들이 블루 이글 캠페인을 실행하는 일에 동원되었다. 미국 산업의 전시 생산을 위해 국가 통제를 조직했던 금융계의 거물 버나드 바루크Bernard Baruch는 국가산업부흥국을 작동시키기 위해서 그의 전前 보좌관이었던 휴 존슨을 천거했다. 이번에는 존슨이 블루 이글 정책의 세부 사항들을 마련하기 위해 1917년 자유 공채 캠페인 — 제1차 세계 대전 때 일반 시민들에게 미국의 전시 노력들에 투자할 것을 호소했던 캠페인 — 을 조직했던 주요 조직자 2명을 고용했다. 누락된 유명인사들 중 한 사람이 바로 조지 크릴George Creel 이다. 그는 우드로 윌슨이 미국의 (전쟁) 개입을 열광적으로 환호하도록 만들기 위해 국내 선전을 맡겼던 사람이다. 이는 아마도 반대 의견에 대한 무자비한 억압자로서 크릴이 획득하고 있었던 악명 높은 명성 때문이었을 것이다. 그럼에도 그는 블루 이글 정책에서 막후에서 자문 역할

---

* **크릴위원회** 1917년 윌슨 대통령이 조지 크릴을 위원장으로 하여 설립한 정부의 홍보·선전 기관인 공공정보위원회. 심리학적 이론들을 이용하여 지성적이고 감성적인 문구로 국민들에게 전쟁의 목적을 설득시키고 협조를 구했던 기관이다.

을 한 것으로 생각된다.

블루 이글 캠페인 — 혹은 존슨이 "국가의 적에 대해서 이 나라가 지금까지 보아 왔던 것 중에서 가장 큰 평화 시^時의 공격"[22]이라고 불렀던 것 — 은 1933년 7월 24일부터 9월 13일까지 지속되었다. 캠페인이 제한된 기간 동안 실시된 것은 대중의 눈에 그것이 진부하게 보이거나 낡아 빠진 것으로 보이지 않도록 하기 위함이었다. 블루 이글 캠페인은 흥미를 끌었던 노변정담으로 시작되었고, 25만 명의 사람들이 참가했던 뉴욕 5번가로 향하는 19시간 동안의 축하 퍼레이드로 막을 내렸다. 그 캠페인이 막바지를 향해 감에 따라 공중들의 관심과 흥미는 기하급수적으로 증가했다. 그 아이디어는 밴드왜건 효과bandwagon effect*를 창출했던 것인데, 일단 대중 선전에 의해 착수되면 집단 심리학의 동학은 그 자체의 추진력에 의해서 움직여 간다는 것이다. 설득과 강압이 상호 보완적으로 작동했다. 자유 공채 캠페인에서처럼 그 프로젝트의 조직은 중앙화되어 있으면서도 탈중앙화되었다. 존슨은 워싱턴의 국가산업부흥국 사무소를 시작으로 1만 명 이상의 주민이 거주하는 모든 도시의 상공회의소를 방문하여 직원들이 법령에 서명하도록 했을 뿐 아니라, 블루 이글 캠페인의 지역 관리를 책임질 것을 요구했다. 국가산업부흥국의 중앙 선전 기구는 제1차 세계 대전 때 시작된 소위 4분짜리 사람들four-minute men**을 부활시키면서 정책 집행에 필요한 자극을 가하기 위해 밤낮으로 가동되었다. 거리 구석에서, 영화관에서, 극장에서, 그리고 교회에서 준비된 연설을 하는 수십만 명의 지원자들이 바로 그들이었다.[23]

"대통령의 재고용 협약"에 서명한 사람들은 블루 이글 포스터를 받아 그들 기업에다 잘 보이도록 내걸었다. 그들의 이름과 기업명도 또한 가

---

* 다수가 어떤 방향으로 생각하고 행동하면 다른 사람들도 거기에 쏠려 따르게 되는 효과를 지칭한다.

** 전쟁 수행의 일환으로 지역에서 사람들을 모아 놓고 전쟁 뉴스를 전해 주는 지원자.

장 가까운 우체국 벽에 걸려 있는 "명예 수상자" 명단에 새겨졌다. 그러나 참가하기를 거부한 사람들에게는 무슨 일이 일어났던가?

존슨은 결코 모범적인 민주당원은 아니었다. 블루 이글을 비방하는 사람들은 "얼굴을 얻어맞아도 싸다"고 욕설을 퍼부었을 정도로 권위주의적이며 성마른 사람이었다. 존슨은 이탈리아 파시즘의 코포라티즘을 모방할 가치가 있는 모델로 간주했으며, 그가 "이러한 법률 사항은 문제가 되지 않는다"라고 말할 정도로 자신의 직무를 너무나 중요한 것으로 보았다.[24] 그러나 그가 헌법에 의해 보호받는 개인의 자유를 짓밟고 싶어 했다고 할지라도, 뉴딜의 실제 권력 소유자들, 즉 루스벨트와 바루크와 비교해 보았을 때 힘없는 폴스타프Falstaff*에 불과한 그에게는 아마도 그럴 기회가 주어지지 않았을 것이다.

선전과 실질적 억압을 혼합하여 제1차 세계 대전에 대중을 동원할 목적으로 실시되었던 캠페인들과는 달리, 블루 이글 프로젝트는 신중하게 자신의 활동을 교육과 설득에 제한했다. 이 정책안의 주요한 수신인은 특정한 개인들이 아닌 항상 대중이었고, 잠재적인 비판자들을 꼬드겨 협력자로 만드는 주요한 방법은 그들에게 공공의 적으로 간주될 수 있다고 위협하는 것이었다. 버나드 바루크의 언급을 인용하면 다음과 같다.

> 최상의 실행 방법은 여론의 힘에 있다. 만약 협력하고 있는 사람들은 내부에 존재하는 공공의 적과 싸우는 군인이라는 점과, 행동을 등한시하는 사람들은 다른 편이라는 점을 철저히 이해시킨다면, 머뭇거림은 거의 없어지게 될 것이다.[25]

존슨은 문제를 좀 더 솔직하게 표현했는데, 그는 블루 이글 캠페인의 목

---

* 세익스피어의 《헨리 4세》와 《윈저의 즐거운 아낙네들》에 등장하는 쾌활한 허풍쟁이 뚱뚱보 기사.

표는 "이 법의 집행을 전체 국민의 손에 맡기는 것"이라고 말했다.

그러나 이 모든 것에도 불구하고, 만약 개인 기업가들이 그래도 서명하기를 거부한다면 어떻게 되는가? 존슨에게 그 해결책은 간단했다. 그는 불복종하는 자들의 수많은 불평불만을 수용할 것이며, 정부는 비방자 전원에게 시민의 의무를 설명할 계획이라고 말했다. 그가 암시한 다음 단계는 여론의 힘을 풀어 놓으면 된다는 것이었다.[26]

쉽게 말하면 이것은 보이콧의 위협을 의미하는 것이었다. 이미 루스벨트는 국가산업부흥국의 법령에 서명하기를 거부한다는 것은 그 기업이 정부 계약들에서 거부당한다는 것을 의미함을 명확히 밝혔다. 그러나 국가 계약이라는 지렛대를 이용하고 있는 정부와, 공적인 보이콧을 요구하는 워싱턴은 별개였다. 심지어 존슨조차도 그러한 요구가 헌법을 위반하는 것이었음을 알고 있었다. 그리하여 그는 1933년의 한 연설에서 "물론 대중들이 현재 하고 있는 것은 보이콧이 아니다"라고 신중하게 주장했다. 그는 "단지 대중은 자신들의 계획에 불복하는 것을 참지 못할 뿐이다"라고 덧붙였다.[27]

앞뒤가 안 맞는 말로, 루스벨트 대통령에 대한 협력은 완전히 자발적이라는 것, 그러나 루스벨트 배후에는 너무나 일치된 대중의 의지가 존재하기 때문에 반대는 용납될 수 없다고 주장한 것이다. 한 역사가가 말한 것처럼, 블루 이글 캠페인은 "자발적 협력에 기초하고 있었지만, 협력에 자발적으로 나서지 않은 사람들은 참여를 강요당했다."[28]

뉴딜의 옹호자가 아니거나 선전 기구에 소속되어 있지 않은 논평가들은 이러한 주장 속에 들어 있는 속임수에 대해 훤히 알고 있었다.[29] 공화당 소유의 《뉴욕 헤럴드 트리뷴 *New York Herald Tribune*》은 가장 신랄하게 반응했는데, "가장 강력하고, 타의 추종을 불허하는 사적 폭력 집단과 다름 없는 강제력"이라는 예언으로 블루 이글 정책에 대응했다.[30] 윌리엄 베르히톨드 William E. Berchtold는 《노스 아메리칸 리뷰》에

게재한 1934년의 논문에서 약간 온건한 어조로 이렇게 말했다. "블루 이글 보이콧의 애국주의적 호소는 알려진 어떠한 노골적인 검열이 성취할 수 있었던 것보다도 더 효율적으로 언론을 봉쇄했다."[31] 그리고 이선 콜턴Ethan Colton은 볼셰비즘, 파시즘, 국가사회주의, 그리고 뉴딜을 비교한 1935년의 책에서 "민심에 대한 폭격은 볼셰비키와 나치 기구가 실시한 맹렬한 선전 공세와 유사성을 가지고 있다"라고 결론 내렸다.[32]

영국의 평자들은 블루 이글 캠페인이 편협하고 멋대가리 없고 신경증적일 정도로 체제 순응적이라고 조롱했다. 《이코노미스트Economist》는 블루 이글 정책이 "[독수리] 상징이 가진 장점에 대한 비판조차도 흔쾌히 받아들여지지 않는" 분위기를 만들어 내면서, "이상하게도 전시의 화이트홀Whitehall*을 연상시킨다는 것"을 발견했다. 《스펙테이터》도 그와 유사한 감정들을 표출했다. 즉 "전시 심리학이 유행한다. 정부의 노력에 대한 미국 시민들의 비판은 반역죄가 되고, 외국인들의 비판은 무례함이 된다. …… 그리고 유머가 현저히 부족함으로써 편협함이 나타나게 된다."[33] 그리고 《데일리 헤럴드Daily Heralds》 특파원은 뉴욕의 퍼레이드를 보도하면서 "독일의 스와스티카보다 블루 이글이 더 많았다"라고 썼다.[34]

프랑스의 논평가들도 블루 이글 캠페인의 중요성이 경제학적이기보다는 심리학적이었다는 데 동의했다. 예를 들어, 로베르 드 생장Robert de Saint-Jean은 블루 이글 프로젝트를 "지극히 그림 같은 극장의 한 장면" 그리고 "아름다운 레뷔revue**"로 묘사했다. 드 생장은 "전체 광경이 마치 그 분야 최고의 전문가이자, 아무리 감동적이라고 해도 결코 1분 이상 지속되어서는 안 된다는 것을 잘 알고 있는 한 명의 지휘자에 의해

---

* 영국 정부.
** 춤과 노래, 시사 풍자 등을 엮어서 구성한 가벼운 촌극.

서 지휘되고 있기라도 한 것처럼, 풍경은 끊임없이 변화한다."[35]

시몬-막스 브누아Simone-Maxe Benoit는 "비록 그 실제 효과가 기대 이하였지만, 블루 이글 캠페인은 1933년 내내 인민의 사기를 높였다"라고 결론 내렸다.[36] 마르키스 드 라 롱드Marquis de La Londe도 이에 동의했다.

대통령은 빵과 서커스bread and circuses* 모두에 대한 대중의 끊이지 않는 요구들을 항상 충족시킬 수는 없다. 그러나 그의 유권자들은 충분한 빵을 가지고 있지는 않았을지 모르지만, 더욱 더 서커스를 즐겼다. 그들에게 제공되었던 그리고 그들을 감동시켰던 그 엄청난 퍼레이드는 대중의 결핍감을 보상한다.[37]

루이 로젠스톡-프랑크Louis Rosenstock-Franck가 보기에 블루 이글 캠페인의 양식은 뉴딜의 알맹이였다. 그는 "기본적으로 그것은 운동과 행동주의로 구성된 현상이다. 〔뉴딜은〕 국가를 하나로 융합한다. 그러나 캠페인의 가치는 그것이 적극적으로 무엇을 성취하는가에 의해서가 아니라 순전히 그것이 존재하고 현존한다는 사실로부터 도출된다"고 썼다.[38] 그리고 베르나르 페는 루스벨트가 "수단을 선택할 때의 조심스런 고려, 그리고 그 수단들을 어떻게 사용할지에 대한 그의 놀라운 감각은" 미국에서 그 누구도 저항할 수 없었던 "압도적인 권력 과시"로 나타났다고 확신했다.[39]

이상하게도, 다른 경우라면 상당히 큰 관심을 가지고 뉴딜을 따라 다녔을 독일의 미디어가 블루 이글 캠페인에 관해서는 어떤 실질적인 논평도 없이 간략한 보도만 했다.

---

* 빵과 서커스는 음식과 오락을 뜻하는데, 일반적으로 대중들의 시선을 끌기 위한 임시방편의 수단을 의미한다.

"순응의 상징화"

"순응의 상징화Symbolism of Compliance"는 프리츠 모르슈타인 마르크스Fritz Morstein Marx가 만들어 낸 말이다. 그는 1933년 이전에는 독일 함부르크 시정부에서 고위 관료를 지냈으며, 그 이후에는 하버드 대학에서 행정법 교수를 지냈다. 그는 국가사회주의 정권에 대한 독일인들의 충성의 표현에 순응의 상징화를 적용했다. 예를 들어, 그는 "하일 히틀러Heil Hitler"라는 인사 형식의 사용, 일반 가정집 창에 스와스티카〔卐〕깃발을 눈에 띄도록 전시하는 것, 그리고 나치의 동계 구제 자선 사업Winter Relief charity에 쇄도한 기부금 등을 언급했다.[40] 이러한 충성의 표현들은 공식적으로 요구된 것은 아니었다. 물론, 실제로는 일종의 간접적인 강제가 존재했다. 참가하지 않음으로써 주목받은 사람들은 최소한 당의 많은 공식적 비공식적 정보원들의 감시를 받아야 하는 위험에 처했다. 대개 그들은 매우 가혹한 처벌을 받았다.

1933년에 블루 이글 캠페인을 공개적으로 지지하지 않았던 미국인들은 사회적 도편 추방이나 경제적 보이콧의 위협을 당했다. 공식 법령에 의해서가 아니라 국가의 암묵적인 권고에 의해서 이루어졌지만 그 결과는 역시 파괴적이었다. 같은 해 가을 독일인들은 창문에 스와스티카 깃발을 달지 않았거나, 동료 시민들에게 "하일 히틀러"라고 인사하지 않았거나, 혹은 자신이 동계 구제 자선 사업에 대한 기부자라는 것을 보여 주는 엠블럼을 옷깃에 달지 않았다면 상당히 혹독한 형태의 처벌을 받게 되었다. 그럼에도 불구하고, 순응을 장려하기 위한 접근 방식에서 양자가 가진 유사성을 무시하기란 불가능하다. 동계 구제 프로젝트를 자세히 관찰해 보면 친족 관계의 훌륭한 사례를 발견할 수 있다.

독일의 아우토반Autobahn의 건설과 여타 위신을 갖추기 위한 정책들과 마찬가지로, 동계 구제 캠페인도 바이마르 공화국 시기부터 결단을 못 내렸던 대규모 정책들을 실현하기 위한 것이었다. 이는 1933년 가을, 그러니까 같은 해 4월 1일 유대인 소유의 기업에 대한 보이콧이 결국 홍보 활동의 작은 실패작으로 판명된 지 6개월 후에 시작되었다. 정부가 아니라 당 지도부의 요청에 의해 중앙에서 조직된 보이콧은, 몇 주 전에 도를 넘어 위협했던 난폭한 행동에 대해 방향을 돌리고 통제하는 최상의 수단인 것처럼 보였다. 한편으로, 그것은 혁명적인 나치 평당원들이 가진 공격성에 하나의 출구를 제공하는 것이었다. 다른 한편으로 그것은 당 지도부에게 능력을 과시할 기회를 제공하는 것이었다. "대중 운동"에서 선두에 서는 것과 동시에 대중 운동이 지닌 무정부적인 폭력의 가능성을 무디게 함으로써, 당의 지도자들은 지지자와 비난자 모두에게 그들이 당의 통제 아래 있음을 보여 줄 수 있었다. 그러나 이러한 행동은 오로지 부분적인 성공에 지나지 않았다. 보이콧은 유대인 소유의 재산에 대한 "야성적인" 공격을 저지하는 데 성공을 거두었던 반면에, 외국이나 국내의 대중 여론에 희망했던 영향을 미치는 데는 실패했다. 오히려 반대로 보이콧은 유대인에 대한 차별과 박해가 공식적인 정부 정책이라는 사실을 부각시켰다. 나치 지도부는 보이콧 참가자들에게 보이콧을 비폭력적으로 수행하라고 경고했지만, 유대인 소유 회사들의 앞에 붙여진 나치 돌격대의 이미지나, 무방비 상태의 소수자에 대한 나치의 전횡과 억압의 상징으로 비춰진 그들의 모습을 거의 바꾸지는 못하였다. 보이콧은 또한 인종적 연대, 애국주의, 그리고 기꺼이 희생할 의지 등 독일인이 지닌 감정들을 구현하는 데 실패했다. 대신에 보이콧은 비非나치 독일인들이 가진 도덕적 감수성을 상하게 하면서 반反유대주의자들의 사디스트적인 충동에 호소했던 관음증적 광경 이상의 기능을 하지 못했다.

동계 구제 조직은 나치의 "행동의 사회주의socialism of deeds"의 상징적인 사례를 제공할 뿐만 아니라 국가적이고 사회적인 연대를 적극적으로 증명해 보임으로써 새로운 정권의 이미지를 개선하려는 것이 목표였다. 기부금은 거리와 일터에서 모금되었으며 자원자들이 집집마다 방문했다. 정치계, 경제계, 그리고 문화계의 유명 인사들은 기금을 늘리는 데 자신의 시간을 투자할 것을 맹세했다. 게다가 한 달 중 한 번은 일요일에 고기 요리 대신 간단한 "한 그릇의" 끼니로 견디라고 국민들에게 호소했다. 이 모든 조치들은 독일 사회에서 계급 분할의 근절을 상징화하기 위해서 취해졌다. 여기서 선전과 연대는 선전부와 복지부를 동시에 이끌고 있었던 요제프 괴벨스라는 인물로 인격화되어 하나로 통합되었다. 그것은 헤럴드 라스웰이 언급했던 격언을 실제로 실현한 것이었다. "애도와 빵을 결합한 제스처는 빵보다 훨씬 더 강력하다."[41]

블루 이글 캠페인과 동계 구제 정책은 심지어 참가자들이 달게 될 배지를 발급하는 것에 이르기까지 유사하기는 했지만, 당연히 독일의 경우 비非순응자에게 폭력적인 반향이 루스벨트의 미국보다 훨씬 컸다는 큰 차이도 있었다. "자발적인 기부금"을 호소했음에도 불구하고, 대중들의 참여는 세금 규정에 기록되었다. 왜냐하면 독일의 조세 당국은 만약 대중들이 기부금 납부를 노골적으로 회피하려고 하지 않았다면 근로자 과세 소득의 20퍼센트를 자동적으로 공제해 주었기 때문이다. 납부한 사람들은 기부금 권유를 위한 가정 방문을 면할 수 있도록 한 달 기한의 현수막을 발급받았다. 기부금을 납부하지 못한 사람들은 그 자리에서 해고당할 수 있었다. 비록 그들이 자신의 일자리를 되찾기 위해 소송을 제기할 수는 있었지만, 그런 법적인 경로를 밟는다는 것은 위험천만한 것이었다. 법정은 자발적인 캠페인들에 참여하지 않을 수도 있는 정당한 권리가 독일인에게 있음을 재차 천명했지만, 실제로 그러한 권리를 행사한 반항자들에게 재판관들은 독일 국민에 대한 반反사회적 행동이

라며 유죄를 선고했다. 예를 들어, 1937년에 그와 관련해 내려진 유죄 판결의 하나를 보면, "독일인의 영혼〔의 근본적인 선량함〕을 신뢰하시는 총통께서 부여했던 자유에 대한 총체적 오용誤用"이라고 원고에게 유죄를 선고했다.[42]

직접적인 국가 강제가 적용되었는가에 따라서 뉴딜과 나치즘이 구분될지 모르겠지만, 양자는 정치적 수사와 그 수사 이면에 깔려 있는 심리학에서는 유사했다. 양자 모두는 역사가 아리예 웅거Aryeh Unger가 동계 구제 정책에 관하여 "자발적인 강제voluntary compulsion라는 방대하고도 모호하게 경계 지어진 이도 저도 아닌 지대"라고 언급했던 것 속에서 작동했다.[43]

우리는 이제 두 가지 형태의 혹은 두 가지 양상의 대중 선전을 구별할수 있게 되었다. **대중 동원을 위한 선전**mobilizing propaganda은 만약 성공만 한다면, 대중의 열광과 승인을 이끌어 낼 잠재적인 가능성을 촉진시킨다. 이 선전의 특징들은 미디어의 확장과 대량으로 재생산된 카리스마적 지도자의 목소리이다. 그러나 카리스마와 마찬가지로 그것은 제한된 시간 동안에만 효과적이다. 일단 카리스마에 의해 조성된 초기의 흥분 상태가 수그러들면, **체제 유지를 위한 선전**maintenance propaganda — 여론을 통제하기 위해 노력하는 정권의 편리한 도구로 묘사될 수 있다 — 이 지지를 높이기 위해서 요구된다. 물론 실제로는 두 가지 유형의 선전은 결코 순수한 형태로는 발생하지 않는다. 루스벨트의 노변정담, 블루이글 캠페인, 그리고 동계 구제 정책은 이 두 가지 유형을 혼합한 것이며 상황과 전략에 따라서 둘 중 하나가 지배적이게 된다. "현실 사회주의"의 붕괴가 보여 주듯이, 적어도 어느 정도라도 대중의 열정을 불러일으키지 못한다면, 체제 유지를 위한 선전은 생명력 없고 무기력한 형식적 표어가 되어 버린다.

1933년 여름과 가을, 루스벨트 행정부와 히틀러 정권에 의해서 가동된 동력dynamic은 열정을 고양시키고 그 열정을 일상생활의 일부로 안정화시키는 이중적인 기능을 수행하는 놀라운 선전 패러다임을 제공한다. 뉴딜과 제3제국 양자의 첫 몇 개월 동안에 관찰자들 모두가 확인했던 행동주의의 분위기는 존 메이너드 케인스John Maynard Keynes가 언급한 것처럼 오로지 "에너지와 열광"[44]이라는 새로운 정신을 다른 여러 가지 것들을 연결해 소생시키기 위한 시도로서 이해될 수 있다. 행진과 퍼레이드와 이슈 캠페인을 통해서, 빈번한 입법을 통해서, 부서와 기관과 특별위원회와 대중 조직들의 창출을 통해서, 뿐만 아니라 공휴일의 도입을 통해서 새로운 정권들은 이전의 정권들이 단지 선언에만 그쳤던 새로운 현실을 자신들은 실제로 창조했다는 것을 명확히 했다. 제3제국의 첫 해에 관해서 보도하면서, 한 프랑스 인 관찰자는 질문했다. "이 모든 대중 시위들 속에서 결실을 맺고 있는 엄밀한 정치적·경제적 프로그램이 존재하는가? 의심스럽다. 그들은 오로지 열광을 자극하고 지속시키는 데만 혈안이 되어 있는 것 같다." 그의 수사학적인 질문은 루스벨트의 뉴딜에도 똑같이 잘 적용되었다.[45]

이것은 국가사회주의 혹은 뉴딜이 정치적·경제적 의제agenda를 전달하는 데 실패했다는 것을 말하는 것이 아니다. 그와는 반대로, 자신들이 하고자 했던 것에 관해 히틀러 정권과 루스벨트 행정부가 행한 선언들은 한도 끝도 없었다. 그러나 그런 선언들의 실제 내용은 의지, 결단력, 힘, 그리고 활력 등을 전달했던 제스처에 비해 별로 중요하게 취급되지 않았다. 대중의 상상력을 사로잡았던 것은 어떤 특별한 사업과 그것의 성공 기회들이 아니라, 그러한 사업들에서 나타났던 감정적 호소였다. 이러한 맥락에서 볼 때, 독일과 미국의 역사가들이 그토록 자주 강조했던 양 정부의 기회주의는 새로운 견지에서 드러난다. 독일에서나 미국에서나, 대공황을 끝장내려는 목표를 가졌던 개혁 정책들은 이미 이전의 정권들에 의해서 준비되었던 것이 사실이다.[46] 그러나 허버트 후버와 히틀러의 전임자들은 연극적인 요소, 스펙터클, 팡파르, 그리고 대중과의 친교 등에 대한 재능이 전혀 없었다. 그들은 실행 가능한 경제적 전망을 제공하기에는 너무나 상상력이 없었고 너무나 힘이 없었을 뿐만 아니라, 흡사 나치에 대항했던 선전 투쟁에서의 독일 사회민주당처럼 영혼을 자극하는 선전을 내놓을 능력도 마찬가지로 없었다. 대조적으로 국가사회주의와 뉴딜은 1930년대에 정치적 성공을 위해 가장 필수적이었던 재능을 갖고 있었다. 즉 혁신적으로, 대담하게, 그리고 파렴치하게 상징을 이용할 수 있는 능력이 그것이었다.[47]

선전 게임

로마인들이 빵과 서커스라는 공식을 발명한 이래로, 선전의 목표는 청중들에게 도달 가능한 세계 중에서 최고의 세계에 살고 있다고(아니면 적어도 약속된 땅으로 가는 도중에 있다고) 믿게 하는 것이었다. 이러한 효과는 "낙관적인 요소feel-good factor"* 로서 간결하고도 정확하게 묘사되어 왔다.[48] 물질적 번영의 시기에는 소비자와 문화 산업이 결합됨으로써 공공연한 정치적 선전이 대대적으로 넘쳐난다. 1920년대에 그리고 1950년대와 1990년대 사이의 서구 소비 사회의 안정성은 인민들이 가졌던 자유와 민주주의에 대한 신념의 결과라기보다는 사회의 번영에 대한 증거였다. 역으로, 1930년대의 미국과 독일에서의 정치적 선전은 놀라울 만치 효과적인 '낙관적인 요소'를 눈 깜짝할 사이에 불러냄으로써

---

* 주로 경제 용어로 많이 사용되는데 호경기가 사람들의 심리나 태도에 미치는 영향.

소비자의 위기를 은폐할 수 있었다.

뉴딜은 카드 게임의 은유적 표현에서 그 이름을 따왔다. 그리고 이를 염두에 둔다면, 뉴딜이라는 말은 아마도 대담하게 성공한 허세 부리기라고 표현할 수 있을 것이다. 특별하게는 찬스 게임 그리고 일반적으로는 게임 전체와 관련된 은유는 뉴딜에 대한 우리의 이해에 있어서 전쟁에 대한 비유만큼이나 중요하다. 역사가 토머스 버너 스미스Thomas Vernor Smith와 워런 서스먼은 루스벨트 행정부를 회고하면서 뉴딜을 정치에 관련된 "거대한 미국의 게임great American game"[49]의 축소판으로 간주했다. 루스벨트의 노동부 장관이었던 프랜시스 퍼킨스가 루스벨트에 대해 "그는 정치 게임을 좋아했으며, 마치 그 분야의 대가大家처럼 게임을 했다"고 말한 것은 적절했다. 그리고 어쩌면 "뉴딜"이라는 말을 처음 만들어 냈을지도 모르는 인기 있는 정치 저널리스트이자 베스트셀러 작가인 스튜어트 체이스Stuart Chase는 "뉴딜"이라는 제목의 1932년 저서를 "왜 러시아 인들이 세계를 개조하는 모든 즐거움을 누려야 하는가?"[50]라는 질문으로 끝맺었다. 성공이라는 것은 게임에서처럼 다른 사람의 기회들을 이용한 결과라는 생각은 미국인들의 무의식 속에 깊이 각인되어 있다. 그리고 뉴딜은, 게임이 대중문화에 절대적으로 중요한 것이 되었고 그리하여 사회에서 전례 없는 중요성을 갖게 되었던 1930년대 시기에 10년 동안 **취해진** 정치 형태였다.

만약 우리가 게임의 개념을 1930년대에 대대적인 인기 속에서 성장한 스포츠와 레저 문화 전반을 포함할 정도로 넓힌다면, 이러한 현상이 스포츠와 레크리에이션 활동의 실질적인 증가를 반영한다기보다는 국가와 이런 활동들 사이의 더욱 밀접해진 커넥션을 반영한다는 사실이 명백해진다. 게임, 스포츠, 그리고 레저 문화가 처음으로 대규모로 급성

---

* 강조는 옮긴이.

장하게 된 것은 제1차 세계 대전 이전이었다. 마지막으로 남아 있던 빅토리아 시대의 도덕적 제약들로부터 신체에 대한 숭배가 자유로워졌을 때인 1920년대에 스포츠는 대중오락으로 자리 잡았다. 1930년대는 국가가 이러한 영역들을 발견, 지원, 그리고 수단화하게 되었다. 그러한 전환은 무엇보다도 먼저 전체주의 국가들에서 발생했다. 예를 들자면, 파시즘의 이탈리아에서는 도폴라보로dopolavoro* 레크리에이션 클럽으로, 제3제국에서는 기쁨을 통한 힘Kraft durch Freude**이라는 정책으로 나타났다. 나중에 자유민주주의 국가들은 국가 후원의 대중 조직 형태로서가 아니라 노동자들을 위한 연차 휴가와 국가의 관광 보조금의 도입을 통해서 그러한 선례를 따랐다.

뉴딜은 스포츠와 레크리에이션 문화를 국가화하려는 시도를 결코 하지 않았다. 오히려 다른 대부분의 영역들과 마찬가지로, 여가의 조직화를 사적 부문, 지역 공동체들, 그리고 개별 주states에다 맡겨 놓았다. 하지만 이러한 문화의 윤곽과 외형은 워싱턴의 격려와 보조금에 의해서 결정되었다. 즉 운동장과 경기장, 공공 수영장과 해변, 소풍과 캠핑의 공간을 갖춘 자연보호 지역과 공원, 전망대, 그리고 야외 원형 극장 등은 모두 "뉴딜적 경관New Deal landscape"이라 불리는 것의 일부였다. 뉴딜적 경관에는 또한 공원 도로parkways가 포함되어 있었는데, 그 도로는 경치 좋은 길을 따라 나 있었고, 독일의 아우토반이 그랬던 것처럼 자동차 여행을 장려하기 위한 것이었다.

워런 서스먼은, 뉴딜에서 게임의 중심적 역할과 그리고 전체주의 국가들과는 대조적으로 그 게임의 문명화 효과에 관한 자신의 명제를 보

---

* **도폴라보로** 이탈리아 파시즘의 가장 유명한 조직화 사례로서 여가를 조직화할 목적으로 발족했다. 작업장 밖에서도 노동자들을 통제하기 위해서 등산, 체조, 사이클, 수영, 축구, 펜싱, 피크닉, 영화 감상 등 다양한 여가 활동들을 펼쳐 나갔다.

** **기쁨을 통한 힘** 1933년 11월 독일노동전선 산하에 설치된 노동자 여가 조직으로 노동자 여가 활동을 통제할 목적을 가졌다.

강하기 위해서 프랑스 인 이론가 로제 카유아Roger Caillois의 저작에 의존했다. 카유아의 독창적인 연구서 《인간, 놀이, 그리고 게임 Man, Play and Games》에서 우리는 다음과 같은 구절을 읽게 된다.

> 만약 놀이의 원칙이 사실상 강력한 본능들과 일치한다면 …… [이러한 본능들은] 어떤 경우에서든 게임의 규칙들에서 우세한, 그러한 이상적이고 경계가 분명한 조건들 하에서만 오로지 건설적이고 창조적으로 충족될 수 있다는 사실이 쉽게 이해된다. 그대로 내버려 두게 되면, 만약 모든 본능들이 광란적이고 파괴적이라면 이러한 기본적인 충동들은 재앙적인 결과만을 초래할 수 있다. 게임은 **본능들을 규율하며 그것들을 제도화한다**. 게임이 형식적이고 제한적인 만족을 제공하는 동안에는, 게임은 자신들이 가진 독성에 대항해서 정신을 도야하고 풍성하게 하며 그리고 면역시킨다. 동시에, 게임은 다양한 문화 패턴들의 강화와 확립에 유용하게 공헌하도록 적합하게 만들어진다(강조는 필자).[51]

카유아가 인용하는 "강력한 본능들" 중에는 현기증이라는 것이 있는데, 이는 회전목마나 혹은 롤러코스터를 타고 난 뒤에 느끼는 무아지경의 몽환 상태를 말한다. 그러나 카유아 역시 뉘른베르크에서 열린 나치당의 대규모 집회들을 염두에 두고 있었는데, 그는 그것을 "관현악으로 편곡된 현기증orchestrated vertigo"이라 불렀다.

어떤 이는 대중들을 몽환 상태지만 항상 통제된 상태에서 움직이도록 목표하고 있는 한 국가사회주의와 뉴딜 아래에서 조직된 모든 정책들과 이벤트들 — 비록 그것들이 다르기는 하지만 — 에도 이 사실이 적용될 것이라고 덧붙여 말하고 싶어질 것이다. 그러나 우리들이 이 문제를 검토하기 이전에, 우선 현기증을 생산하게 된 공간들이 어떻게 재정의되고 재조직되는지를 검토해야만 한다.

4장 땅으로 돌아가자

BACK TO THE LAND

4장 땅으로 돌아가자

1933년이 되자 내셔널리즘은 백 살 이상의 나이를 먹었다. 내셔널리즘은 18세기 후반의 혁명적 자코뱅주의에서부터 1800년대의 부르주아 자유주의적 변형을 거쳐서 이후에는 제국주의적, 철학적, 문학적, 그리고 생물학적-인종주의적 변종에 이르기까지 다양한 형태와 이데올로기적 변화를 겪어 왔다. 내셔널리즘의 인기는, 최대의 적수이자 분신이라 할 수 있는 세계시민주의cosmopolitanism의 인기와 반대 방향으로 부침했다. 내셔널리즘과 세계시민주의 양자는, 한쪽이 지치면 다른 쪽이 대신해 번갈아 춤을 주도하는 한 쌍의 댄서와 같았다.

게다가 내셔널리즘은 본질적으로 중간 계급 이데올로기였다. 내셔널리즘의 출현은, 국가의 입장에서 자신을 정의하고 국가를 위해서는 어떤 위험도 무릅쓸 의지가 있는 유일한 인구 분파인 중간 계급의 등장과 일치했다. 그러한 동일시同一視는 중간 계급이 내셔널리즘 그 자체가 겪는 부침에 종속되었다는 것을 의미했다. 통일 전쟁(미국의 내전, 이탈리아의 리소르지멘토Risorgimento*, 그리고 독일의 1866~1871년의 전쟁)을 통해 실현되었던 국가의 이상은 얼마 지나지 않아 곧이어 등장한 고삐 풀

---

* 1861년부터 1870년까지 있었던 이탈리아의 국가 통일 운동과 독립 운동을 말한다.

린 자본주의에 의해 훼손되었다. 국가의 이상은 부모 세대의 물질주의에 진절머리가 난 제1차 세계 대전 세대에 의해 거의 반세기가 지나서 되살아났는데, 이들은 전쟁이 국가를 정화시켜 줄 것으로 믿으며 이상주의적 전쟁에 자신을 내던졌다. 제1차 세계 대전 이후에 똑같은 순환이 보다 가속화된 속도로 반복되었다. 제1차 세계 대전의 "신성동맹sacred union"에서 구현된 이상주의의 급격한 고조는 광란의 1920년대Roaring Twenties의 물질주의적 쾌락주의에 자리를 양보했다. 다음에는 대공황의 파국이 뒤따랐고, 국가의 재발견과 구현에 자리를 내주었다. 국가는 좌절의 시대에 유일하게 실재하고 믿을 수 있는 가치의 원천이자 최후의 피난처로 간주되었다. 1914년에 제1차 세계 대전의 발발로 영구적인 평화와 번영에 대한 확실성이 무너져 내린 것처럼, 1929년의 붕괴[대공황]는 아마도 영원한 풍요와 복지 상태에서 밑바닥 없는 허공 속으로 추락을 경험하게 했다. 자신들이 발을 내딛고 있는 지반을 회복하려는 열망 — 은유적인 의미에서뿐 아니라 완전히 글자 그대로의 의미에서 — 은 1930년대의 가장 강력한 집단 심리학적 충동이었다. 1929년 이후에 공공복지에 가해진 위협은 국제적인 자유 시장 자본주의의 불가피한 결과 — 즉 불안정하고, 사고 다발적이며, 통제 불가능하고, 무책임한 체제 — 로서 이해되었다. 그리하여 보다 규율적인 국가, 즉 새로운 종류의 스파르타를 추구하는 경향이 시작되었는데, 이런 국가에서 공공복지는 환상에 기반하는 것이 아니라 실재하는 현실에 확고히 뿌리를 내리게 되었던 것이다.

경제학에서 체제의 기반을 제공하는 역할은 이전에는 금 본위제에 의해 이루어져 왔다. 세계 주요 국가의 중앙은행에 신화적인 니벨룽의 무리들'처럼 저장되어 있었기 때문에, 금은 자국 화폐의 안전과 안정을 보장하는 물질적인 "지반地盤"이었다. 1914년까지 유통된 금화는 일상생활에서 이러한 지반의 물리적 현시顯示였다. 이러한 금화가 소멸하고 제1차 세계 대전 시기의 전시 차관 상환에 따라 유럽 보유고가 미국으로 이전하면서 금 본위제는 더 이상 전후 유럽에 자신감을 주지 못했다. 국민들은 통화를 지탱해 줄 금 보유고가 없다면, 자국 화폐의 모든 비중, 가치, 환율이 상실되어 버리지 않을까 두려워했다. 돈의 가치란 닥치는 대로 위 아래로 변동하며, 중력의 제약으로부터 자유로우며, 그리고 어떠한 균형 감각도 잃어버리곤 한다. 1930년대 초반의 경제적 붕괴가 금의 시대를 완전히 끝장내 버리기 전인 1920년대에 금 본위제를 복원하려는 시도가 몇 차례 이루어졌다.[1] 금에 의존하던 자유주의 경제의 토대 붕괴는 새로운 "지반"을 찾기 위한 탐색을 촉발시켰다. 이탈리아와 독일 그리고 대공황에 영향을 받은 다른 모든 나라들에서 그러한 탐색은 땅에 대한 신화myth of the land를 창출했다. 즉 글자 그대로 본다면, 땅은 사람들이 그 위에서 살아왔고 직접 손으로 경작했던 흙이다. 상상력을 발휘해 본다면, 땅은 새로이 발견된 국가의 물리적 윤곽이다.

유사한 과정이 정치 심리학에서도 발생했다. 국민들은 보호와 지침을 얻기 위해 더 이상 자유민주주의에 시선을 돌리지 않았다. 사실 자유민주주의야말로 대공황에 대해 책임져야 할 장본인이었다. 대신에 국민들은 새로운 유형의 권위주의 국가에 신뢰를 두었고, 이런 국가는 이탈리아와 독일에서는 일 두체Il Duce〔파시스트 당수인 무솔리니의 칭호〕와 총통Führer으로 제도적으로 인격화되었고, 미국에서는 대통령 루스벨트로 상징적으로 인격화되었다. 지도자의 합법성을 이루는 기초는, 그가 전체로서의 국가를 구현하며 그의 지도 아래에서 국가는 외부가 아니라 내부를 향해 나아가야 한다는 생각이었다. 지도자의 경제적 임무는 국가를 세계 경제로부터 해방시켜서 국내의 토착적인 토양에다 이식시키

---

* 고대 독일의 전설적인 왕족 니벨룽을 시조로 하는 초자연적인 난쟁이 족을 말한다. 안개 나라의 사람들이라는 뜻이며, 마魔의 두건, 돌을 자르는 보검과 같은 엄청난 힘을 주는 보물을 많이 가졌다고 한다.

는 것이었다. 국가는 오로지 명확하게 경계 지어지고 한정되어 통제 가능한 이러한 토양 위에서만 비로소 자유주의적 국제주의라는 질병으로부터 건강을 회복할 수 있을 것이라고 생각했다. 1939년에 정치 평론가 페르디난트 프리트Ferdinand Fried는 독일에서는 국가 그 자체가 "금 본위제의 대체물"이 되었다고 결론 내렸다.[2]

아우타키autarky, 즉 국가의 경제적 자급자족은 1930년대의 표어가 되었지만, 이것은 단순한 경제적 개념 이상의 것을 의미했다. 급진 보수주의자였던 프리트는 이데올로기적 스펙트럼의 양편에 대해서 동시대인들 대부분과 공유하고 있었던 시각을 다음과 같이 깔끔하게 요약했다.

강력하지만 궁극적으로 저주받은, 자유에 대한 도취는 이제 과거의 것이다. 인민들은 자신들의 한계를 인식했어야 했다. 그들은 실망하고 당황하여 도박판과 모든 속임수로부터 물러나고 있다. 그들은 점점 더 만족하고 있으며 자신들의 삶과 생각을 다시금 내부로 향하기 시작했다. …… 그들은 자신들이 서 있는 지반에 대해서, 그 한복판에 자신들이 위치해 있는 사회에 대해서, 그리고 독일의 국민 구성원 사이의 가족·부족·친족 관계에 대해서 곰곰이 생각하기 시작했다. 자유를 향한 무모한 비행을 한 후에야 그들은 태어날 때부터 맺어졌던 유대紐帶 관계로 돌아갈 길을 찾고 있었다.[3]

경제적 아우타키에 대한 강조만이 유일하게 내향적인 경향이었던 것은 아니었다. 1930년대 내셔널리즘도 일반적으로 내향적이면서 방어적이었다. 심지어 파시즘과 국가사회주의조차도 초기에는 침략적인 팽창을 꺼려했다. 호전적인 모험(1935년의 이탈리아와 1938년의 독일)에 착수하기 전에, 두 정권은 일종의 "내부 식민화inner colonization"를 추구했는데, 오늘날 우리들이 저개발된 지역들을 위한 인프라 개선 정책이라고 부르는 형태를 취했다.

이상한 비유일지 모르지만 소련에서도 마찬가지였다. 1929년에 서구에서 자유주의적 자본주의가 종말을 고했던 것처럼 1924년에 소련에서는 프롤레타리아 국제주의와 세계 혁명이 종말을 고했던 것이다. 스탈린의 "일국 사회주의" 선포는 레닌과 트로츠키Trotsky가 품었던 공산주의적 국제주의의 꿈을 사실상 살해해 버렸다. 스탈린 치하에서 세계 혁명의 사상을 대체했던 소비에트 러시아의 내셔널리즘은 1937년 이전의 이탈리아, 독일, 그리고 미국에서 우세했던 경향들처럼 아우타키적이고 방어적이며 그리고 내향적이었다.

1930년대에 재발견된 국가는 전 인민의 국가였다. 계급은 존재하지 않았으며 그저 평범한 시민만이 존재했는데, 이들은 계급적 분열을 넘어 하나의 공동체로 통합되었다. 그 이상은 뉴딜의 경우 "일반 국민 people" 및 "보통의 미국인common American"과 같은 중도적 어구들을 통해서, 그리고 국가사회주의의 경우 "국민 동지Volk comrade" 혹은 "국민 공동체Volk community"와 같은 신조어들을 통해서 울려 퍼졌다.⁴⁾ 놀랍게도, 비록 적들과 겨루기 위해 도입한 수단들은 매우 달랐지만 뉴딜과 국가사회주의 모두 국가의 적으로 묘사하고 싶었던 사람들에게 오명을 뒤집어씌우기 위해 "금권 정치plutocracy"라는 용어를 똑같이 사용했다. 뉴딜은 자신을 월 스트리트라는 금융 중심지와 싸우고 있는 존재로, 그리고 국민에게서 나온 권력의 소재지로서의 워싱턴을 복원하고 있는 존재로 묘사했다. 반면에 국가사회주의는 유대인 재산의 몰수에 대해 적의 손아귀에 들어갔던 모국 자산을 국유화한다는, 오랫동안 지체되어 왔던 과업으로 묘사했다.

소련과 뉴딜 사이의 또 하나의 유사점은 바로 공개 재판을 중시했다는 점이었다. 뉴딜의 워싱턴은 인민의 적 — 예를 들어, 전쟁 시기의 부당

이득 취득자와 주식 시장의 투기꾼들 — 으로 추정되는 사람들에게 그들의 행동에 대한 대답을 추궁하기 전에, 원기를 회복한 자신의 근육을 의회 내 수많은 조사위원회들의 형태로 움직였다. 1930년대 초반에 상원 은 행동화위원회는 1920년대에 만연한 주식 시장 투기로부터 이익을 챙긴 사람들에게 주의를 줬다. 한편, 상원 군수산업조사특별위원회는 "죽음 을 파는 상인들[군수 산업 자본가]"이 국민을 희생하여 자신들을 살찌웠을 뿐 아니라 처음부터 미국을 전쟁으로 유도했다는 결론을 내렸다. 악명 높았던 하원의 반미활동조사특별위원회Special House Committee on Un-American Activities*(이후에는 이와 다른 정치 과정을 거쳤다)는 인민 법정에 서 국가의 적으로 추정되는 자들을 조롱거리로 만들려는 시도에서 고안 되었다.

그럼에도 불구하고 적의 이미지는 국가가 긍정적인 의미로 제시해야 했던 것[국민화 작업]에 비해 그다지 중요하지 않았다. 국가 주도의 선전 에서부터 국가가 재정을 대는 공공사업 프로젝트에 이르기까지 인민을 "국민화하는 데" 엄청난 강조점을 두었다. 이러한 인민의 '국민화'는 이 탈리아 파시즘이 리소르지멘토로부터 각색했던 유명한 언명에 기반해 있었다. 즉, "이탈리아를 창조했으니, 그 다음에는 이탈리아 인을 창조 할 것이다." 1930년대의 관점에서 볼 때, 19세기 내셔널리즘이 가진 중 대한 결점은 그것이 결코 추상을 넘어서 나아가지 못했다는 것이었다. 전쟁 기간 동안에 단발적으로 분출된 애국주의를 제외한다면 인민들은 국가와 정서적 거리를 유지했다. 이와 달리 1930년대의 새로운 국가는 그저 하나의 국가가 아니라 진정한 조국이 되었다.

---

* **반미활동조사특별위원회** 1938년 미국 내 파시스트와 공산주의자의 활동을 조사하는 임무 를 가지고 설립되었으며, 초대 위원장의 이름을 붙여 '다이스위원회'라고 불리었다. 제2차 세계 대전 종전 후 소련에 대한 적개심이 번지자 미국 내 공산주의자를 색출하는 임무를 맡 았고, 1950년대에 상원 의원 매카시가 위원회를 이끌면서 매카시즘과 반공주의 열풍을 주도 하며 많은 희생자를 낳았다.

지역주의

파시즘과 국가사회주의에 대한 전통적인 평가에 따르면, 이들 두 운동이 자기의 인민들을 위해 성취한 업적에 관한 한 전혀 독창적이지 않았다는 것이다. 이러한 관점을 완전히 부정할 수는 없지만, 동일한 평가가 다른 정치 이데올로기나 정권에 대해서도 기본적으로 적용될 수 있기 때문에 수정되어야 한다. 사실, 과거로부터 자유롭게 차용하지 않은 정부를 단 하나라도 발견하기란 쉬운 일이 아니다. 1930년대의 서구 민주주의 사회들과 특히 뉴딜의 미국은 과거 모델의 모방 없이는 상상할 수도 없을 것이다.

파시즘, 국가사회주의, 뉴딜에서 우리는 1930년대에 제기된 국가 정책들에서부터 1890~1910년에 처음으로 제안되었던 개혁 조치들에 이르는 직접적인 계보를 그려낼 수 있다. 소수 개혁파에 의해서 인식되고 계획되고 어떤 경우에는 수행되었기 때문에 이들의 이상은 제1차 세계대전의 희생자로 전락하였다. 전쟁의 여파로 미국을 제외한 어떤 참전국도 "사치스런" 개혁을 수행할 재원을 갖고 있지 못하였다. 사실 사치스런 개혁들 — 고도로 발전된 사회들의 자기 개발 시도 — 은 바로 20년 전에 제안된 것이었다. 다양한 국가에서 다양한 사상이 지녔던 공통분모는 50년간(영국의 경우 100년)의 자유방임 자본주의에 의해 파괴되거나 혹은 심각하게 손상되었던 삶의 질을 약간이나마 복원하려는 노력이었다. 그러한 노력에는 다음과 같은 것이 포함되어 있었다. 익명의 군중을 넘어 어떻게 개인을 부상시킬 것인가, 자유 시장 경쟁에 대항하여 공동체 의식을 어떻게 보존할 것인가, 값싼 대량 생산 시대에 장인 정신을 어떻게 부활시킬 것인가, 그리고 공허하고 원자화된 "문명"으로부터 어떻게 "유기적인 문화"를 구제할 것인가. 이러한 운동의 선구자들은 윌리엄 모리스William Morris*, 프리드리히 니체Friedrich Nietzsche, 그리고 히폴리트 텐Hippolyte Taine**과 같은 다양한 사상가들이었다. 그들이 고취시킨 실천적 행동주의는, 영국의 미술공예운동Arts and Crafts movement***과 독일의 통합 작업장United Workshops에서부터 시작해, 길드 사회주의, 코포라티즘, 전원주택과 전원도시 운동, 청년회, 실험적 공동체, 자연기념물과 역사기념물 보존 협회, 그리고 미국의 자연보호주의(시어도어 루스벨트Theodore Roosevelt〔미국 26대 대통령〕가 주도했다)에 이르기까지 매우 다양했다.

전체적으로 보면 그 개혁안들은 전前자본주의적 요소와 탈脫자본주의적 요소들의 모순적 혼합이었다. 그 안들은 유기적이고, 보호되고, 사회적으로 손상되지 않은 것으로 여긴 중세풍의 과거를 회고하는 것이었다. 동시에 그러한 과거를 모방함으로써 개혁가들이 도달하고자 했던 유토피아적 미래로 돌아가는 것이었다. 이러한 시도들이 반동적인 것으로 보일지 모르지만, 반동주의자들이야말로 세기 전환기의 진보적 유럽 지식인 엘리트의 거대한 부분을 차지했다. 이러한 엘리트에는 마르크스주의자이자 영국의 길드 사회주의의 창시자인 윌리엄 모리스가 속하며, 칼 마르크스Karl Marx 자신도 포함될 수 있다.5)

이러한 미래로 돌아가기back-to-the-future 운동의 일부를 차지했던 것이 바로 모든 지리적, 역사적, 문화적, 사회적, 생물학적, 그리고 정신적 특

---

* **윌리엄 모리스** 영국의 작가이자 건축가. 근대 디자인의 아버지라 불렸으며 사회주의 실천가였다.

** **히폴리트 텐** 프랑스의 사실주의 철학자이자 역사가이며 비평가. 최초의 현대 문학 사회학자로 일컬어지기도 했으며 문학에 실증주의를 적용함으로써 문학에서는 사실주의의 아버지로 일컬어진다.

*** **미술공예운동** 19세기 후반에 일어난 공예 운동으로 기계 문명에 저항하여 예술에서 수공의 중요성, 공예의 실용성과 사회성을 강조했다.

성을 지닌 "지역"의 부활이었다. 국가가 상대적으로 새로운 개념이라면, 지역은 좀 더 오래되고 좀 더 근거가 확실한 장소 개념이다. 국가가 구성되는 기본적이고 "유기적인" 단위로서의 지역에 대해 새롭게 일기 시작한 관심이 프랑스에서 처음으로 발생했다는 사실은 놀랍지 않다. 프랑스는 300년에 걸쳐서 중앙화된 국가 정부가 대단히 강한 압력으로 지역 문화들을 지배해 왔었다. 표면적으로 볼 때, 새로운 지역주의 regionalism는 당시의 시대적 분위기를 만들어 냈던 거대한 국제적 공간을 지닌, 민족주의나 제국주의가 주는 매력과는 모순되는 것처럼 보일 것이다. 하지만 사실 지역주의와 제국주의라는 두 개의 전망은 서로 보완적이었다. 지역주의는 인민들에게 제국주의적 팽창에 따른 놀랄 만큼 무경계적이고 무제한적인 공간감空間感을 중화시킬 수 있는, 명확하게 윤곽이 그려진 존재의 영역을 제공했다. 예를 들면 프랑스의 경우 1880년에 시작된, 농업 사회로부터 세계적인 제국으로의 이행은 텐과 모리스 바레스Maurice Barrès와 같은 사상가들이 발전시킨 향토, 즉 레 테르 les terres에 대한 향수에 젖은 이데올로기와 함께 이루어졌다. "피와 땅"에 뿌리를 두고 있는 국가 정체성에 관한 사상은 결코 특수한 독일적 현상이 아니었다. 그러한 국가 정체성의 프랑스적, 독일적, 영국적, 미국적 변종은 이론과 실천 모두에서 서로 다를 수 있겠지만 19세기 말의 땅, 토지, "유기체적" 사회에 대한 숭배는 모더니티가 가진 냉기冷氣로부터 벗어나 지역적 및 지방적인 것이 가진 온기溫氣로 되돌아가려는 국제적인 열망을 반영했다.

이를테면 빌헬름 시대의 독일의 향토 보호, 즉 하이마트슈츠Heimat-schutz 운동의 사례가 잘 보여 주듯이, 이러한 열망 그 자체가 반드시 반동적인 것은 아니다. 하이마트슈츠 운동은 영국의 '역사 유적과 자연 경관 보호를 위한 내셔널 트러스트National Trust of Historic Sites and Natural Scenery'가 시작된 지 10년 뒤인 1904년에 이를 모델로 삼아 시작되었다. 하이마트슈츠 운동의 창시자들은 계몽된 보수주의자들이었다. 이들은 기술의 적이기는커녕 오히려 사실상 기술적·산업적 발전의 불가피성을 확신하고 있었다. 이들은 단지 자유방임적인 발전의 무정부주의를 반대했을 뿐이며, 경제적 진보를 역사적·문화적으로 발전되어 온 경관의 보존과 화해시키려고 했다. 최초의 하이마트슈츠 협회를 구성한 위원회의 의장이자 건축가였던 파울 슐체-나움부르크Paul Schultze-Naumburg는 유기물에 대한 존중, 장인적 기술에 대한 존경, 물건의 기능성과 심미성에 대한 고려 등을 포함해 윌리엄 모리스나 미술공예운동과 많은 목표들을 공유했다. 그러나 미술공예운동이 산업과의 어떠한 형태의 타협도 거부했던 반면에, 좀 더 근대적인 독일의 자연보호주의자들〔향토보호주의자들〕은 산업 생산의 불가피성을 인정하고, 그것을 기품 있게 만들려고 노력했다. 이 운동의 구성원은 교양 있는 중간 계급이었는데 이들은 어떠한 정치적·이데올로기적 진영으로도 분열하지 않았던 동질적인 집단이었다. 슐체-나움부르크와 같은 보수주의자들은 훗날 바우하우스Bauhaus*의 설립자 중 한 사람이 되는 발터 그로피우스와 같은 모더니스트들과 평화적으로 공존했다. 그들은 또한 근대적인 건축 양식들이 기능적으로뿐 아니라 심미적으로도 만족스러워야 하며, 그 사회의 문화적 전통과 조화를 이루어야 한다는 기본적인 신념을 공유하고 있었다.

1918년 이후에는 이 모든 상황이 철저하게 변화되었다. 대중의 사기土氣면에서 위기를 가져온 독일의 군사적·정치적 패배와 중간 계급의 몰락을 초래한 전후戰後의 인플레이션으로, 융성하고 있던 부르주아적 하위문화가 주도한 전전戰前의 문화적 이니셔티브는 격렬한 분쟁의 대상

---

* **바우하우스** 독일의 건축가 그로피우스를 중심으로 1919년에 설립된 국립 조형 학교. 공업 기술과 예술의 통합을 목표했고 현대 건축과 디자인에 큰 영향을 끼쳤다. 1933년 나치의 탄압으로 폐쇄되었다.

이 되었다. 아마도 프랑스 혁명 이전의 10년간 이래로 그토록 전도유망했던 개혁 운동이 그토록 맹렬하게 정치적 갈등 속으로 끌려 들어간 적은 없었을 것이다. 패배한 국가들은 이러한 분쟁을 처음으로 그리고 가장 커다란 강도로 경험했다. 그러나 승전국들도 기껏해야 겨우 몇 년간의 은총의 시기를 얻었을 뿐이었다. 1929년의 대공황의 발발 ― 혹은 좀 더 적절하게 말하면, 전 지구적 경제 붕괴나 심지어 자유주의적 자본주의의 전 지구적 패배 ― 은 전체 자본주의 세계에 대해 비상사태를 선포하는 것이었다. 이러한 붕괴는 자유주의 체제를 개혁하려 했던 이전의 시도들을 완전히 훼손했다. 안전한 환경의 안락함 속 ― 말하자면, 번창하고 있는 교외 별장의 건축 스튜디오 ― 에서 개혁에 대한 개념을 발전시키는 것과 대공황이라는 중대한 위기의 한복판에서 개혁을 숙고하는 것은 완전히 다른 것이었다. 경제적 몰락과 존재론적인 불안은 사회를 비참한 정치적 이데올로기적 싸움터로 분열시켰다. 한 개인이 어떻게 생각했고 행동했는가는 더 이상 그 개인 자신의 일이 아니게 되었으며, 그가 싫어하든 좋아하든 간에 전 지구적 위기의 원인과 잠재적 해결책을 놓고 분열하여 벌이는 정치 투쟁의 일부가 되어 버렸다.

그래서 예를 들어 정치적으로 중립적이었던 전전戰前 독일의 하이마트슈틸Heimatstil* 운동은 건축에서 인종적 순수성을 주장하는 반동적 쇼비니즘의 의제로 전환되었다. 바우하우스 모더니즘의 평지붕, 즉 플라흐다흐Flachdach에 대항한 전통적인 독일 건축의 경사진 지붕, 즉 슈피츠다흐Spitzdach가 그것이었다. 이러한 현저한 변화를 보여 주는 또 다른 지표들로는 슐체-나움부르크의 나치당 입당, 1930년대에 르 코르뷔지에의 하이마트슈틸로의 전향, 그리고 1940년대에 비시 정권에 대해 르 코르뷔지에가 가졌던 호감 등이 그것이었다. 르 코르뷔지에는 1920

---

* **하이마트슈틸** 향토풍 또는 향토적 양식을 뜻하는 말로 토착적 양식인 '집'과 '친숙함', 오래된 '농업 수공업 경제에 뿌리내린 가치들'을 강조하는 운동.

년대에 빌 하디외즈ville radieuse, 즉 "빛나는 도시"와 같은 도시에 관련된 계획에 몰두하였고, 그 이후 1930년대에는 자신이 페흐메 하디외즈 ferme radieuse, 즉 "빛나는 농장"이라고 불렀던 시골 공간들의 조직화 형태에 관심을 집중했다.

그가 스스로 묘사하고 있는 것처럼 페흐메 하디외즈는 "대지의, 지역의, 자연의, 그리고 인간 노동의 절대 불가결한 부분"이었다. 그리고 또 다른 곳에서는 자신의 초기 관점을 완전히 역전시켜 "도시들은 농촌의 필연적인 결과이지 그 반대는 아니다"라고 언급했던 것이다.[6]

산업 시대에 환멸을 느꼈던 세기말fin de siècle 세대는 상대적으로 안락한 위치에서 산업화 이전의 파라다이스라는 전망을 발견하고 그것을 계발해 나갔다. 환멸감을 느낄 훨씬 더 커다란 이유가 있었던 1929년 세대는 경제적 공백 상태에 빠지지 않기 위해 확고한 발판을 찾으려는 희망 속에서 산업화 이전의 이상과 계획들을 움켜쥐었다. 물론 1930년대에 1900년의 이상이 부활한 것은 완전히 무의식적이었을 것이다. 아마도 《바람과 함께 사라지다》에서 인생의 전환점에 선 필사적인 스칼렛 오하라처럼, 1930년대를 살았던 사람들도 본능적으로 대지를, 자신의 향토를 움켜쥐려고 했을 것이다. 왜냐하면 그러한 대지와 향토만이 자신을 안심시키는, 소박하고도 안정적인 그 무언가를 줄 것으로 생각했기 때문이다. 이러한 생각은 에드먼드 윌슨Edmund Wilson*이 대공황 이전의 번영을 "거대한 기만"이라 불렀던 것과는 대조적이었다.

비록 1930년대 사람들이 자신들의 동기에 대해 잘 알고 있었을지라도, 농부의 땅에서부터 지역적 경관에 이르는 모든 형태의 토지에 대한

* **에드먼드 윌슨** 미국의 평론가. 문예 평론에서 유연성 있는 비평을 전개했다.

새로운 강조는 이제 의사 종교적이고, 마술적이며, "원시적原始的"인 의미를 취하고 있었다. '땅으로 돌아가자back-to-the-land' 운동은 과격한 '피와 땅' 광신자들만이 갖고 있던 배타적 영역이 전혀 아니었다. 나치의 농업 장관이자 악명 높은 '피와 땅' 이데올로그였던 리하르트 발터 다레Richard Walther Darré는 대중을 현혹하여 자신의 기이한 관념을 따르도록 하는 데 성공할 수 있었는데, 왜냐하면 오로지 그 관념이 시대정신을 반영하고 있었기 때문이었다. 그리고 프랭클린 루스벨트도 역시 땅은 자본주의에 의해 황폐화된 세계를 기적적으로 재생시키는 일종의 마술魔術 재료와 같다고 생각했던 사람이었다.

이 새로운 숭배의 지지자는 사회의 완전한 재농업화reagriculturalization를 요구했던 호전적인 반反산업주의자들에서부터 근대 산업에서 기술적으로 가장 앞선 부문의 대표자들에 이르기까지 다양한 분포를 보였다. 예컨대, 헨리 포드는 산업과 농업 간의 균형의 필요성을 되풀이해서 강조했다. 포드는 한 인터뷰에서 "농업에서의 한 걸음과 산업에서의 한 걸음으로, 미국은 안전하다"고 말했다. 그는 대규모 산업 단지의 분산과 그것들의 농촌 지역으로의 재배치를 지지하였다. 1933년의 《크리스천 사이언스 모니터 Christian Science Monitor》와의 인터뷰에서 포드는 콩과 자동차 생산을 연계시킬 계획을 발표했다.

농민은 콩을 키우고 나는 그에게 그 대가를 지불한다. 나아가 농민은 콩을 산업적 용도로 사용하기 위한 첫 공정을 시행할 것이며, 그러면 나는 그에게 그 대가를 지불할 것이다. 나는 페인트와 에나멜을 만들기 위해서 콩기름을 사용할 것이며, 콩에 들어 있는 다른 물질들은 그 차의 부품들을 만드는 데 사용할 것이다. 그리고 그 농민은 자신의 땅에서 키운 콩을 원료로 만든 나의 자동차를 구입할 것이다.

독일의 한 논평가는 이에 고무되어 포드의 전망을 "들판에서 싹트는 자동차"[7]라고 썼다.

독일과 미국(세계에서 가장 선진적인 산업 국가이자, 대공황에 의해서 가장 큰 타격을 받은 두 국가)은 산업 집중을 "역전시키기" 위해서 분권화를 고민하고 있었다. 독일의 에곤 반트만Egon Bandmann과 같은 전문가들이 제기한 제안들 중에는 경제의 "탈합리화de-rationalization"와 "탈테일러화de-Taylorization"가 있었다. 스튜어트 체이스는 혁신이야말로 1920년대의 변덕스러운 번영과 대공황을 유발했다고 주장하면서, 기술적·조직적 혁신에 대하여 10년간의 모라토리엄을 부과할 것을 제안했다.

《뉴딜 The New Deal》이라는 책을 쓰기 일 년 전에 체이스는 이미 산업화 이전의 멕시코 사회의 행복과 만족에 대해 찬양한 바가 있었다.[8] 리오그란데 강〔멕시코와 국경을 이루는 강〕을 넘나들던 자신의 개인적 삶의 경험에 기초한 책으로 베스트셀러가 된 《멕시코: 두 개의 아메리카에 관한 연구Mexico: A Study of Two Americas》(1931)에서 체이스는 미국인들에게 남쪽 이웃들을 따라 배우라고 충고했다.

멕시코의 수공업 경제는 경제적으로 안정적이며 자급자족적이다. 합리적이고 관대한 풍속의 범위를 넘어 부자도 없고 가난뱅이도 없고, 거지도 없고, 성적 억압도 없다. 지역 정부다운 지역 정부는 존재하지 않지만, 식후의 탁상연설이나 유료 광고가 아니라 이웃의 곡물 수확을 도와주고 마을의 급수 시설을 수리하는 데서 나타나는 강한 공동체 정신이 존재한다. 그러한 공동체들에서는 금전적인 기준이 적용되지 않으며 고상함이 사치가 아니다. 사람들은 시계에 의해서가 아니라 태양과 계절에 의해 지배된다. 오락은 유료 입장이나 강요된 규율의 문제가 아니라 음식을 먹는 것처럼 자연스럽다. 개인은 살아가기 위해서 많은 유용한 기술을 배워야 한다. 그는 한 분야만 전문화함으로써 자신의 개성을 퇴화시키지 않는다. 많은 물건들을 만드는 데 드는 비용은 가장 효율적인 대량 생산 체제에서나 생각할 수 있는 것보다 저렴하며, 모든 노동은 최대한의 절약과 최소한의 낭비를 갖춘 특수한 기능으로 향하게 된다. 과잉 생산은 실업만큼이나 생각할 수 없다. 수공업 공동체에서의 삶이라는 것은 살아가는 것이지 논쟁의 대상이 되는 것이 아니다.[9]

일종의 원시 공산주의적 조화 속에서 행복하게 번영하는 고귀한 야만인noble savages*이라는 낭만적인 이미지가 주입된 이와 같은 엘레지悲歌들은, 현재 진행 중인 위기를 배경으로 한 목가적 판타지 이상을 표현하는 것이었다. 체이스 같은 사람들이 보기에 대공황을 벗어나는 방법은 근대 기술과 산업화 이전의 "인정 있는" 문화를 종합하여 새로운 것을 창출하는 것이었다. 예컨대, 장인들의 작업이나 규모가 작고 분권화된 반半장인적인 산업에다 전기를 투입하는 것이다. 멕시코 모델을 미국에 적용시키기 위해서, 체이스는 "노동자들이 각자 자신의 시장 판매용 채소밭을 갖고 있는 확 트인 전원에서 값싼 전력으로 가동되는 작은 공장들"을 옹호했는데, "전깃불, 소형 모터, 전기 도구들이 도공, 직조공, 피혁 노동자, 은세공인의 작업을 도와줄 수 있다"고 했다. 그는 분권화야말로 "수공업을 유지하고 장려하기"에 이상적이라고 주장했다.[10] 동료 시민들에게 "부활한 어머니 대지Mother Earth로"[11] 돌아가자고 했던 르코르뷔지에의 사례를 따라 얼마나 많은 1920년대 모더니티의 설교자들이 대공황 시기에 지역적 전통주의자가 되었는지를 심층적으로 조사·연구하는 것도 하나의 흥미로운 주제가 될 것이다.

그리하여 목표는 많은 사람들이 19세기에 파괴되어 버렸다고 믿었던 자연과 경제, 기술과 문화 사이의 균형과 조화를 복원하는 것이었다. 제

---

* 식민주의 담론 초기에 나오는 개념. 식민지 플랜테이션을 옹호하기 위해 식민지인을 야만인이지만 고귀한 존재로 낭만화했다.

시된 해결책들은 거대하게 통합된 산업적·농업적 사업들에 의해 비대해져 버린 — 그리고 파산된 — 경제를 좀 더 적정한 규모의, 균형 잡힌, 그리고 무엇보다도 위기 방지적인 체계로 어떻게 재조직할 것인가라는 문제를 중심으로 전개되어 왔다. 그것은 이전 시대의 "유기적" 혼합 생산으로 복귀하는 데 있다고 여겨졌다. 이는 "재농업화"를 의미했으며, 혹은 거대 규모의 산업을 농업 생산 속에 배태胚胎시키거나 아니면 농업 생산과 결합되도록 소규모 단위들로 분화시키는 것을 의미했다. 이러한 관념은 모겐소 계획Morgenthau Plan*의 비非징벌적 수정판과 같은 것이었다. 모겐소 계획은 제2차 세계 대전 시기에 나왔던 제안으로 나치 이후의 독일에서 중공업을 근절해 독일을 농업 국가로 후퇴시킨다는 계획이었다. 재농업화는 단기적인 개념인 동시에 장기적인 개념이었다. 즉 단기적으로는 대공황의 구체적인 문제들을 즉각적으로 극복하고자 했으며, 장기적으로는 미래 세대를 위한 사회적 유토피아를 창출하고자 했던 것이다. 첫째, 실업 전선에서는 실업자들을 경제가 요구할 때 자신들의 텃밭을 떠나 소규모 지방 공장에 일하러 갈 수 있는 자급농으로 만드는 것이었다. 둘째, 점점 더 특화된 노동으로 가는 경향을 역전시킴으로써 새로운 경제 문화 — 사실상 전반적인 혁명적 문화 — 를 창출하는 것이었다. 그러한 문화 속에서는 새로운 유형의(산업 시대의 기계화된 노동자들과는 대조적인) "유기적" 시민이 살아가고 일하게 될 것이었다. 셋째, 체제가 자급자족적이기 때문에 결국에 가서는 미래의 세계 경제 위기에 자동적으로 저항하게 될 것이다.

지역주의는 구원론으로서 이중적인 역할을 수행했다. 즉, 지역주의는 특정 지역에서 그러한 이상을 실현하기 위한 하나의 규범적인 환경 철학이자 전략으로서의 역할을 수행한 것이다. 국가사회주의와 뉴딜은

---

* 1944년 9월 캐나다의 퀘벡에서 이루어진 루스벨트와 처칠 사이의 회담에서 독일의 철저한 비군사화와 비공업화를 꾀했던 계획. 미국의 재무장관 모겐소가 입안했다.

둘 다 전례가 없는 엄청난 에너지를 지역 계획에 쏟아 부었다. 그렇게 함으로써 그들은 1920년대에는 주변적이고 미숙한 학문 분야에 불과했던 것을 제도화했고 도구화했다. 흥미롭게도 제3제국 초기에 지역주의는 정부 개입이 없었음에도 불구하고 일종의 과학으로서 상당히 진척되었다. 그러한 상대적 자율성은 전쟁이 시작되자 철회되어 버렸다.[12]

수사와 이데올로기의 일부를 공유하면서 국가사회주의, 파시즘, 그리고 뉴딜은 모두 자신들의 권력 장악에 대해, 당시만 해도 미숙하고 무성의하고 이론적인 것에 불과했던 국가의 관념을 구체적으로 실현한 것이라고 묘사했다. 국가는 기껏해야 "기계적"이거나 "인공적"인 구성체이거나 온통 계급 분열로 뒤범벅이 된 임의적인 상태에 불과해서 전체 인구를 통합하는 데 실패했으며, 그리하여 인민이나 땅에 대한 합법적인 토대를 결여하고 있었다. 독일에서 "인민"과 "땅"이라는 비유는 당연히 인종주의적인 혈통 관념에 물들어 있었다. 그래서 주도적인 지역 계획가 중 한 사람이었던 콘라트 마이어Konrad Meyer는 이 분야의 임무를 다음과 같이 규정했다. "땅과 인민의 삶과 위대함 사이에는 불가분의 관계가 있음을 밝히기 위해 …… 독일 국민의 근본으로서 독일 영토를 다양한 모든 지점에서 탐구하고 평가하는 것이다. 그리하여 땅이 지닌 힘에 대한 이러한 보다 심층적인 이해는 독일 제국이 국가사회주의로 새로 태어나기 위한 견고하고 실천적인 근거를 제공한다." 또 다른 구절에서 그는 자신의 일차적인 임무를 "우리의 국가적 삶의 진정한 원천, 즉 독일 국민과 그들의 생활권Lebensraum, 피, 땅에 대한 요구[13]에 관한 연구를 지도하는 것"이라고 규정했다.

만약 우리가 "피와 땅"과 같은 특별히 나치적인 구절들을 당시 국제적으로 인기 있던 유기적 확실성organic authenticity의 개념들로 번역한다면, 마이어의 언급들은 지역주의를 옹호하던 미국의 자유주의자들이 갖고 있었던 견해들로부터 그렇게 많이 벗어나지 않을 것이다. 예를 들어, 루이스 멈퍼드Lewis Mumford는 지역주의를 "대도시의 추상적인 문화가 무시한 실제 집단들과 사회적 외형들과 지리적 관계들의 존재를 인식하려는 노력, 그리고 안정적이고 정착되고 균형 잡히고 교화된 삶이라는 개념을 가지고 근대의 상업적 기업들의 목적 없는 노마디즘nomadism에 대항하려는 노력"[14]이라고 규정했다.

미국의 지역주의자들도 역시 자유주의 시대의 "기계적인" 사이비 공동체pseudocommunity를 대체하고 국가에 "유기적" 응집력을 제공할 지역의 역할을 강조했다. 예를 들면, 버뎃 루이스Burdett G. Lewis는 "지역주의는 각 주에서 자유롭게 방치된 개인주의와 워싱턴의 행정부가 하는 완벽한 중앙집권화 사이에 효과적이고 자연적인 매개물을 만들어 낸다"고 썼다. 한편, 멈퍼드는 지역 계획에 대해서 다음과 같이 주장했다.

〔지역 계획은〕 국민, 산업, 그리고 땅을 하나의 단일한 단위로 간주한다. …… 그것은 전체 지역들의 환생과 재건을 의미한다. 그리하여 문화와 문명의 산물은, 혼잡한 중심가에서 성공한 소수에게만 한정되어 쓰이지 않고, 어디에서나 모든 이에게 활용 가능하게 될 것이다.

사회학자 하워드 오덤Howard W. Odum도 의견이 일치했다.

〔지역주의는〕 인위적인 국가 재건을 위한 만병통치약과는 거리가 멀다. …… 과거 혹은 미래를 함께 지향하는 …… 세상에서 가장 자연적인 것이다. 지역주의는 자연의 모든 환경적 요인과 모든 문화적 요소의 총체성totality을 가정하고 있다. …… 〔지역주의는〕 특히 인구, 부, 주권과 관련해서 평형과 균형, 분권화와 분할을 계획하고 유지하려는 다양한 목적을 위한

수단이자 기술이다.

오덤이 쓴 책의 마지막 장의 제목을 원용해 보면, 지역주의는 적어도 "국가 통합으로 가는" 가장 반듯하고 가장 매끄럽게 포장된 직선 도로였다.[15]

지역주의 옹호자들은 자신들이 가진 국가 재생의 전망이 실현될 때 미국 민주주의의 창설 이념에 심각한 결과를 가져올 것이라는 사실에는 개의치 않았다. 오덤은 "헌법의 재검토"가 반드시 필요하다고 주장했지만, 하버드 대학의 정부학 교수였던 윌리엄 앤델 엘리엇William Yandell Elliott은 1935년에 합중국을 대체할 "지역적 연방들regional common-wealths"*로 미국을 재구성할 수 있는 사법적 가능성을 공공연하게 거론했다.[16]

이러한 생각들은, 국가사회주의 정권이 1933년 이전까지 독일을 구성했던 연방 국가들을 실제적으로 종식시켰고 국가를 당 지도부에 의해 운용되는 행정 구역으로 재조직했다는 것과 동일하게 취급되어서는 안 된다. 그럼에도 불구하고 독일 국가 구조의 과격한 재조직화를 유발했던 나치당 내부의 논의는 미국의 지역주의자들의 논의와 유사했다고 생각된다.

다른 경우와 마찬가지로 독일에서도 관념을 현실로 전환시킬 책임을 맡은 자들은 결코 자율성과 다양성을 겸비한 이상주의자나 이론가들이 아니었다. 즉, 현장에 있던 기술 관료와 계획가들이 그러한 책임을 떠맡았다. 이는 지역적 원칙에 안정적인 토대를 제공하려는 주요한 노력에서 분명하게 드러났다. 자급자족적이고 실행 가능한 영토적 단위를 창출하려는 시도가 바로 그것이었다.

---

* 중앙집권적이고 국가적인 의미의 연방이 아니라 지역 차원에서 지역적인 이니셔티브에서 작동하는 연방을 의미한다.

정착지

약 1900년경에 정착지*는 제3의, 혼합형의 공동 거주지로서 도시와 마을을 결합시켰다. 정착지는 당시의 개혁 운동의 산물로서, 순수하게 도시적이지도 농촌적이지도 않았다. 그것은 적절한 규모에 관한 루소주의의 이상에 영감을 받아 도시와 농촌이 가진 요소를 결합시켜 만든 새로운 종합이었다. 그 정착지는 임차인이나 개별 주택 소유자들이 얻는 이익보다 더 큰 공동의 이익에 의해 이상적으로 연계될, 한정된 수의 주민이 거주하는 상대적으로 소규모 공동체였다. 이는 일종의 사회 프로젝트로서 "유기적"이고 혼종적인 관계라는 질적으로 새로운 종류의 사회를 창출함으로써 장기간 계속된 갈등들 — 도시와 농촌, 공업과 농업, 생활과 노동 사이에서 — 을 극복하고자 했다.

1898년에 영국의 에버니저 하워드Ebenezer Howard**는 《내일: 사회 개혁에 이르는 평화로운 길 *To-morrow: A Peaceful Path Toward Real Reform*》이라는 제목의 책을 출간하면서 자신이 "전원도시"라고 불렀던 것에 대한 개념적 계획을 자세히 설명했다. 하워드의 생각을 처음으로 실행에 옮겼던 1910년대부터 그 운동이 결국에는 차츰 쇠퇴하게 되었던 1970년대까지, 하워드의 "전원도시"는 계획적이면서 쾌적하고 녹지로 조성된 타운들을 만들려는 근대 건축의 시도들에 지대한 영향을 미쳤다. 의미심장하게도 하워드와 그의 계승자들의 초점은 도시를 변화시키는 데

---

* 독일어의 Siedlung[이주함 혹은 식민함의 의미]이라는 용어는 영어에는 그에 해당하는 단어가 존재하지 않는 교외적suburban 형태를 지칭한다. 그것은 공동체라는 개념뿐만 아니라 전원도시와 자경지自耕地의 관념을 모두 혼합하고 있는 용어이다. 영어에서는 "정착지settlement"라는 용어가 이 모든 의미를 가장 잘 포함하고 있다. — 영역자 주

* **에버니저 하워드** 영국의 건축가. 1903년에 전원도시 운동을 주창했다.

맞추어져 있었다. 그들의 주요한 목표는 도시 지역을 농촌과 연결하는 것, 좀 더 정확하게 말하자면, 도시 생활에 농촌적인 특성들을 부여하는 것이었다. 자세히 살펴보면 하워드, 프랭크 로이드 라이트Frank Lloyd Wright*, 그리고 르 코르뷔지에의 계획도시들은 개별 정착지들을 집적集 積해 놓은 것이었다. 계획도시들은 질서, 조직, 녹지 공간 등의 면에서 불규칙하게 뻗어 있던 자유주의 시대의 주택군群과는 달랐다. 세기 전환 기에 도시와 정착지 계획은 서로를 수렴해 갔지만 변화의 열정을 제공 했던 것은 도시가 아니라 항상 정착지였다. 식민지들이 종종 식민지 모 국에 영향을 미치는 것처럼 정착지 역시 도시에 침투했다고 말할 수 있 을 것이다.

그러나 영향력이 컸음에도 불구하고 1914년 이전의 정착지 운동은 도시 공간을 "녹지화"한다는 의미에서만 도시와 농촌의 종합이라는 이 상을 성취했다. 하워드가 품었던 생활과 노동, 공업과 농업 사이의 보다 폭넓은 조화는 유토피아적인 "전원도시 사회주의garden-city socialism"[17] 라고 불리며 폐기되었다. 하워드의 이상을 실현하려는 목적을 가진 모 델 프로젝트들은 드레스덴Dresden 근교의 헬레라우Hellerau 정착지 말 고는 거의 없었다. 게다가 헬레라우에서조차도 공장 노동 혹은 사무 노 동을 정착지 생활과 통합하려는 도전을 회피했다. 헬레라우에서 일하는 사람들의 직업은 예술, 수공예, 건축, 음악 혹은 무용과 같이 특권적인 분야에 한정되었다.

제1차 세계 대전은 이상적인 도시-농촌 종합과는 매우 다른, 새로운 자극과 방향을 정착지 운동에 제공했다. 첫째, 전쟁은 군수 산업에 고용 된 노동자들을 위한 주택 계획과 건설을 요구했다. 미국에서와 마찬가 지로 유럽에서도 전시 생산 중심지 근처에서 급속히 성장한 정착지들은

---

* **프랭크 로이드 라이트** 미국의 건축가. 일본 제국 호텔과 뉴욕의 구겐하임 박물관을 지었 다. 광활한 지형에 자연과 조화되는 유기적인 건축을 특징으로 한다.

전후의 발전을 위한 거대한 자극을 제공했다. 이러한 방향 전환reorien-tation의 두 번째 단계는, 전쟁 이후 일차적으로는 전쟁에 패하여 피폐화된 유럽 국가들 — 독일에서 가장 정도가 심했다 — 에서 발생했다. 그곳에서 정착지 운동은 전원도시라는 호사스러운 이상을 포기했으며, 대신에 더 많은 인구를 수용할 수 있는 주택 블록과 개발 단지를 선호하게 되었다. 그 목표는 더 이상 도시와 자연의 "유기적인" 통합을 성취하는 것이 아니라 도시 생활의 "기능적인" 요구를 충족시키는 것이었다. 1919년과 1929년 사이의 독일의 정착지들은 도시의 주변부에 만들어졌는데, 확실히 거기에는 많은 녹지가 존재했다. 하지만 그 입지는 도시와 농촌의 종합을 실현하기 위해서 선택된 것은 아니었다. 오히려 녹지는 "도시 기계urban machine"의 기능적 요소의 하나로 그 존재 의미가 축소되었다. 자동차가 가솔린에 의존하는 것처럼 도시는 "녹지 공원green lung"이라는 허파*에 의존했던 것이다. 도시 계획가와 건축가들이 1920년대에 종종 헨리 포드가 자동차를 생산하는 것과 동일한 방식으로 주택을 생산하고 싶다고 말했을 때 그들은 은유적으로 말하고 있는 것이 아니라 직설적으로 글자 그대로의 의미로 말하고 있었던 것이다.

그리고 나서 붕괴가 닥쳐 버렸다. 15년 전에 제1차 세계 대전이 하워드의 전원도시에 관한 전망을 방해했던 것과 흡사하게 대공황은 정착지의 도시적-기능적인 이상을 매장시켜 버렸다. 그러나 지진이 때때로 은폐된 과거의 잔존물들을 드러내 보여 주듯이, 위기는 현재의 경제 문제에 대처하기 위한 선택지의 하나로서 전원도시 개념을 재가공하여 불러냈다. 그 전개 양상은 마치 세기 전환기의 지역주의가 1930년대의 새롭고도 훨씬 더 절박한 환경 아래에서 부활한 것과 같아 보였다. 1914년 이전의 정착지 운동이 물질적·존재론적으로 안전한 지점에서 자유주

---

* 도시사에서 공원은 "도시의 허파"라고 불린다.

의에 대한 비판과 도시-농촌 종합의 개념을 분명히 표출하고 있었던 반면에, 1930년대의 정착지 운동은 경제적·존재론적 위기에 대한 직접적인 대응이었다. 1930년대 정착지 운동의 제안자들은 더 이상 자신들의 가죽 의자에 안락하게 등을 기대고 있을 수 없었다. 그들은 이제 배수진을 치고 주장하고 있었다.

자경 자급 농장

국가사회주의와 뉴딜 이전 정부들은 새로운 경제 상황에 딱 맞추기라도 한 듯한 유형의 정착지를 이미 구상한 바가 있었다. 1930년과 1932년 사이에 실업자들의 고통을 경감해 주고 그들이 사회적·정치적 위협 요소가 되지 못하게 할 방편으로 그들을 도시의 산업 중심지 밖으로 이주시키자는 제안들이 많이 존재했다. 이러한 재배치의 초점은 도시의 주변부에 맞추어져 있었는데, 이미 그 실업자들은 자발적으로 불법 정착을 시작하고 있었다. 이 정책의 의도는 이들 비공식적 "이주지"를 국가가 지원하고 국가가 규제하는 정착지들로 전환한다는 것이었다.

이 아이디어는 실업자 가족들의 머리 위로 지붕 하나만 달랑 얹어 주는 것이 아니라 그들이 스스로 먹고 살 수 있도록 약간의 땅을 제공한다는 점에서 참신했다. 이로부터 국가가 얻는 이점은 복지 수당에 드는 돈을 절약할 수 있고 실업자 대중들 사이에 잠재적으로 존재하는 폭발 가능한 불만을 진정시킬 수 있다는 것이다. 실업자들을 반+농촌적인 교외에 위치한 일종의 방역 지대에 일시적으로 야영시키고 그곳에서 경제 위기가 지나갈 때까지 기다리게 한 후 그들을 노동 시장에 재통합시킬 수 있었다. 이러한 유형의 정착지가 지닌 또 다른 이점은 그것이 새로운 유연성을 자극했다는 것이다. 노동자이자 농민인 이들은 조립 라인 노동뿐 아니라 자경自耕 자급自給적 농장 노동에도 적합한 사람들이다. 그래서 산업이 오로지 부분적인 회복 기미만을 보여 줄지라도 그들은 항상 고용될 수 있었다.

이러한 점에서 단순히 절박한 위기에 대처하기 위한 수단으로서 시작되었던 것이 도시와 농촌, 공업과 전원의 새롭고도 위기 방지적인 종합이라는 유토피아적인 전망으로 차츰 변화되었던 것이다. 유토피아 실현의 의지, 즉 실제로 그러한 전망들을 믿으려는 욕구는 1930년대의 모든 산업화된 국가들에서 나타났다.[18] 파시즘, 국가사회주의, 뉴딜 모두는 매력적인 말, 이미지, 프로젝트를 통해 대중들을 열광시키면서 전원-정착지를 새로운 형태의 문명을 위한 계획의 주춧돌로 삼았다.

뉴딜의 첫 번째 백일 동안, 루스벨트 행정부는 경제 위기에 대처하기 위한 가장 중요한 방안의 하나로 자신의 정착지 정책을 우선적으로 다루었다. 그리고 그 정책을 관리하고 실현하기 위해 내무부 자경자급농장국Subsistence Homesteads Division of the Department of Interior이라는 새로운 정부 기구를 설립했다. 정부의 정의에 따르면, 자경 자급 농장은 "한 가족이 가정 소비에 필요한 식량의 상당 부분을 생산할 수 있는 텃밭과 현대식이지만 비싸지 않은 주택과 별채"로 구성되어 있었다.

전형적인 자경 자급 농장의 정착지는 4~20제곱킬로미터 규모의 단위들을 25개에서 300개까지 포괄하고 있었으며 과일밭, 채소밭, 닭 몇 마리, 돼지 한 마리, 그리고 어떤 경우에는 소 한 마리를 갖고 있었다. 정부는 열쇠가 점유자들에게로 넘어가는 바로 그 순간까지 각각의 프로젝트들을 계획하고 재정을 지원하고 건설할 책임을 지고 있었다. 〔아직은 차용자로서〕 임차인들은 연이율 4퍼센트로 30년 융자를 제공받았고 결국에 가서는 그 재산을 소유할 수 있게 되었다.

이 프로그램은 절대 빈곤자들을 겨냥한 것이 아니라 정부가 비참한 빈곤으로부터 구제하고 싶었던 반半실업자들을 겨냥한 것이었다. 이 프로그램의 참여 조건은 장래의 자영 농장주 지망자가 자신에게 부과된 재정적 의무를 다하기에 충분할 정도의 소득을 올리는 것이었다. 자급자족농은 소득 하락, 소득 상실, 혹은 소득 중단을 벌충할 수단으로 구상되었다. 농민들이 농업의 과잉생산의 결과로부터 고통받고 있다고 여긴 정부는 그들에게도 유사한 노선들을 취했다. 그것은 농민들의 생산을 그들의 개인적인 필요에만 초점을 맞추도록 재정향시키는 것이었으며, 그리하여 노동을 공장에서 활용할 수 있도록 그들을 자유롭게 하는 것이었다. 즉, 공장 노동자들을 "전원화ruralize"하려는 노력과 흡사하게 농민들을 "산업화"하는 것이었다. 그 궁극적인 목표는 루스벨트가 "농촌-도시 산업"이라고 불렀던 것을 창출하는 것이었는데, 이것이 위기를 방지하고 위기에 맞서게 될 것이라고 보았다.

최초의 자경 자급 농장 프로젝트는 웨스트버지니아에 위치한 아서데일Arthurdale에서 이루어졌다. 공사는 1933년 여름에 시작되었다. 건설은 몇 개월 만에 끝났으며, 엄청난 선전과 더불어 새로운 주택들이 수백 명의 실업자 광부들과 그들의 가족들에게 인도되었다. 이 지역에는 어떠한 산업 시설도 부족했기 때문에 소규모 공장들도 건설되었다. 역사가인 폴 콘킨Paul Conkin이 기술한 것처럼, 소도시의 미국small-town America을 위한 새로운 모델 창출이 그 목적 중 하나였다.

운 좋은 극소수의 사람들만이 산허리에 달라붙어 있는 그들의 오막살이로부터, 위생 시설의 부족으로부터, 영양실조와 질병과 알코올 중독과 범죄와 비행과 높은 사망률로부터 벗어나 잔디, 꽃, 과수원, 그리고 들판으로 둘러싸인 작은 텃밭에 위치한 아담한 하얀 집으로 피할 수 있었다. 그들은 자선으로 받은 쓰디쓴 빵이 아니라 자신의 손으로 직접 생산한 식량으로 규칙적

웨스트버지니아에 위치한 아서데일 정착지.

인 식사를 즐길 수 있었다. 그들은 소, 가금, 〔야채를 저장하는〕 지하 저장실, 보관 창고, 그리고 풍부한 공기와 햇빛을 누릴 수 있었다. …… 그들은 정부가 지원하는 우체국 공장post office factory*에서 부분적인 일자리를 얻을 수 있었고, 마을 회의를 통해 자치를 했으며, 다른 일자리를 찾을 수도 있었으며, 다양한 수공예로 여가 시간을 건설적으로 이용할 수도 있었다. 그 공동체는 광부들을 위해서만이 아니라 미국 전체에게 새로운 삶의 방식으로 가는 길을 알려 주었다.[19]

아서데일은 극단적인 요구를 완화시키기 위한 현실적인 정책이 아니라 국가가 후원하는 일자리들을 완비한 선전적인 전시품이었다. 아서데일이 갖는 워싱턴과의 지리적 근접성, 특히 백악관과의 지리적 근접성은 결코 우연이 아니었다. 엘리노어 루스벨트와 루스벨트의 절친한 친

---

* 우체국에 필요한 기계류를 만드는 공장.

구 루이스 하우Louis Howe가 그 계획과 건설에 자주 개입했기 때문에 책임 맡은 기관들은 매우 당황스러워했다. 그들은 건축가를 임명했고, 주택과 정원의 유형을 결정했고, 인테리어를 선택했다. 그리고 아서데일은 로드아일랜드 주의 뉴포트New Port, 혹은 뉴욕 주의 웨스트체스터 카운티Westchester County가 부러워할 만한 진보적인 학파 인맥을 갖추었다고 믿었다(존 듀이와 컬럼비아 대학의 사범대 학장이 계획위원회에 등록되었다).[20] 그러나 그 프로젝트의 선전 내용이 너무 노골적이었기 때문에 여론에 미친 그 효과는 루스벨트가 의도했던 것과는 정반대였다. 평범한 미국인들은 아서데일을 돌파구로 환영하지 않았다. 그러기는커녕 그 사업은 오히려 그림의 떡 같은 허황된 정부 계획이자 관료적 낭비의 사례로 비판받았다.

이러한 불안정한 출발은 자경자급농장국이 자신의 35개 사업 대부분을 완료하기도 전에 그리고 새로이 설립된 재정착국Resettlement Administration에 실무 책임을 이전하기도 전인 1935년에 왜 해체되었는지를 설명해 주는 이유 중의 하나였다. 농업-산업 혼합 경제라는 사상은 그것이 등장했을 때만큼이나 빠르게 스포트라이트로부터 사라져 버렸다. 재정착 프로그램이 1930년대 말에 취소되기 전에 실현되었던 60개 사업은, 세 가지(이 세 가지에 대해서는 나중에 설명할 것이다)를 제외하고는 단지 긴급 상태를 무마할 목적을 갖고 있었을 뿐이며 거대한 사회적 전망 같은 것은 없었다. 하지만 지지자들은 혼합 경제 사상을 계속해서 열정적으로 주장했다. 그들 중에서 자경 자급 농장 정책의 예산이 2500만 달러에서 40억 달러로 증가되어야 한다고 주장했던 오클라호마 하원 의원은 자경 자급 농장 정책이 대공황을 빠져나올 수 있는 유일한 길이며 그렇지 않으면 "우리는 모두 끝장난다"고 주장했다.[21] 자경자급농장국의 초대 책임자였던 윌슨M. L. Wilson을 포함한 몇몇 사회 계획가들이나 개혁가들에게 그 프로그램은 유토피아 실험들을 위한 실험실이라는 초기

아서데일에서 놀고 있는 어린이들.

의 형태로 여전히 살아남아 있었다. 하지만 아서데일 이후의 정착지들에 대해서 어떻게든 알고 있는 한, 미국의 주류와, 특히 새로운 공동체의 거주자들은 집단적이고 협동적인 형태의 삶을 발전시키려는 계획가들의 시도들을 믿지 않았으며 오히려 반대했다. 그러한 시도들은 개인주의나 경쟁과 같은 가치들에 반대되는, 전체주의적이며 비非미국적인 것으로서 인식되었다. 루스벨트의 반대자가 정착지 사업을 "미국 땅에서의 최초의 소비에트 집단농장"이라고 묘사했을 때 그것은 과장된 정치적 수사일 수도 있었다. 하지만 농장원들 스스로가 국가 규제와 국가동원에 관해서 불평했을 때는 그것은 전적으로 다른 문제였다. 농장원들의 입장에서 볼 때 그것은 자신들의 사적인 삶들에 대한 국가 통제에 해당했던 것이다. 역사가 다이앤 기라도Diane Ghirardo가 결론 내린 것처럼, "정착자들은 단지 대출을 받고, 사업에 배제당하지 않기 위해서 너무나 많은 자유를 전적으로 포기했다는 것을 곧바로 느꼈다. 어떤 사람들은 자신들이 감시당해 왔으며, 자신들의 사생활이 터무니없이 침해 당해 왔다는 것을 느꼈다." 이러한 점에서 뉴딜의 농장들은 무솔리니의 이탈리아에서 실행된 농장들과 유사했을 뿐 아니라 오히려 그것을 능가 했다.[22]

국가사회주의 독일의 경우, "정착지 사업을 위한 제국위원회"가 1933년에 히틀러가 권력을 잡은 직후에 설립되었고, 한 역사가가 나치식 "중간계급 사회주의"의 구현자이라고 칭했던 인물이 이 위원회를 지도했다.[23] 고트프리트 페더Gottfried Feder*는 금융 자본의 세력 박탈을 주요하게 요구하는 첫 번째 정당 강령을 작성했는데, 그는 이것을 "이자 노예의 근절"이라고 불렀다. 페더는 나중에 대공황에 대처하려는 목적으로 하나의 개념을 개발했는데, 뜻하지 않게 케인스주의 학설의 적자 지출과 비슷한 "생산적 신용 개발productive exploitation of credit"이라는 개념이 바로 그것이었다. 워싱턴의 M. L. 윌슨처럼 페더는 노련한 엔지니어였다. 아마도 그의 이러한 배경은 균형 잡힌 "유기적인" 사회 — 국가 사회주의적인 용어로는 "국민 공동체Volk community" — 를 성취하는 유일한 길은 중간 규모의 그리고 무엇보다도 분권화된 산업을 통해서 가능하다는 그의 확신을 설명해 준다. 페더는 거대 은행을 해체하고, 중앙에 집중된 에너지 공장을 협력적 노선에 따라 조직된 지역의 중소규모 시설로 대체할 것을 주장했다. 그는 또한 도시의 규모를 축소하고 인민들을 보다 작은 정착지 단위에 재배치하기를 원했다. 페더의 이상은 생계를 농업, 경공업, 그리고 장인 노동으로 꾸려 가는 겨우 2만 명 정도의 주민들로 구성된 란트도시Landstadt, 즉 "농촌 도시"였다. "땅과의 재회

---

* **고트프리트 페더** 히틀러 치하의 경제 이론가이자 이데올로그.

再會"와 "농촌적 교화"는 바이마르 공화국 시기의 실업자들을 위한 긴급 구호 주택 건설에 대한 페더의 대안이었으며, 그러한 목적을 달성하기 위해서 그는 독일 전역에 1천 개의 란트도시를 건설할 계획이었다.[24]

그의 계획 중 완성된 것은 없었으며 심지어 시작된 것도 없었다. 1934년에 페더는 제국위원직에서 해임되었으며 당내의 모든 권력을 박탈당했다. 그럼에도 불구하고, 그의 후임자이자 역시나 란트도시 개념의 옹호자인 루도비치J. W. Ludowici 하에서 정착지들은 국가사회주의 이데올로기와 선전을 위한 중요한 기둥으로 여전히 남게 되었다. 아서 데일의 나치 측 등가물은 뮌헨 근처의 라머스도르프Ramersdorf에 있는 전시용 정착지였다. 초기의 히틀러 정권은 연간 10만에서 20만 명씩, 한 세대 내에 약 400만 명의 정착자들을 위한 공간을 창출할 것을 약속했다. 실제로는 1933년과 1936년 사이에 이루어진 건설은 1931년에서 1932년까지의 바이마르 정부의 건설에 필적하지 못했다. 제3제국의 정착지 정책은 뉴딜의 자경 자급 농장들과 마찬가지로 대약진을 일구어내지는 못했다. 그 정책이 주요하게 성취한 부분은 선전 영역이었는데, 심지어 그것도 고작 몇 년 동안만 지속되었을 뿐이었다. 뉴딜의 경우와 마찬가지로 정착지들을 관리하기 위해 1933년에 설립된 부서는 해산되었으며, 그 부서가 맡았던 책임은 새로운 기구로 이전되었다.

독일과 미국에서 정착지 사업들이 쇠퇴했던 이유는, 1936년경 자본주의와 거대 산업들에 대한 중간 계급 사회주의적인 적대감이 줄었기 때문이었다. 그와 함께 대공황에서 빠져나오는 최상의 방법은 산업을 축소하고 대중들을 재농촌화시키고 생산을 분권화하는 것이라는 확신도 점차 힘을 잃었다. 윌슨과 고트프리트 페더와 같은 사람들은 대학의 교수 자리로 밀려났다. 그들의 흔적 속에서, 정부의 정책은 산업 사회를 해체하는 것이 아니라 산업 사회를 합리화하는 데 해결책이 있다고 믿고 있었던 다른 사람들에 의해서 결정되었다.

건설 중에 있는 라머스도르프의 모델 타운.

미국의 주요한 합리화 노선 주창자 중 한 사람이자 윌슨의 후임자였던 렉스퍼드 터그웰은 산업화와 도시화 과정을 역전시킬 수 있는 방법은 없다고 믿었으며, 목가적인 산업화 이전 시대로 되돌아가기 위한 모든 시도들은 그저 가공의 적, 존재하지도 않는 적과 싸우는 것tilting at windmills*에 불과하다고 여겼다. 그의 지도 아래 정착지 프로그램은 자급자족적인 노동자-농민 혼합이라는 구상을 폐기했고, 초기의 전원도시 개념으로 되돌아갔다. 그렇지만 터그웰이 계획했던 3천 개의 "그린벨트 타운"은 녹지 공간의 존재 말고는 하워드의 사상과 공통점이 거의 없었다. 그린벨트 타운은 사람들이 살아가고 노동하는 그러한 자활적인 단위들로 구상된 것이 아니라, 기존의 산업 중심지들에 대한 보충물로서 배치되는 주거지 공동체로서 구상되었다. 워싱턴 DC, 신시내티, 그

---

* 돈키호테가 풍차를 거인으로 오인하여 싸운 것과 마찬가지로.

리고 밀워키 근처에 만들어진 그린벨트 타운들은 그 도시들에서 일하는 사람들을 위한 순수한 주거 지역들이었다. 물론 주거지의 위치는 녹지였다. 여기서는 부동산 투기를 방지하기 위해 공동 소유권이 유지되었고 공동체 회관과 스포츠 시설과 같은 공공 편의 시설들이 만들어졌다. 그리고 저소득 가계들에게도 비용을 감당할 수 있도록 사용료가 통제되었다. 그러나 하워드의 이상이 갖는 하나의 본질적인 요소 — 도시에 대한 진정한 대안으로서의 공동체 — 는 사라졌다. 터그웰의 그린벨트 공동체는 영국 모델을 모방했다기보다는 터그웰 자신이 말했던 것처럼, "도시 주변부에서 꾸준한 증가세를 보여 주었던 타운 인구 이동에 관한 몇몇 연구들"의 결과였다. "주변부의 인구 증가는 농촌 지역들과 대도시 중심지들 모두에서 인구가 덜 증가하거나 혹은 실질적으로 감소한 것과는 대조되었다. 다시 말해, 그것을 역전시키려고 시도하기보다는 오히려 그러한 경향을 수용한 것이었다."[25]

터그웰의 계획들은 페더의 계획과 마찬가지로 성공하지 못했다. 터그웰이 계획했던 3천 개의 그린벨트 타운들 중 앞에서 언급했던 겨우 3개만이 실제로 건설되었다. 아서데일 그리고 제3제국의 모델 사업들과 마찬가지로 그것들은 일차적으로 전시장으로서 기능했다. 그럼에도 불구하고 도시 주변부에 주거 공동체를 만든다는 터그웰의 모델은 제2차 세계 대전 이후에야 발전되었던 미국식 교외풍 생활양식을 예견한 것이었다.

독일의 경우, 1936년에 경제의 안정화와 국가의 재무장 개시는 비록 몇 가지 현대주의적 요소들을 갖고 있기는 했지만 오래된 공장 정착지 모델로의 회귀를 의미하는 것이었다. 페더의 목가적인 란트도시는 산업-전원도시Industrie-Gartenstadt — 대규모 산업과 연계되면서도 녹지가 풍부한 잘 조직된 거주 지역들 — 로 대체되었다. 이러한 종류의 "산업 전원도시"의 최고의 사례는 볼프스부르크Wolfsburg인데, 새로이 설립된 폴크스바겐Volkswagen 자동차 회사와 그 노동자들에게 주택을 제공하기 위해서 세워진 중소규모의 도시였다.[26]

자급자족적 정착지와 란트도시의 이상에 대한 일시적인 심취는, 유토피아주의에 대한 현실주의의 승리를 암시하는 것처럼 보였고, 따라서 뉴딜과 나치 정권이 사회의 "현실 정치인들real politicians"의 수중에서 안전해졌음을 나타내는 것 같았다. 그러나 전적으로 현실주의의 승리는 아니다. 되돌아보면, 우리에게 절망적일 정도로 시대착오적인 사업으로 보이는 것들이 뉴딜뿐 아니라 국가사회주의 초기 시대에 그토록 핵심적인 위치를 차지할 수 있었다는 사실은 놀랍다. 그렇지만 1930년대 초반의 사람들에게 산업을 축소하고, 국가를 재농업화시키고, 그리고 사회를 분권화시킨다는 구상은 공상적인 생각으로 보이지 않았다. 독일과 미국에서의 산업 혁명은 겨우 과거 두 세대 전에 있었던 상대적으로 최근의 역사적 사건이었다. 상대적으로 짧은 산업화의 역사를 고려한다면, 산업화는 불가역성不可逆性을 주장할 자격이 없었다. 반대로 산업화가 하나의 거대한 실수는 아니었는지를 질문하는 것이 어느 정도 자연스러워 보였다. '땅으로 돌아가자' 는 슬로건의 인기는 산업화 이전의 생활양식에 대한 기억이 여전히 얼마나 생생했었는지를 보여 준다.

선전은 기존의 사상, 견해, 그리고 욕구를 골라내어 그것을 구원의 메시지로 전환할 때 성공한다. 루스벨트 행정부와 히틀러 정권의 초기의 몇 년 동안에 산업, 도시, 그리고 농촌 — 심지어 겉보기에 평범하고 웅장하지 않은 외관의 정착지들조차 — 을 서로 화해시키려는 전망들은 이러한 목적에 매우 적합했다. 밑바탕에 깔려있던 유토피아적 이상은 영감을 불어넣고 상징적인 아우라를 부여하면서 정착지를 고상한 것으로 만들었다. 국가사회주의적 선전가들이 알고 있었듯이, 그리고 1934년에 고트프리트 페더가 자신이 편집했던 건축학 잡지에 썼듯이, 상징은 "지금까지는 오로지 교회에 의해서만 인정되고 개발되어 왔던 가장 객관적이고 효과적인 교육 수단"이었다. 그러한 의미에서 새로운 정착지들은 그야말로 국가사회주의 건축의 상징이 되었을지도 모른다. 페더의 잡지에서 클레멘스 노이만Clemens J. Neumann이 쓴 것처럼, 정착지들은 "그것들의 순수함과 단순함에서, 그것들의 건축적 형태와 지적인 입장의 통일에서, 독일 국민의 새로운 집단정신, 공동체적 결속의 성채들을 증명하고 있었다."[27)]

그러나 결국 긴 안목으로 보면 정착지들은 이러한 역할을 수행하는 데 반드시 필요한 상징 권력을 소유하지 않은 것으로 드러났다. 민주주의 체제이든 혹은 독재 체제이든 간에 공영 주택은 오페라 하우스 등과 같은 위신을 위한 사업들과 경쟁할 수 있는 웅장함이 매우 부족하다. 이는 1936년 이후부터 선전이 왜 다른 종류의 건설 사업으로 집중되기 시작했는가에 대한 이유이다. 히틀러는 헤르만 라우슈닝과의 대화에서 정책 전환의 배후에 존재하는 이유를 다음과 같이 설명했다.

나의 건축물들은 내가 나의 인민들에게 전달하고자 하는 의지의 가시적인 표현이다. 나의 의지는 건축물을 통해서 개인에게 전달된다. 우리는 우리가 일하고 살아가는 그러한 공간에 의존한다. 인민들은 우리의 건축이 가진 위대함과 순수함 속에서 우리의 의지가 가진 위대함과 순수함을 알아낼 수 있다. 노동자를 위한 정착지와 주택으로부터 시작하는 것은 절대적으로 잘못된 것이다. 그 모든 것들은 하나의 과정의 문제로 따라올 것이다. 그러한 것들이 마르크스주의적 혹은 부르주아적인 정부에 의해서 성취될 수도 있었을지 모른다. 하나의 당으로서 우리들만이 모든 예술 중에서 가장 고귀한 형태에 ― 자유롭고 힘 있게 ― 착수할 수 있다. 중세 대성당 시대 이래로 우리는 처음으로 예술가들에게 위대하고 대담한 작업들을 새로이 요구했다. 별로 크지 않은 농장들이나 작은 집들이 아니라, 고대 이집트와 바빌론 이래로 가장 거대한 건축물을 만들자.[28]

역사적 영감을 중시한 히틀러의 요구에도 불구하고, 실제로는 제3제 국의 건축학적 모뉴멘털리즘은 고대 이집트와 바빌론 모델을 모방하지 않았다. 대신에 수년 전에 소련에서 수행되었던 거대한 공공사업들로 시선을 돌렸다. 그것은 국가사회주의가 파시즘과 뉴딜 모두와 공유하고 있던 지향이었다.

5장 공공사업

PUBLIC WORKS

5장 공공사업

모든 정치 체제는 전시展示 사업을 추진한다. 전시 사업을 통해서 정권은 세계에 자신을 표출하고 자신들의 정치의 목적, 방법, 이상이 판단되기를 기대한다. 파시즘, 뉴딜, 국가사회주의의 경우 전시 사업들은 각각 늪 지역의 개간, 잊혀진 강 계곡에 댐과 발전소의 건설, 그리고 전국적 고속도로망 건설 등이었다. 이들 사업이 위의 세 정부에게 왜 그다지도 중요했는지를 이해하려면 우리는 우선 그들 모두가 무조건적으로 모방하고 경쟁하려고 했던 한 정권에 대해서 알아보아야 한다. 그것은 바로 소련이었다.

세계 혁명이라는 교의로 소비에트 공산주의는 서구 자본주의 사회에 10년 내내 광범위하게 불안과 두려움을 불어넣으며 동시에 소수의 급진적 지식인들을 유혹했다. 1924년에 소비에트 공산주의는 첫 패배를 경험했다. 즉 자본주의 국가들이 제1차 세계 대전의 파멸적 결과로부터 회복함에 따라 세계 시장은 안정되었고, 세계 혁명의 가능성은 질식했다. 1924년 레닌 사망 이후 오랫동안 지속된 권력 투쟁을 끝낸 후, 스탈린은 소련의 국제주의적인 유산을 "일국 사회주의" 사상으로 전환시켰다. 말하자면 그의 전망은 일종의 러시아의 "국가사회주의"였다.

스탈린의 이론적 근거는 간명했다. 만약 더 이상 세계 혁명의 전선이 존재하지 않는다면, 교전 상대국이자 영토적 강대국인 적들에 맞서기 위해 소련은 그러한 염원들을 이루기에 적절한 경제적 토대를 필요로 했다. "일국 사회주의"의 가장 중요한 목적은 소련이 산업 혁명을 따라잡도록 만드는 것이었다. 스탈린주의적 이데올로그들의 눈에 이것은 서구를 맹목적으로 모방하자는 것이 아니었다. 또한 러시아의 산업화는 거기에 수반되는 고통을 인내하면서 마르크스와 엥겔스의 고전적 모델을 따르기 위한 것도 아니었다. 반대로, 형태와 영역 모두에서 그 프로젝트는 세계 역사상 하나의 독특한 사건 — 한 번의 영웅적인 일격으로 사회의 완전한 변환을 달성하는 것 — 이어야 했다. 소련 경제를 위한 스탈린의 제1차 5개년 계획은 레닌의 정신에 따라 진행된 것이라기보다는 니체적인 의지의 행동 또는 역사가 버니스 글라처 로젠탈Bernice Glatzer Rosenthal이 "디오니소스적 집산주의Dionysian collectivism"라고 불렀던 것에 따라 진행되었다.[1] 제1차 5개년 계획의 첫 번째 중요한 사업, 즉 1927년의 드네프르 강Dnieper River*의 댐 축조와 대규모 발전소 건설은 정치적으로나 심리학적으로 교활한 책략을 나타냈다. 이 사업은 스탈린을 레닌의 천재적인 후임자, 그리고 1920년 당의 두 번째 사업의 일부로서 계획되었지만 결코 완수되지 못했던 약속 즉 인민에게 전기를 가져다주려 했던 레닌의 약속 — "소비에트 권력 더하기 전력화electrification는 공산주의이다" — 을 실현시킬 수 있는 지도자로 만들었다. 러시아가 전력화와 함께 산업화를 시작한다는 것은 최고 수준의 기술적 혜택을 얻는다는 것을 의미했으며, 이는 서구 국가들이 덜 진보된 체제를 가지고 기진맥진한 후에야 완성할 수 있었던 것이었다. 선전의 관점에서 보았을 때, 공산주의와 자본주의 간에 체제 우월성을 놓고 벌이는 전투의 초기 단계라는 측면에서나 혹은 소비에트 대중들의 지지를 얻는다는 측면

---

* 흑해로 흘러가는 러시아 서부의 강.

에서나 이보다 더 유리한 출발점은 없었다.

스탈린의 제1차 5개년 계획은 "공산주의의 꿈의 공장"이라는 적절한 명칭으로 불렸던 선전 기구에 의해서 시작되고 수행되었다. 그 계획은 두 개의 상호 결합된 전략들로 구성되었다. 하나는 향후 도래할 공산주의의 황금기를 묘사하는 것이었고, 다른 하나는 그러한 황금기에 도달하기 위해 수행되어야 할 노동의 영웅적인 성격을 묘사하는 것이었다. 선전의 주제는 그와 관련된 노동뿐 아니라 프로젝트 그 자체이기도 했다. 시멘트와 강철, 굴착기와 트랙터, 굴뚝과 댐, 송전선과 터빈과 같은 원료와 자재들이 그토록 서사적이고 신화적인 웅장함으로 취급되었던 적은 이전에는 결코 없었다. 자본주의적 광고와 현실 도피적 엔터테인먼트에서 받아들인 대중 매체 기법들이, 곧 실현될 것이라고 공언된 노동, 기술, "국가사회주의적" 진보라는 소비에트 유토피아에 처음으로 적용되었다.

1927년에 서구는 자신의 번영을 즐기는 데 너무나 몰입해 있어서 스탈린의 러시아에서 일어난 사건들에 별로 주목하지 않았다. 당대인들은 스탈린의 5개년 계획을 통계적 왜곡과 허황된 기술적 낭만주의로 구성된, 머나먼 나라의 이국적인 사건으로 바라보았다. [서구가 보기에] 그것은 천년왕국을 위한 계획이었으며 천문학적 숫자들로 대중들에 최면을 걸려는 시도였다. 즉, 순전한 환상이라고 보았다. 한스 짐센Hans Siemsen은 1931년에 러시아에 관해 쓴 책에서, 러시아의 계획을 의도하지 않았던 한 편의 코미디, 즉 소비에트 시민들을 좀 더 "기분 좋게" 하는 데 성공했을지는 모르나 실제로 그들에게 더 많은 몫을 만들어 주지는 못했던 코미디라고 일축했다.[2] 오로지 소수의 기술자들, 마르크스주의자들, 낭만적인 혁명론자들만이 드네프르 댐이나 우랄 강에 위치한 강철 공장을 보조하기 위한 마그니토고르스크Magnitogorsk* 도시의 건설과 같은 프로젝트에 진지한 관심을 가지고 있었다.

그러나 서구 세계가 광란의 20년대로부터 갑작스럽게 대공황으로 돌입하자 그러한 태도는 일변했다. 신생국 소련의 분주한 움직임과는 대조적으로 오래된 산업화 국가들에서의 실업자 행렬과 폐쇄된 공장들을 보여 주는 화보 잡지만큼 두 체제 간의 대조를 확실하게 보여 주는 것은 없었다. 갑자기 러시아에서의 사건들은 더 이상 서구와 동떨어진 것이나 무관한 것으로 여겨지지 않았다. 소련의 움직임은 광범위한 공적 관심의 주제가 되었고 그리고 모방의 주제가 되었다.

무솔리니의 파시즘은 서구에서 볼셰비즘에 대한 대안으로서 그리고 볼셰비즘에 대항한 반혁명적 보루로서 권력을 획득한 첫 번째 정권이었지만, 동시에 소비에트 공산주의로부터 교훈을 배운 첫 번째 정권이기도 했다. 이탈리아의 지식인과 기술 관료들 — 독일의 지식인과 기술 관료들과는 대조적으로 — 은 1930년대 내내 커다란 관심을 가지고 소련의 사회적·경제적 혁신들을 모방했다. 파시스트들은 강점과 약점을 심사숙고하면서 소비에트 체제와 자신의 질서를 기꺼이 비교할 용의가 있었으며, 사실은 간절히 비교하고 싶어 했다. 신문과 잡지들은 미국에 대해서 그랬던 것과 마찬가지로 소련에 대해 많은 주의를 기울였다. 쿠르치오 말라파르테Curzio Malaparte, 루이지 바르치니Luigi Barzini, 자코모 간돌피Giacomo Gandolfi 같은 작가들은 러시아를 여행한 후 러시아 여행 경험에 관해 긍정적으로 보고했다. 파시즘의 근본적인 역사적 우월성에 대해 조금도 의문을 두지 않으면서도, 이들 작가들은 객관적이고 철저하게 그리고 비非논쟁적인 방식으로 자신들이 보았던 것을 기술했다. 그들의 보고서는 소비에트의 성취에 대한 존경으로 가득 차 있었다. 이탈리아의 파시스트들은 뉴딜을 대했던 것과 마찬가지로 소비에트 공산주

---

* **마그니토고르스크** 러시아 첼랴빈스크 주州 우랄 강江 연안에 있는 공업 도시. 1929년 스탈린의 제1차 5개년 계획의 일환으로 제철소가 건설됨으로써 생긴 신흥 도시이다. 소련 붕괴 이전까지 강철 생산의 중심지였고, 지금도 러시아 최대의 철강 생산지이다.

의를 올바른 방향의 행보로서 대우했으며, 소비에트 공산주의를 더욱더 일관되고도 단호한 것으로 받아들였다. 공산주의는 탈脫자유주의 및 반反자유주의 체제로서 인정되었는데, 다만 자유 시장이 초래하는 혼돈에 대한 승리는 프롤레타리아트가 아니라 국가에 의존한다는, 중대한 파시스트적인 통찰력만이 부족하다고 보았다.

이탈리아가 소련에 대해 관심을 쏟게 된 또 하나의 이유는 러시아나 이탈리아 모두 기술적 발전에서 다른 서구 국가들에 뒤떨어졌다는 사실 때문이었다. 이탈리아는 자신을 "아시아적인" 러시아보다 문화적으로 우월하다고 생각했을지 모르지만, 자신이 산업적인 서구의 일부가 아니라는 사실은 인정해야만 했다. 스탈린이 길들여지지 않은 자연을 정복하려는 거대한 행위, 즉 드네프르 강에 댐을 축조하려는 소비에트 계획을 밝힌 지 3년 뒤인 1930년에, 무솔리니는 자신의 정권을 위해 그와 유사한 위신威信 사업들을 착수하였다.

아그로 폰티노

한때 생산적인 농경 지역이기도 했던 폰티네 습지Pontine Marshes — 로마의 남동쪽으로 기차로 약 30분 거리에 있는 방대한 습지 — 는 오랫동안 사람이 거주할 수 없는 황무지였다. 로마 제국의 붕괴 이래로, 교황 권력과 여러 세속 권력들이 폰티네 습지를 개간하려고 시도했으나 성공하지 못했다. 실패한 폰티노 습지 개간 사업은 이탈리아의 무능력의 상징이 되었다. 폰티네 습지는 알반 언덕Alban Hills, 레피니 산Lepini Mountains, 그리고 티레니아 해Tyrrhenian Sea 사이로 펼쳐지면서 길이 48킬로미터, 폭 평균 16킬로미터의 직사각형을 형성하고 있었다. 전체적으로 약 770제곱킬로미터의 면적을 가진 그 습지는 대략 대大베를린의 크기였다. 연중, 시기에 따라 그 습지에는 적게는 수백 명에서 많게는 약 천 명의 주민이 살았다. 당시 기행 영화들의 기록을 보면, 그들은 주로 양치기, 방랑자, 계절노동자, 산적들로 가장 원시적인 환경 속에서 살았다. 그들이 거주했던 갈대 오두막집은 관찰자들에게 유럽의 집이라기보다는 아프리카의 크랄kraal*을 연상시켰으며, 그곳의 거주자들은 이탈리아 인이라기보다는 오히려 선사 시대의 기이한 생존자들로서 간주되었다. 잡지 《시빌타 파시스타 *Civiltà fascista*》는 개간 사업이 시작되고 3년 후에 그들을 회고적으로 기술했는데, 그들은 "동물들과 공동 서식을 하면서 간신히 자신들의 생존을 유지했던 미싱 링크missing links**와 같은 절망적인 생물들"이었다고 말했다. "그 아그로agro는 아프리카와 아메리카의 여느 지역들과 마찬가지로, 하나의 철저한 미개지로 간주되었다."3)

앞선 정부들의 선례에 따라, 파시스트들은 권력을 획득하자마자 자신들의 국가 부흥 정책의 일부로서 소위 "국가의 심장부에 곪은 상처"〔폰티네 습지를 의미함〕를 치료하겠다고 틈만 나면 약속했다.4)

파시스트들은 초기 몇 해 동안에는 이 개간 사업에 선임자들이 했던 것보다 더 많은 시간이나 에너지를 쏟지는 않았다. 그러나 1930년에 대공황이 이탈리아를 강타했을 때 그 약속은 부활되었고 진지하게 취급되었다. 무솔리니는 보니피카 인테그랄레bonifica integrale라는 토지개량법 덕분에 2년이나 일찍 토대를 마련할 수 있었다. 토지 개간을 다루는 기존의 법령들과는 대조적으로, 보니피카 인테그랄레는 충분히 활용되지 못한 토지의 기술적·물리적 개량 혹은 개간에만 관련된 것이 아니었다. 그것은 바로 새로운 농업 문명을 창출하는 것을 목표로 했던 것이다. 전

---

* 남아프리카 원주민의 촌락.
** 직역하면, '잃어버린 고리.' 즉 유인원類人猿과 인간의 중간에 있었다고 추정되는 생물종.

통적인 토지 개량 조치들에 더해 무솔리니의 법령은 주택 건설, 정착지 설립, 사업을 위해 선별된 주민들의 재배치, 그리고 주민들의 직업적·문화적·정치적으로 새로운 생활양식으로의 진입 등을 다루고 있었다.

보니피카 인테그랄레는 '땅으로 돌아가자'라는 국제적인 운동의 이탈리아적 형태였으며 그 토대를 구성하는 원리는 다른 나라와 동일했다. 자유주의적 자본주의의 실패 이후, 땅은 국가가 서 있을 수 있는 유일하게 견고한 토대처럼 보였다. 어떤 의미에서 폰티네 습지의 개간은 전 지역으로 확장된 정착지 사업이었다. 이탈리아식 노선에 따라 개조되었을지라도 그것은 에버니저 하워드의 본래의 전원도시, 고트프리트 페더의 란트도시, 독일의 지리학자 발터 크리스탈러Walter Christaller의 도시 중심지 주위에 정착지를 배치한다는 사상, 그리고 마지막으로 가장 중요한 소비에트의 집단농장의 특징을 포함하고 있었다. 파시스트 이데올로기와 국가사회주의 이데올로기가 항상 그렇듯이, 개인주의와 집산주의는 서로 탄탄하게 뒤엉켜 있었다.[5] 한편으로 땅과 연계된 개인은 공동체 멤버십과 공동체에 대한 충성을 보증할, 소규모 재산 소유권자가 될 것이다. 동시에 집단적이고 협력적인 제도들은 사회적 응집력을 강화할 것이다. 실제로 이러한 생각의 훌륭한 사례가 아치엔데 아그라리에aziende agrarie였는데, 그것은 개별 농민의 재산에 속하지 않은 트랙터, 대형 수송 차량, 여타 기계류들을 위한 공동 창고와 작업장이었다. 100개의 농장마다 한 개의 아치엔다 아그라리아azienda agraria가 존재했으며, 이런 식으로 사회적 목표와 관리적 목표를 위해 하나의 마을, 즉 보르고borgo를 이루었다. 보르고는 정착지 사업의 기본 단위였다.

정착지들을 연계하는 세 개 층의 네트워크가 아그로 폰티노Agro Pontino의 습지를 감쌌다. 먼저, 거의 군사적인 간격으로 규칙적으로 배치된 개별적인 농장들이 있었다. 다음으로, 이들 농장들로 구성되고 그물코 네트워크를 형성하면서 결합된 보르기borghi가 있었다. 마지막으로, 도시 중심지들로서 기능했던 5개의 새로이 세워진 도시들이 존재했다. 군사적 용어로 바꾸어 보면 농장들은 소대로, 보르기는 중대 혹은 대대로, 그리고 도시들은 연대나 사단으로 간주될 수 있을 것이다. 그것은 마치 전원도시의 요소와 로마 군대의 요소가 통합된 것처럼 보였다. 정착지 주택들은 "ONC(Opera Nazionale dei Combattanti, 즉 전국재향군인회로서 그 사업을 책임지고 있었다)의 소유"라는 전혀 균형이 맞지 않는 커다란 명패와 숫자가 붙어 있었다. 커다란 문자와 숫자의 결합은 그 집들이 전통적인 도시나 마을 주택이 아니라 집단적이고 준※군사적인 계통에 따라 조직된 단위라는 것을 확실히 보여 주었다.

1930년대의 다른 정착지들과는 대조적으로 아그로 폰티노의 정착지 "캠프들"은 전기나 수도를 갖추고 있지 않았다. 이는 그들이 군사적인 착상을 했다는 좀 더 명백한 증거였다. 아그로 폰티노는 파시즘의 근대성을 보여 주려는 목적을 가진 위신 사업이었기 때문에 그 원시적인 조건들은 그만큼 더 당황스럽다. 아그로 폰티노는 이러한 시도들의 선전적인 기능에 관해 한 번 더 문제를 제기하고 있다. 파시즘은 아그로 폰티노를 통해 무엇을 말하고자 하는가?

근대적 편의 시설의 부족과 형언하기 어려운 외관 때문에, 아그로 농장들은 무솔리니 정권의 매력이나 기술적 솜씨를 위해 거론할 만한 것이 되지 못했다. 보르기도 역시 자그마한 상징적 권력을 가진 기능적 혁신에 불과한 것이었다. 농촌의 정착지들에 관한 한 아그로 폰티노는 뉴딜, 국가사회주의, 또는 사실상 산업화된 세계의 다른 어떤 체제 아래에서 실행되었던 정착지 사업들보다도 더 제공한 것이 없었다. 게다가 앞에서 보았듯이 미국과 독일 정착지들조차 선전 가치는 보잘 것 없었다. 사실상, 농장들과 보르기는 아그로 폰티노를 둘러싼 선전 캠페인에서 이른바 대열의 여백만을 메워 주는 보병들에 지나지 않았다. 새로이 설립된 도시들(리토리아Littoria, 폰티니아Pontinia, 아프릴리아Aprilia, 포메치아Pomezia, 그리고 무엇보다도 사바우디아Sabaudia)의 중요성이 강조됨에 따라 농장과 보르기는 부차적인 존재가 되었다(리토리아, 폰티니아, 사바우디아만이 아그로 폰티노의 습지에 적절히 위치해 있었다. 아프릴리아와 포메치아는 습지의 북서부에 건설되었지만 지역적, 시민 계획적, 그리고 건축학적 용어로 보면 그 사업의 부분으로서 간주되었다). 아그로 폰티노 사업의 전체 계획과 무대 연출은 이들 도시 중심지들을 명시적으로 주인공으로 삼았다. 즉 이들 도시 중심지들에게 국토 되찾기 노력을 상징하는 기념비라는 배역을 배정했던 것이다.

고대 로마의 의식을 부활시키면서, 무솔리니는 쟁기로 도시 경계들을 표시함으로써* 각각의 "신도시nuove citta"를 건설하기 시작했다. 그는 또한 건설 노동은 1년밖에 걸리지 않을 것이며 그때부터 도시가 열릴 것이라고 포고했다. 무솔리니는 모든 개막식에 참석했으며 거기서 다음 프로젝트의 개시일과 완료일을 발표했다. 그러한 스펙터클은 파시스트 이탈리아가 시계 장치처럼 영원히 정확하게 움직이고 작동하는 사회라는 인상을 주었다. 물론 이탈리아 철도를 동시적으로 근대화한 것도 마찬가지 인상을 주었다. 얼마 지나지 않아 독일에서 건설된 아우토반은 이와 유사하게 그 화려함과 속도에서 나치 정권의 결단력, 의지, 그리고 능력의 증거로서 인민들의 마음속에 각인되었다.

이러한 역동성과는 뚜렷하게 대조적으로 무솔리니가 추진했던 사업들의 결과는 정태적이었다. 일단 무솔리니의 신도시가 완공되자 그 도시들은, 전원도시의 농촌-도시 종합이라는 의미에서는 아니긴 하지만

---

* 로마 건국 신화에 나오는 로물루스는 쟁기를 가지고 팔라틴 언덕을 갈면서 앞으로 건설될 도시의 성곽과 성문의 위치를 정했다고 한다.

사바우디아, "반反도시."

(설령 무솔리니가 신도시라는 말을 만들어 냈을 때 이것을 마음속에 두고 있었더라도), 실제로는 "반反도시anti-cities"였다. 대신에 신도시들은 조직, 통제, 그리고 도시적 혼돈의 부재라는 파시스트의 이상을 보여 주는 3차원적인 표상이 되었다.[6] 1930년대 중반 이데올로기적 공감을 느꼈던 르 코르뷔지에는 무솔리니가 계획한 5개 도시 중 하나를 설계하고자 했지만 그는 실제로 완성된 도시에 대해서는 "목가적인 마리 앙투아네트의 프티 트리아농petit trianon"*, 즉 소박한 농촌 마을을 본뜬 모조품이라고 묘사했을 정도로 혹평했다.[7]

그보다 신도시는 일종의 정태적인 질서를 기념하기 위한 것이었다. 신도시는 무솔리니 정권이 창출한 것이자 그 정권의 특징이라 할 영구 운동 상태에다 일종의 균형추를 제공했던 항구 불변성과 부동성을 의미

---

* 루이 16세가 마리 앙투아네트에게 준 선물로서 베르사유 궁전 정원에 위치한 작은 궁전.

했다. 그러한 균형추의 필요성은 왜 파시스트가 로마 군대의 기본적인 배치를 부활시켰는지, 왜 도시의 규모를 크지 않도록 했는지, 그리고 왜 공공건물들 특히 중앙에 위치한 시청들을 위압적으로 솟은 탑을 통해서 강조했는지를 설명한다. 신도시가 소란스런 도시 중심지가 되지 않으리라는 것은 미디어에서 신도시들이 표현되는 모습에서 확실히 알 수 있다. 오로지 개통식 사진들만이 사람들로 가득 찬 거리와 광장을 보여 주고 있다. 이후의 모든 사진들에서 신도시들은 완전히 황량하다. 군인 묘지나 조르조 데 키리코Giorgio de Chirico*의 그림과 흡사하다.

이러한 비교는 결코 자의적이지 않다. 왜냐하면 "운동movement"에 대해 파시스트가 갖고 있던 망상은 그들이 가장 최고의 운동 형태이자 가장 영웅적인 운동 형태라고 생각했던 것에서 최고조에 달했기 때문이다. 그것은 바로 전쟁이었다. 무솔리니 정권은 폰티네 습지의 개간과 경작을 일종의 전쟁이라고 노골적으로 표현했다. 리토리아 시의 개통식 때, 무솔리니는 마치 전쟁 기념탑의 제막식에라도 참석한 듯한 말투와 스타일로 선언했다. "여기서 우리가 정복한 것은 하나의 새로운 지방이며, 우리의 매일매일의 노동이란 다른 무엇보다도 우리가 소중히 여기는 전쟁에서의 군사 작전이나 다름없다."[8]

제1차 세계 대전에서 겪은 이탈리아 병사의 전쟁 경험에 대한 유비는 아그로 폰티노 정책을 발의할 때마다 나온 주제였다. 처음부터 아그로 폰티노는, 병사들이 전장으로부터 돌아왔을 때 한 뙈기의 땅을 받게 될 것이라는 이전 정부들의 약속을 이행하기 위해 기획된 것이었다. 그것이 바로 전국재향군인회(ONC)라는 조직이 그 사업을 책임지게 된 이유였으며, 관련 재산을 이 조직이 공식적으로 소유했던 이유였다. ONC는

---

* **조르조 데 키리코** 그리스 태생의 이탈리아 화가. 형이상파 운동을 일으켰다. 그리스 · 로마를 연상시키는 대리석상, 음영 짙은 건물, 근대 도시의 단편적 정경 등 대상물을 주관적으로 끼워 맞춰 몽환적인 세계를 재구성했으며, 초현실주의에 큰 영향을 끼쳤다.

토지 개간을 조정했으며 그 비용을 지불했다. 그리고 주택, 보르기, 도시들을 건설했으며, 정착자를 선별했다. 또한 ONC는 군대의 군영軍營과 흡사한 규율로 정착자의 삶을 감시하고 지시하고 통제했다.

*　　　*　　　*

하지만 무솔리니는, 그가 리토리아를 새로운 지방을 정복하기 위한 운동으로 간주했음에도 사업의 완료 이후에 관해서는 그렇게 많이 생각하지 않고 있었다. 사실, ONC는 리토리아에 거주시키기 위해서 이탈리아 전역으로부터 26,000명의 정착자를 데려왔다. 국가 자체가 제1차 세계대전 때 단조鍛造되었다고 알려진 것과 마찬가지로 그 정착자들은 개간된 지방에서 만들어질, 파시스트의 새로운 "용광로" 공동체를 상징화하는 데 매우 적합했다. 그러나 진정한 전쟁은 정복 행위 그 자체였다. 이 정복 행위는 노동자 부대(1932년과 1935년 사이에 230,000명)를 끌어들인 훨씬 더 극적인 사건이었다. 이들 노동자 부대는 전국 각지로부터 충원되었으며 실제 정착자의 수를 거의 9대 1로 압도했다.

[마치 전장의 최전선을 보도하는 듯한 효과를 얻기 위해] 이탈리아의 미디어는 새로운 유형의 최전선 보도를 통해, 노동자 부대의 노동을 자연에 대한 전투로 묘사했다. 예를 들어, 1934년에 출판된 《새로운 땅 Terra nuova》에서 코라도 알바로Corrado Alvaro*는 다음과 같이 미친 듯이 정착지를 격찬했다.

단 이틀이라는 짧은 기간에 그토록 거대한 영토가 개조된 적은 결코 없었다. 한 시간 만에 상하수관, 매점, 지휘 본부, 그리고 연병장을 갖춘 천막 도

---

* **코라도 알바로** 이탈리아의 소설가이자 시인.

시를 건설하면서 2천 혹은 3천 명의 병사들이 한 장소에서 야영하는 광경은 오로지 근대 전쟁에서만 볼 수 있는 것이었다. …… 도시 건설과 전쟁의 공격 형태는 유사한 기법을 사용한다. 우리가 대규모 공격으로 성취할 수 있는 것이 얼마나 최상의 것들인지를 비로소 알게 된 것은 근대 전쟁 덕분이다.

"곡괭이, 가래, 삽으로 무장한" 노동자들의 물결은 알바로에게 "줄지은 탱크와 같이 전진(하고 있는) 인간 문명"에 관해 쓰도록 자극했다. "푸른색 페인트를 칠한 정착자 주택들"의 광경은 "잘 훈련된 군대를 연상"시켰으며, 헛간에 세워 둔 농기계는 "새로운 유형의 무기류로 오인될 수 있었다. …… 대지는 하나의 전장戰場과도 같이 파헤쳐져 있었다." 새로운 정착자들이 도착하는 모습도 비슷한 생각을 떠오르게 했다.

> 그들은 기차역 플랫폼에 모였고 마치 참호들마다 인원이 배치되는 것처럼 앞으로 나아간다. …… 〔이미 그곳에 도착한 사람들은〕 그들에게 어디 출신이냐고 물어본다. 그리고 그들은 너나없이 모두 팔을 들어 대답한다. 마치 전선에서 한 대대 혹은 연대가 다른 부대를 지나서 행군할 때와 흡사하게.

이탈리아의 청년들에게 아그로 폰티노는 그들이 너무 어려서 경험할 수 없었던 제1차 세계 대전을 대신하는 것이었다. 알바로는 그 사업을 "근본적으로 새로운 이탈리아식 생활 방식의 중심점"이라고 장려했으며, "오늘날 보니피카bonifica〔순화 또는 개량〕에 참가한다는 것은 전쟁에 참가한다는 것만큼 중요하다"는 말을 덧붙였다.[9]

매년 아그로 폰티노는, 이른바 "수확 전쟁battaglia del grano"의 시작을 직접 선언하는 무솔리니와 함께 중요한 "전쟁터teatro della guerra"의

폰티네 습지에서 밀 수확의 개시를 선언하면서 부대를 격려하고 있는 무솔리니.

중심지로 변했다. 파시즘을 상징하는 이미지들 중 하나는 수확 노동자들에 에워싸인 채 웃통을 벗고 평상형 트럭 위에 서 있는 일 두체Il Duce의 사진이다.

힘과 창조성의 상징으로서 전투와 전쟁은 파시즘이 애호했던 여타의 상징이나 은유들과 마찬가지로 모호했다. 삶과 죽음의 이미지에 사로잡혀 파시즘은 둘〔삶과 죽음〕 사이의 상호 작용 능력을 강화하고 정화하는 데 매달렸으며, 진실로 영웅적인 가치가 있는 삶이란 항상적인 죽음의 위협 없이는 불가능하다는 생각에 의존했다. 기계농의 기계류에 의해 정복되어 습지로부터 경작 가능하게 된 토지들의 이미지도 이러한 생각의 하나의 변종이었다. 즉 그 땅을 갈기갈기 찢어서〔죽음〕 그것을 비옥하게〔삶〕 만들었다는 것이다. 1932년에 무솔리니는 넓은 전선을 형성하면서 전진하고 있는 110대의 트랙터와 트럭을 배치한 채 야전군 사령관의 스타일로 리토리아의 개통식을 주재했다. 그 이벤트는 영웅적인 파토스로 기술되었다.

두체는 깊이 만족해하면서 대지를 구원하기 위해 인류가 창조한 장엄한 기계의 무리를 주시하고 있다. 지도자의 눈에서 깜빡여 나오는 전망. 그것은 경작지의 수정受精 능력을 통해 소생된 로마의 제국적 운명의 전망이었다.

이 저자는 또한 쟁기의 이중적인 행동, 즉 "상처를 입히는 작용과 비옥하게 하는 작용"에 관해서도 썼다.[10)]

늪지로부터 개간된 토지의 이미지들은 또한 성서, 특히 창세기에 나온 물로부터 대지를 창조한 구절을 연상시킨다. 그러나 성서적 이미지 — 엄밀히 말해, 성서적 이미지는 파시스트에 의해 촉진될 수도 있었을 전쟁적 그리고 성적 상징화와는 달리, 국가의 집단정신 속에서 이미 잘 설립되었기 때문에 — 는 무솔리니의 선전에 의해 각별히 폭력적인 개조를 당해야만 했다. "물에 대한 전쟁lotta con l'acqua"과 "물에 대한 승리conquista sull' acqua"에 관한 파시스트의 설명은 단순히 창세기의 개작된 이야기들, 즉 자연적 요소가 정복되고 종속되는 그러한 기술적인 투쟁의 승리를 세속화시킨 것만은 아니었다. 파시스트의 설명은 파시즘의 정치 투쟁을 상징화하는 것이기도 했다. 궁극적으로 보았을 때 진정한 적은 물이 아니라 늪지의 진흙이었는데, 근대를 정신적 혼란에 빠뜨린 그 더러운 진흙은 헤아릴 수 없는 혼돈, 여성적인 질서 부재의 위협, 그리고 무정부 상태의 불순함 등의 기억을 끊임없이 불러일으켰다. 경계가 불명확한 저습지低濕地를 순수한 요소들(이 경우에는 대지와 물)로 분리하려는 것은 아주 먼 옛날부터 질서를 창조하려는 모든 시도들의 목표였으며, 파시스트의 상상 속에서는 1922년 무솔리니의 권력 장악이 자유주의적 의회 체제라는 "늪"으로부터 국가를 구해 냈다는 것을 의미했다. 1935년에 개막된 어느 대중적인 야외 행사에서 이탈리아 의회의 과거가 다음과 같이 노골적이고 지극히 경멸적으로 언급되었다. "무대 왼쪽에 움푹 패인 지역을 벗어나면 늪지 하나[의회를 의미]가 시야에 들어오기 시작한다. …… 갈대로 가득하고 진흙으로 거품이 일고 있기 때문에 그것은 증기와 함께 소문, 비방, 의심의 소리들과 뒤섞인 개구리 우는 소리[의원들의 소란스런 정쟁들을 의미]를 발산하고 있다."[11] 무솔리니와 정권에게 아그로 폰티노의 진정한 의미는 일종의 서사시였다. 그 서사시는 실재와 상징의 혼합물로서, 그 속에서 그들은 권력 장악을 위한 초기의 정치 투쟁을 재연再演해 낼 수 있었다.

아그로 폰티노와 국가사회주의 및 뉴딜의 거대한 공공사업 프로젝트 — 아우토반과 테네시 강 유역 개발 공사(TVA) — 간의 비교는 전체 경관이나, 1930년대의 용어를 사용하자면, 지역들을 근대화시키고 재편하려는 기술적 모뉴멘털리즘에 대한 갈망이 공통적으로 존재했음을 보여준다. 의심할 여지없이 아그로 폰티노는 배수, 건설, 그리고 농업 기술에서 거대한 성취를 보여 주었다. 그럼에도 불구하고 아그로 폰티노는 TVA 댐, 아우토반, 드네프르 발전소 등과는 궁극적으로 달랐다. 이들 사업들에는 모뉴멘털리즘이 기술 그 자체에 내재해 있었다. 비록 그 범위가 이전의 모든 사업들을 무색하게 하고 그 신도시들이 확실하게 기념비성을 제공했을지라도, 아그로 폰티노는 오히려 일종의 정착지에 가까웠다. 아그로 폰티노는 기술적 규모나 역동성 어느 면에서도 미국과 독일에서 동시에 수행된 프로젝트들에 맞지 않았다.[12]

테네시 강 유역 개발 공사

1933년 5월 루스벨트 대통령은 테네시 강 유역 개발 공사 법안에 서명했다. 그 법안은 연방정부에게 테네시, 앨라배마, 조지아, 미시시피, 노스캐롤라이나, 켄터키, 그리고 버지니아 등의 일부 지역 개발을 책임지도록 권한을 부여한 것이었다. 테네시 강과 그 지류들을 둘러싸고 있는 그 지역은 면적으로는 약 99,800제곱킬로미터이며 폰티네 습지의 125배 크기였다. 이 지역은 미국에서 가장 가난한 지역들 중 하나였다. 원래는 비옥한 토지, 온화한 기후, 충분한 강수량을 포함해 그 지역을 번영시킬 수 있었을 자원으로 축복받은 지역이었지만, 그 지역에 거주하는 250만 명의 주민들의 1인당 평균 소득은 전국 평균의 절반에도 미치지 못했다. 두 세대 전만 해도 테네시 강 유역은 제2의 캘리포니아가 될 것처럼 보였었다. 그러나 19세기 말에 악덕-자본가 시대가 도래했고 이 지역은 극심한 고통을 겪게 되었다. 불과 몇 년 동안에 테네시 강 유역의 산림은 남김없이 채벌되었고, 이는 대규모 토양 파괴를 유발했다. 광활하고 비옥한 농경지는 마치 달 표면의 지형처럼 황폐해졌다.

TVA 법안이 제정되기 16년 전에 이미 워싱턴 당국은 이 지역에 거대

1939년 2월에 스모키 산맥Smoky Mountains 근처, 가뭄이 닥친 농장의 현관에 서 있는 여성.

한 건설 프로젝트를 착수했다. 앨라배마 주, 머슬 숄스Muscle Shoals 근처의 윌슨 댐Wilson Dam이 그것이다. 1917년과 1918년에 국가 주도적 전시戰時 경제의 일부로 건설된 그 댐은 부근의 군수 산업을 가동하는 데 필요한 에너지를 공급하기 위해 계획되었다. 그러나 그 댐은 한 번도 작동되지 않았다. 전쟁의 종결과 그에 따른 경제에 대한 국가 개입의 종결로 인해 막대한 비용을 들여 건설한 그 시설은 하루아침에 폐허로 변했다. 민영화는 선택지가 되지 못했다. 왜냐하면 댐을 공개 매수하기에 적절한 후보자가 될 만한 공익 설비 사업체들은 1920년대에 스캔들 때문에 크게 동요했었고 결국 여론의 신망을 얻지 못했기 때문이다.

그 프로젝트는 1921년에 완전히 색다른 수완을 지닌 투자가를 발견한 것처럼 보였다. 헨리 포드가 그 시설을 100년 동안 임대하는 대가로 5백만 달러를 내놓았을 때 포드의 개발 개념은, 댐의 추가 건설 그리고 자동차 대중화motorization와 전력화electrification라는 두 이상을 굳게 결합시킨 전 지역의 개조 전망을 포괄하고 있는 것으로, 훗날 TVA에 의해서 수행된 정책 발안들을 미리 예시한 것이었다. 포드는 에버니저 하워드가 기획한 방향대로 산업과 농업을 혼합한 띠 모양의 도시를 건설할 계획이었다. 그 도시는 테네시 강을 따라서 길이 120킬로미터와 폭 24킬로미터의 규모로 뻗어나갈 것이었다. 주민들이 전력과 자동차를 "맘껏 누리게 될" 장래의 공동체는 자동차 산업 — 바로 그 공동체가 자동차를 생산하고 구매한다 — 에서부터 에너지에 이르기까지 포드의 생산과 소비 시스템을 확장시키면서 미래를 위한 하나의 모델이 될 것이었다. 이러한 전망은 대중들에게 잘 먹혀들었다. 왜냐하면 1922년에 머슬 숄스에서 그 기업의 공동 관리자로서 공개석상에 함께 모습을 드러냈던 헨리 포드와 토머스 에디슨Thomas Edison*은 이들이 구현한 두 개의 가장 근대적인 형태의 기술〔포드의 자동차와 에디슨의 전기〕의 통합을 약속했기 때문이었다. 호소력의 또 다른 원천은 그 계획이 지닌 명백한 포퓰리스트적인 활기였다. 포드가 은행의 도움 없이 — 사실상 월 스트리트가 반대했기에 — 자신의 자동차 제국을 건설한 것과 마찬가지로, 그는 이제 소비자들 — 국민 — 을 위해 머슬 숄스 프로젝트를 이끌어 나갈 것이며 그리고 금융 자본가들과 에너지 회사들에게 일격을 가할 것을 맹세했다. 그러나 포드의 계획은 어느 곳으로도 나아가지 못했다. 이는 대부분 상원 의원 조지 노리스George Norris** 덕분이었는데, 그는 포드의 의도를 신뢰하지 않았으며 그 프로젝트가 여전히 공적인 관리 아래 있어야만 된다고 생각했던 것이다. 포드는 1924년에 자신의 제안을 철회했다.[13]

---

* **토머스 에디슨** 발명가 에디슨을 말하며 포드와 평생을 막역한 사이로 지냈다.

** **조지 노리스** 미국의 자유주의 정치가로 하원 의장, 상원 의원을 지냈고 1932년에 수정된 헌법 제20조의 기초자로 유명하다. 저서로는 《논쟁의 자유》가 있다.

따라서 루스벨트가 지역 개발을 위한 하나의 목표로 테네시 강 유역을 겨냥했을 때는 이미 기본적인 토대는 잘 놓여 있었던 셈이었다. 아그로 폰티노와 마찬가지로, 그 지역은 실제의 지역적 함의를 훨씬 능가하는 국가적 중요성을 지닌 하나의 상징이 되어 있었다.[14] 그리고 폰티네 습지의 개간이 보니피카 인테그랄레의 훌륭한 전시물이 되었던 것과 마찬가지로, TVA는 통합적 지역 개발을 향한 뉴딜의 열정을 보여 주는 거대한 상징이 되었다. TVA는 단 하나의 부문 — 정착지 건설, 수송, 농업, 혹은 산업 — 에만 사업을 한정하지 않고 이 모든 것들을 하나의 일관된 전략 속으로 동등하게 통합하였다.

아그로 폰티노의 개간이 신도시 건설을 포함하고 있었음에도 본질적으로는 농업적 프로젝트였던 반면, TVA는 농업과 기술 간의 새로운 유형의 종합을 목표로 했다. 표면적으로 볼 때 TVA는 두 개의 개별적이고 서로 관계가 없는 사업들로 분리된 것처럼 보였다. 하나는 물에 초점을 맞추었다. 즉 댐과 수문의 건설은 홍수를 방지하고 그 강들에 선박 항행航行이 가능하도록 만드는 것이 목적이었다. 또 다른 하나는 대지에 초점을 맞추었다. 인프라스트럭처의 개선을 통해 그 지역을 모범적인 근대 지역으로 변환시키기 위한 것이라 할지라도 조림과 토양 개선은 대지를 19세기 후반의 과잉 개발 이전의 원래 상태로 복원하기 위한 것이었다. 이러한 두 가지 활동 영역은, 댐 축조가 전체 계곡들에 많은 물을 쏟아 놓는 한 거기에 살던 사람들을 위한 재정착지가 반드시 필요했기 때문에 서로 연결되었다. 보수적인 비평가들은 이를 토지로부터 농민들을 내쫓는 것으로 봤지만, 뉴딜은 물에 잠긴 지역을 대체하게 될 새로운 세계라고 선전을 통해 자랑했다. 이 새로운 세계는 새로이 높아진 수면보다 수백 미터 높게 만든 구舊세계의 개조물도, 아그로 폰티노와 같이 근대화의 몇 가지 상징들을 가진 농업 공동체도 아니었다. TVA 프로젝트를 차별화시킨 것은 전기電氣가 일구어 냈던 핵심적인 역할이었다.

통합적인 개발이라는 목표와 더불어, 미국과 이탈리아의 프로젝트가 공유하고 있었던 또 하나의 요소는, 그것들을 제1차 세계 대전에서 양 국가가 기울였던 노력에 견줄 만한 국가적 시도들이라고 표현했다는 점이다. 루스벨트는 대공황에 맞선 전투와 외부의 적에 맞선 전쟁을 수사학적으로 비교했는데, 이는 TVA를 1917년에 머슬 숄스에서 시작된 활동들의 확장으로서 바라보게 했다. TVA가 조직되었던 방법도 또한 제1차 세계 대전을 상기시켰다. TVA는 일종의 "공사公社"였다. 즉, 정부의 통제 아래에서 특수한 비非국가적이고 비非군사적인 임무를 수행하기 위해 설립된 국가 소유의 법적·경제적 실체였다. 공사公社라는 혼합형 구조는, 정부가 무기 산업을 좀 더 효율적으로 지도하고 윌슨 댐과 같은 프로젝트를 지원할 수 있도록 하기 위해 1917년에 워싱턴에서 만들어졌다. 공사는 국가가 경제 기업에 관여하는 것을 금지했던 법체계와 헌법을 우회하는 연방 정부의 방식이었다. 물론 루스벨트 자신이 정의한 것처럼, TVA는 "정부 권력을 부여받았지만 사기업들의 유연성과 창의성을 소유한 기업체"라는 사실을 숨기지 않았다. 당시에 대통령이 미국 헌법을 전복시키고 있는 것은 아닌지에 관한 상당한 우려가 존재했다. 정치학자인 데이비드 미트러니David Mitrany는 다음과 같이 썼다.

TVA는 실제로 헌법에서의 어떠한 형식적인 변화도 없이 미국의 헌법 구조에 하나의 새로운 차원을 도입한 것이다. 하나의 자율적인 공사公社로 행동하면서, TVA는 그 지역의 개별 주州들, 그 주의 기관들 및 도시들과 계약 관계에 들어갔다. 이러한 계약 관계들은, 모든 정치적 경계선들을 교차하고 포섭하는 어떤 협력적이고 통합적이고 다목적적인 사업으로 동반 성장시켰다. 그것은 실행 가능한 것이었다. 왜냐하면 TVA의 권한은 의회가 위임한 기능들에 한정되었기 때문이다. 즉 한정된 기능에 대해서는 완벽한 권한이 행사된, 전과 또 다른 사례였다[강조는 필자].

바꾸어 말하면, TVA는 어느 모로 보나 국민 투표로 선출된 카리스마적 리더십이라는 루스벨트의 정치 스타일 그 자체만큼이나 권력 분립이라는 자유민주주의 원칙에 대한 심각한 도전장을 내밀었던 것이다. 아그로 폰티노에서의 ONC의 역할과의 주요한 차이점은, TVA는 전 지역을 자신의 권한 밑에 둔 것이 아니라 정부가 거기에 건설했던 댐과 발전소 그리고 오로지 테네시 강과 그 지류들만을 관리했다는 점이다. 그러나 그 강들이 그 지역의 자연적 기반을 이루고 있는 한, 국가는 그 전체 지역을 효과적으로 통제할 수 있었다.[15]

이제 TVA와 아그로 폰티노 정책뿐 아니라 이들이 모방한 모델, 즉 소련의 드네프르 댐이 초점을 맞추었던 자연적 요소에 대해 좀 더 자세하게 검토해야 할 적절한 시점이 되었다. 물은 실재이자 상징이었다. 세 개의 프로젝트 — 하나는 늪지의 배수, 두 개는 사나운 강의 통제 — 에 의해 성취될 실질적인 결과는 대단히 명확했다. 우리가 살펴본 것처럼, 파시스트의 생각에 폰티네 습지는 국가를 근대화시킬 능력이 없었던 이탈리아 부르주아지의 쓸데없는 수다를 상징했다. 그러나 사나운 테네시 강물의 길들이기는 미국인들에게 무엇을 의미했을까?

　루스벨트의 프로젝트가 시작된 지 10년 후 테네시 계곡에 대한 묘사는 우리에게 그것이 지닌 의미와 상징적 중요성에 대해 하나의 통찰력을 제공하고 있다.

　이것은 거대한 변화에 관한 이야기이다. 이제는 사람들이 즐기고 사업체들에게 자양분을 제공하는 상업 바지선의 운행을 위해 사시사철 의존할 수 있는, 넓고 사랑스런 호수들이 된 꾸불꾸불하고 변덕스러운 강에 관한 이야기

권력의 건축: 노리스 댐의 콘크리트 덩어리.

이다. 그것은 한때 낭비되고 파괴된 물이 어떻게 통제되었는지, 그리고 그
물이 이제는 어떻게 인간의 고역의 짐을 경감시킬 전기 에너지를 주야로
창출하는 일을 하는지에 관한 이야기이다. 오랫동안 황폐했지만 이제는 태
양을 향해 녹지 위로 드러누운 채 새로운 생산 능력으로 원기 왕성해진 땅
에 관한 이야기가 있다. 벌목된 채 벌거숭이로 약탈되었지만, 이제는 젊고
튼튼한 나무들로 보호받고 새로워진 산림에 관한 이야기가 있다.[16]

이리하여 TVA의 초대 이사회의 이사 중 한 명이었던 데이비드 릴리엔
솔David Lilienthal*은 그 프로젝트의 초기 몇 년 동안에 관해 책을 썼으
며 1944년에 《TVA: 전진하는 민주주의 *TVA: Democracy on the March*》라는
제목으로 발간되었다. 뉴딜 내에서 TVA가 지닌 상징적인 차원을 포괄

---

* **데이비드 릴리엔솔** 미국의 정치가. 1941년에 TVA 이사장, 1946년에 원자력위원회 초대
위원장을 지냈고 원자력 국제 관리안을 기초했다.

하고 있는 이 책보다 더 나은 자료는 존재하지 않는다. 릴리엔솔은 단순히 테네시 강과 그 지류들의 통제에 대한 기술적인 측면만을 묘사하고 있지 않다. 그의 말은, 아마도 자유주의적 자본주의에 대한 뉴딜의 성공적인 통제와 관련된 하나의 유추를 무의식적으로 암시하고 있다. TVA의 댐들과 수문들이 어떻게 과거의 파멸적인 홍수들을 종결시켰는지에 관한 그의 설명은 케인스주의 경제 계획에 의해 통제되어 생산적으로 돌아가게 되었던 광포한 자본주의의 이미지를 상기시킨다. 댐과 더불어 테네시 계곡에서 뉴딜이 성취했던 것은 수많은 규제 기관들을 통해 경제적으로 이루어진 것이었다. TVA는 뉴딜의 심장부에 위치한 규제 당국의 강력한 구현이었다. 이러한 의미에서, 폰티네 습지의 신도시들이 파시즘의 기념비들이었던 것과 마찬가지로, 테네시 계곡의 대규모 댐들은 뉴딜의 기념비들이었다.

TVA는 특히 선전 자산으로서 가치가 있었다. 왜냐하면 기술적 규제와 계획이라는 사상은, 다른 데서라면 모든 형태의 정치적 혹은 경제적 통제를 거부했을 사회에 의해서 수용되었고, 심지어 환영받았기 때문이었다. 홍수를 통제하기 위한 기술 설비들은 일종의 트로이의 목마와도 같았는데, 그것은 경제 및 사회 계획이 미국의 자유주의적 자본주의의 요새로 스며들도록 할 수 있었다. TVA 이사회의 릴리엔솔의 동료 중 한 명인 아서 모건Arthur E. Morgan은 1934년에 다음과 같이 썼다.

우리는 농업과 산업의 균형을 맞추고 홍수 통제와 삼림 관리를 갖춘 치수 체계water-control system의 기획, 토지 파괴의 방지, 그리고 직업 재조직에 착수하고 있다. 어떤 직무이든 우리를 또 다른 직무로 인도한다. 그리하여 우리는 어느새 사회 조직의 철학을 실천하게 되었다.[17]

모건은 훗날 과학기술 계획과 사회 계획은 똑같이 진보적인 현상이라고 믿었던 "토목 기사이자 사회 공학자"로서 평가받았다. 심지어 전체주의가 자신의 거대한 적이었던 자유주의자조차도 아무런 의심도 없이 TVA의 기술적, 경제적, 그리고 사회적 "전체성totality"을 수용하였다. 그러한 자유주의자 중 한 사람인 줄리언 헉슬리Julian Huxley는 그것을 "계획은 개인의 자유 및 기회와 조화될 수 있을 뿐만 아니라, 그것들을 강화하고 확대하는 데 이용될 수도 있다"[18]라고 특징짓기까지 했다.

TVA는 민주주의가 계획의 영역에서 전체주의가 이룩한 성취들과 경쟁할 수 있으며 사실상 그것들을 능가할 수 있는 능력이 있음을 증명하는 정치적·상징적·수사학적 임무를 지니고 있었다. 하지만 그 이상으로 TVA 선전은 내부의 적에 대항하기 위한 것이었다. 즉 대공황을 유발했으며 히틀러, 스탈린, 무솔리니만큼이나 민주주의에 커다란 위협을 가한 것으로 간주된 자본주의의 난폭함들capitalist excesses이 그것이었다. 이 적은 "월 스트리트" — 대중들의 상상에 따르면 자비롭고 민주적인 화폐의 원칙을 타락시키는 금융 악마 — 뿐 아니라 전력 산업으로도 구체화되었다. 많은 사람들은 은행들이 자본 원천들에 흉악한 통제권을 행사한 것과 마찬가지로 거대 공익 회사들은 국가의 가장 중요한 에너지 자원을 사실상 목 졸라 왔다고 믿고 있었다.

　미국은 전력화에 관한 한 지구 상에서 가장 발전된 국가라는 명성을 얻고 있었다. 르 코르뷔지에는 야간의 맨해튼의 스카이라인에 대해 "전기 은하수electric Milky Way"라고 시적으로 표현했으며, 미국의 전기 제품들은 세계 도처에서 부러움을 자아냈다. 그러나 그것은 이야기의 한 측면에 불과했다. 전력이 완전히 공급된 주요 도시 중심지들은 미국의 그저 일부분에 불과했다. 시골은 여전히 문자 그대로 어둠 속에 갇혀 있었다. 왜냐하면 시골에 전력을 공급해서 얻을 수 있는 이윤이 없었기 때문이었다. 1930년에는 미국 가계의 겨우 20퍼센트만이 전기에 접근할 수 있었다. 자본주의는 소비자들을 실망시켰고 심지어는 배반했던 것 같다. 기술 혁신이 대다수의 사람들에게 기본적인 편의 시설을 구입 가능하게 만들 수 있다는 것을 보여 주었던 포드 자동차 회사의 대량 생산의 결과로 인해 자본주의의 이러한 단점은 그만큼 더 용서하기가 어려운 것으로 보였다. 윌슨 댐에 관한 포드의 적대자이자 테디 루스벨트 Teddy Roosevelt식의 진보적인 공화당원인 상원 의원 조지 노리스는 단도직입적으로 공익 회사에 책임을 물었다.

> 전력 트러스트power trust는 사적인 탐욕을 위해서 조직된 가장 거대한 독점 사업체이다. …… 그들은 주 의회들을 사고팔았다. …… 그들은 기꺼이 농업 조직에 몰려 들어갔다. 그들은 교회와 종교 조직의 성스러운 벽을 뚫고 진입하는 데 주저함이 없었다. …… 자신의 더러운 손가락으로, 모든 공동체들에 깊숙이 들어가 모든 가정에다 요금을 부과한다. 그들이 통제하지 않았던 인간 활동의 거리는 하나도 없었다. 그들은 보이 스카우트 조직에서 우리 소년들의 마음을 타락시켰다. 그들은 교단의 성직자에게 뇌물을 제공했으며 심지어 사악하고 은밀한 발걸음으로 우리의 공립학교들에 진입했으며 어린이들의 마음을 타락시켰다.[19]

전기 독점체들에 대한 대중의 분노는 새로운 것이었으며, 그런 이유로 은행들에 대한 수백 년 묵은 대중의 적대감보다 더욱 강력하였다. 은행들이 광범위한 열광을 결코 이끌어내지 못했음에 반해, 전력화라는 관념은 1900년경에 가능성의 영역으로 진입한 이래로 대중의 기대감을 거대하게 불러일으켰다. 기술 일반이 미래에 대한 유토피아적인 전망 속에서 등장한 것과 마찬가지로, 전력화는 고역과 착취로부터의 구원이라는 약속을 지킬 것으로 비춰졌다. 프랑스의 작가 에밀 졸라Émile Zola

는 1901년에 출간한 그의 책《노동 Work》에서 우리에게 이러한 지상 낙원에 대해서 설명해 준다.

> 기계가 모든 것을 했다. …… 이제는 노동자의 경쟁자가 아니라 노동자의 친구가 된, 절대 지치지 않는 정력을 가진 순종적인 기계 노동자의 부대를 보라. 얼마나 의기양양한 광경인가. …… 그것들은 노동자를 착취하는 대신 해방시켰다. 노동자가 휴식을 취하는 동안, 기계는 노동자가 해야 할 일을 했다.[20]

당시에 졸라의 전망은 과열된 문학적 상상력의 산물로서가 아니라 그 시대의 전기 정신electric spirit이라 불릴 수 있었던 것의 표출로서 읽혔다. 만약 우리가 졸라의 유토피아와 노리스의 "나는 고발한다J'accuse"*를 비교한다면, 우리는 사람들이 갖고 있었던 구원에 대한 기대감과 그들의 현실 간에 거리가 얼마나 크게 벌어져 있었는지를 알 수 있을 것이다.

이전에 이루어졌던 기술과 산업에서의 모든 진보들이 원시적으로 비춰졌던 것과는 대조적으로 전기는 가장 순수하고 가장 효율적인 형태의 에너지로 간주되었다. 루이스 멈퍼드는, 첫 번째 산업 혁명을 주도했던 증기 엔진은 "구舊기술"이고, 이제 전기가 "신기술"의 결과로 두 번째 산업 혁명을 가져올 것이라고 했다. 전력電力 덕분에 "기계에 의해 배반당한 모든 꿈들을 되찾을 수 있는" 그리고 "산업적 에덴industrial Eden"을 창조할 수 있는 가능성이 존재하게 되었다.[21] 이는 제너럴 일렉트릭 사의 수석 엔지니어였던 찰스 스타인메츠Charles Steinmetz와 소련의 창시자 블라디미르 레닌Vladimir Lenin과 같은 다양한 인물들이 공유하고 있었

---

* 에밀 졸라가 1890년대 드레퓌스 사건의 부조리를 폭로하는 과정에서 했던 말. 여기서는 노리스의 주장을 은유하기 위해 사용했다.

던 신념이었다.

카리스마적 리더십, 내셔널리즘, 그리고 지역주의와 마찬가지로 전력화는 1930년대 르네상스를 누렸던 오래된 관념이었다. 다른 핵심적인 관념들처럼, 루스벨트 시대의 전력화의 의미와 세기 전환기의 전력화의 의미 사이에는 중요한 차이가 존재했다. 즉 루스벨트 시대의 전력화 전망은 더 이상 생명력과 부로 가득 찬 사회로부터 도출되었던 것이 아니라 쇠퇴와 붕괴의 경험으로부터 도출되었다는 점이다. 전력화는, 끝없이 증가하고 기적 같이 위생적이고 고역이 없는 생산성을 가진 놀라운 산업 문명을 실현할 가장 최근의 기술적 진보로서 더 이상 추켜세워지지 않았다. 대신에 그것은 산업화가 저지른 거대한 역사적 오류로부터 벗어나는 수단으로 이해되었다. 지역이 하나의 "유기적인" 공간으로서, 그리고 자급자족적인 정착지가 확고히 정박한 위기 방지적인 사회적 · 경제적 단위로서 치켜세워졌던 것과 마찬가지로, 전기는 이제 대규모 산업이라는 감옥으로부터 인류를 해방시킬 수 있고 과거의 쓸 만한 조건들을 복원시킬 수 있는 유일한 기술로 간주되었다.

중심적인 개념은 분권화decentralization였다. 이는 농업과 경공업을 혼합한 루소적인 혼합 경제에 적합하도록 이전의 산업 집중 경향을 역전시키는 것을 의미한다. 거기서 인류는 더 이상 멀리 떨어져 있는 익명의 명령 센터의 부속물로 느끼지 않으며 자신의 삶에 대한 통제권을 되찾을 것이었다. 전력화는 원시적인 생활 수준으로 돌아가지 않고도 전근대 사회의 이점들 — 장인 정신, 공동체적 연대, 그리고 진실성 — 을 되찾을 수 있는 기술적 수단이었다. 개인적인 가정용품이나 소형 전동기로 분권화되고 소형화된다면, 전기는 대중이 주권적인 생산자이자 소비자로서 행동하는 최초의 산업 혁명을 창출할 것이었다.

이러한 관점에 대한 명백한 반대가 존재했다. 에너지가 여전히 대규모 공장들에서 생산되고 있기 때문에 그러한 분권화는 순전히 환상이라는 것이었다. 하지만 그러한 비판은 전력화 옹호자들에게는 호소력이 없었다. 그들이 보기에, TVA에 의해 생산된 전기는 인민에 의해 그리고 인민을 위해 만들어진 전력이었다. 그것은 마치 독일의 폴크스바겐 Volkswagen이라는 이름이 "인민의 차"라는 것을 분명하게 나타낸 것과 마찬가지였다. 자유주의 체제에서 큰 것과 작은 것 사이의 적대 관계가 항상 큰 것에 의해서 작은 것이 정복당하고 먹혀버리는 위협을 수반했음에 반해, 파시즘, 국가사회주의, 그리고 뉴딜은 거대한 산업 집괴集塊 들conglomerations이 일단 국가 통제 아래 놓이게 되면 많은 소규모 소비자들과 소유자들의 집합이나 집단 재산에 지나지 않게 될 것임을 내세우면서 논점을 피해 갔다. "큰 것"은 "작은 것"을 보호하고 그것의 생존을 보장할 책임을 가지고 있었다. 아니면 그 시기에 관한 뛰어난 전문가인 월터 크리즈Walter Creese가 말한 것처럼, "'큰 것'은 그 주위에 '작은' 함의들을 갖도록 의도되어 있었다. 거대한 콘크리트 댐들은 시골을 보다 살 만하고 공생적이고 번영되고 목가적이며 수용력이 풍부하게 만들도록 기획되었다."

TVA의 문화적·신화적 의미에 관해 가장 계몽적인 연구자인 크리즈는 그러한 보호주의의 한 사례로서 노리스 댐 근처에 위치한 노리스타운Norristown의 모델 정착지를 인용하고 있다. 노리스타운은 흡사 중세의 도시 성벽의 형태로 공동체를 보호하고 있는 것처럼 보일 수 있는 노리스 댐의 기념비적인 콘크리트 벽의 배경과는 대조적으로 기이한 "인형의 집들"을 가진 매혹적인 18세기 마을과 닮아 있었다.[22] 그와 유사한 배치 구조가 아그로 폰티노에 존재했는데, 그곳에서는 초라한 정착지들이 신도시들의 기념비적인 당과 정부 건물들에 에워싸여 보호되고 있었다. 그러나 무솔리니의 프로젝트가 건축적, 기술적, 사회학적 정향에서 20세기보다는 로마 제국에 가까웠던 데 반해, 루스벨트의 TVA는 최신식 건설, 에너지 기술, 사회 이론들 그리고 선전 욕구들을 특징으로 삼았다. "권력의 건축architecture of power"이라는 말을 만든 장본인인 루이스 멈퍼드는 TVA 댐들을 기술 권력과 정치권력의 성공적인 결혼이라고 선언했다. 그는 레닌의 말('공산주의는 소비에트 권력 더하기 전력화')을 똑같이 바꿔서 '뉴딜 더하기 전력화는 복지 국가'라고 말했으며 "홍보의 건축architecture of public relations"에 관해 언급했던 당대의 다른 평론가와 행동을 같이했다.[23] 이보다 더 상징적으로 강력한 건설 프로젝트는 상상하기 어렵다. 그 댐은, 파괴적이고 자연적인 물의 힘을 유용한 에너지로 전환시킨, 길들여지고 문명화된 권력을 표상했다. 노리스 댐은 또한 대기업의 세력권 외부에서, 인민에 의해 선출된 대표들을 통해 인민에 의해 통제되는 일종의 경제적 호민관을 창출했다. 그리하여 노리스 댐은 의심할 여지없이 뉴딜의 핵심적인 상징이 되었다.

고대 이집트의 피라미드, 중세의 대성당들, 아크로폴리스, 그리고 포룸 로마눔Forum Romanum*과 비교될 만한 많은 사례들이 당대에 존재했다. 그러나 TVA가 겨냥했던 목표는 단순히 역사적 위엄을 재생산하는 것이 아니라 그보다도 더욱 독창적이고 혁신적인 것이었다. 그 프로젝트를 착수하는 순간부터, 계획가들과 건설가들은 건축학적이고 기술적인 능력을 선전이 지닌 도발적인 힘과 연결시키고자 했다. 1941년에 뉴욕 현대미술관에서 TVA의 건축물에 관한 전시회가 열렸는데 그 개회사에서 데이비드 릴리엔솔은 "수백만의 미국인들이 …… 이 구조물들을 보게 될 것이다. 그들은 이 구조물들 속에서 민주주의가 지닌 남성다움과 활력의 징표를 보게 될 것이다. 인민이 소유하고 인민을 위해 세워진 이 댐들을 인민이 볼 때, 우리는 인민의 가슴이 자부심으로 감동받기를 원한다"[24]고 말했다.

---

* 고대 도시 로마의 공공시설로서 도시 한가운데 위치한 광장 건물들.

릴리엔솔이 말한 "수백만"이란, 독립적인 저널리즘에서부터 정부 선전에 이르기까지 다양한 매체를 통해서 그 댐의 모습을 보게 될 대중을 의미했다. 1930년대에 창간된 잡지 《라이프Life》는 뉴딜의 없어서는 안될 통로였으며, 특히 TVA의 공적 도상학iconography이었다. 우리가 살펴본 것처럼, 그러한 기사들은 순전히 워싱턴에서 나온 공보 전단을 받아 작성되었다. 그 영향력은 워싱턴의 권한으로 학교와 극장에 무료로 배포된 "뉴스 영화"에서 최고조에 달했다. 최근의 어떤 역사가가 지적한 것처럼, "그러한 필름들이 사실에 기초한 뉴스 영화가 아니었다는 사실을 청중들에게 알려 주려는 노력은 거의 기울여지지 않았다."[25]

그러나 릴리엔솔도 역시 직접적인 경험을 언급하고 있었다. TVA 댐들은 단순한 전력 생산 시설만을 의미하지 않았다. 그 댐들은, 마치 신전을 방문한 순례자들처럼, 그 시설물들을 방문하여 그것들을 상징적으로 소유하게 될 관광객의 물결을 끌어들이는 흡인력이기도 했다. 진입로, 방문객 센터, 리셉션 홀, 전망대, 그리고 관람실 등과 같은 시설들은 종합적으로 구상된 시설물들의 일부였다. 이것들은 너무나 잘 통합되어 있었기 때문에 기술이 끝나는 지점과 선전이 시작되는 지점을 구별하기가 불가능했다. 이러한 경계선 흐리기를 위해서는 관광객의 흐름이 댐 가동을 위한 활동들을 방해하지 않도록 하는 신중한 조직화가 반드시 필요했다. 역사가 탤벗 햄린Talbot Hamlin은 그러한 관광객들의 방문을 다음과 같이 기술했다.

대중들은 지상에 있는 구조물로 흘러 들어갔으며, 전시실과 방문자 사무소를 거쳐 위층의 관람실로 올라가 발전소를 내려다보았으며, 그리고 일상적인 작업 통행선을 한 번도 침범하지 않고 다시 나왔다. 관광객들은 어떤 노동자도 방해하지 않고 모든 것을 관람하였다. 이것만 보더라도 철저한 동선

계획이었음을 알 수 있었다.[26)]

TVA 댐 시설물의 리셉션 홀을 방문했던 방문객들이 받았던 공간적인 인상은 당시의 호화로운 영화관의 로비에서 받은 경외감과 맞먹는 것이었다.[27)]

　심지어 순수하게 기술적인 분야들조차 효과를 극대화하기 위해 기념비적인 방식으로 만들어졌다. 가령, 그 댐들 중 한 곳에 있는 발전실은 당대의 건축 비평가에게 어떤 사원의 내부를 연상시켰다. 공간과 에너지는 스펙터클하게 결합되었는데, 관람자들에게 부여한 효과는 알베르트 슈페어가 극적인 "빛의 성당Cathedral of Light"* 효과로 연출한 뉘른베르크 집회의 그것과 무서우리만치 유사했다. 한 저널리스트는 1940년에 그 댐들에 관하여 "당신은 발전기의 강력한 움직임을 느낀다"라고 썼다.

　　그것은 하나의 최면 상태의 경험이다. 당신의 귀는 강력한 발전기들이 내는 끊질긴 윙윙 소리로 꽉 차 있고, 당신의 눈은 강력한 기계적이고 구조적 형태들이 주는 인상으로 가득 찼다. 전체적인 인상은 완전하다는 것이다. 모든 것이 하나의 거대한 효과에 기여한다. 당신은 시대가 생산해 낸 궁극의 힘을 보여 주는 가장 인상적인 상징을 눈앞에서 보고 있는 것이다.[28)]

그리고, 누군가는 기술적 숭고함의 가장 인상적인 표현이라고 덧붙일 수도 있을 것이다. 여기서 그러한 경이로움을 창출한 국가의 힘에 위압당하지 않는다는 것은 불가능했다.

---

* 1934년에 뉘른베르크 집회에서 백 개가 넘는 서치라이트를 야간 집회가 열리는 밤하늘에 쏘아 스펙터클을 만들었는데 이를 "빛의 성당"이라고 한다.

아우토반

독일과 미국의 공공사업 프로젝트가 지닌 하나의 공통적인 특징은 최신식 기술에 대한 강조였다. 이것이 독일과 미국의 프로젝트들을 이탈리아에서의 무솔리니의 프로젝트와 구별짓는 특징이었다. 전력화가 TVA를 위한 것이었다는 점과 마찬가지로 자동차 대중화는 아우토반을 위한 것이었다. 세기 전환기 무렵에 출현한 이래로 자동차는 편리함의 증대뿐만 아니라 이른바 상징적 구원을 의미했던 하나의 약속이었다. 아우토반과 TVA는 산업 혁명의 "원시적"이고 생산 지향적인 첫 번째 단계가 종결되었음을 알리는 것이었고 소비자 파라다이스의 전망을 열어젖히는 것이었다. 그것들이 만들어 낸 상상들 속에서, 인간과 자연 간의, 그리고 기술과 에너지 간의 모든 갈등들은 네오생시몽적neo-Saint-Simonian인 종합 속에서 해결될 것이었다. 제1차 세계 대전 동안 잠깐 중단되었던 것을 제외하고는, 20세기의 상상력은 자동차와 전기에 대한 대중의 접근이라는 관념에 완전히 사로잡혀 있었다. 그러한 상상력의 매력은 국가가 일상생활에 보다 적극적인 역할을 수행했던 1933년에 증가했다. TVA와 아우토반에 각각 자신의 정치적 운명을 걸었던 루스벨트와 히틀러는, 이들 프로젝트들이 각각의 정부를 위해 이용했던 강렬한 대중적 열망을 더할 나위 없이 잘 알고 있었다.

제3제국이 전력화가 아니라 자동차 대중화에 초점을 맞추었던 이유는 간단했다. 1930년경 대부분의 독일인 가계는 심지어 시골 지역에서도 이미 전기가 공급되었지만, 자동차는 극소수의 사람들만이 소유하고 있었다. 미국에서 개인주의적 자유주의가 자동차 산업의 발흥을 가져왔던 것과 마찬가지로, 독일에서 조합주의적이고 공동체적인 에너지 생산 조직은 시골 지역에 전기를 공급하는 데 성공했다. 이와 같이 미국과 독일은 서로에 대한 거울 이미지였다. 즉 미국의 경우 대부분의 자동차 소유자들은 가정에서 전력이 부족했으며, 반면에 독일의 경우 사람들은 벽의 콘센트에다 전기 제품 플러그를 꽂을 수 있었지만 대중교통 아니면 엔진을 사용하지 않는 교통수단에 의존하고 있었다. 두 나라 모두에서 국가는 이러한 열세를 청산할 수 있는 유일한 권위체로서 개입했다. 히틀러와 루스벨트가 지닌 대부분의 카리스마는 특수한 이해관계들을 중립화시키고, 산업을 국유화하고, 그리고 대중들에게 "기적" 같은 기술들에 대한 접근을 제공할 수 있었던 그들의 능력 덕분이었다.

혁명에서 패션에 이르기까지 모든 신상품들과 마찬가지로 새로운 기술들은 처음 도입되는 바로 그 초기에 가장 큰 호소력을 갖는다. 기술의 발전이 인간의 오랜 꿈을 실현시킬 수 있다는 전망은 무한한 외경과 찬양을 야기시킨다. 하지만 나중에 어떤 기술이 대량 생산과 대량 소비 단계에 진입하기만 하면, 이런 효과는 점차 사라져 버린다.

1920년대 말경, 미국에서 자동차는 더 이상 기술의 기적을 대표하지 않게 되었지만, 유럽(특히 독일과 이탈리아)의 경우 자동차는 미래에 대한 호소력을 여전히 지니고 있었다. 자동차는 사람들에게 자연적 한계들을 넘어서게 해 주고 인간의 힘을 기술적으로 증대시켜 주는 이동과 속도의 창출 기계였다. 유럽인은 자동차를 개인적 자유를 보장하고 보호하는 무기로 이용했으며, 따라서 잘 알려져 있듯이 유럽인들의 운전 스타일은 개인주의적이었다. 즉, 공격적이고 과속을 일삼으며 남을 배려할 줄 모른다. 미국을 방문한 유럽인들은 미국의 운전자들이 얼마나 조용하고 순응적이며 수동적인지를 깨닫고는 놀랐다. 몇몇 사람들이 정확하게 파악한 것처럼, 이는 단순히 엄청나게 많은 차와 교통량에 기인하는 것이었다. 그럼에도 불구하고 한 프랑스 인 관찰자는 심지어 도로 위에서의 미국인의 인내심을 정치적 순응주의의 확장으로 해석하기도

했으며 혹은 그가 칭찬한 것처럼, 미국 민주주의의 안정성에서 표출된 "사회적 규율을 지키는 놀라운 습성"[29]으로 해석하기도 했다.

제3제국의 역사가들은 처음부터 아우토반을 나치의 독일 재무장 속에서 이뤄진 하나의 부수적인 노력으로 취급했다. 그들은 권력을 장악하자마자 고속도로망이 전쟁을 작정했던 정권을 위해 전략적으로 계획되었다고 결론 내렸다. 지난 30년 동안 국가사회주의에 대한 접근법들이 더욱 분화되어 감에 따라 아우토반 프로젝트의 다차원적인 모습이 드러나게 되었다. 이제 아우토반은 다른 방식, 즉 대중의 충성을 이끌어내기 위해서 강압보다는 오히려 조작과 설득을 사용했던, 나치 정권의 "미국적" 면모를 보여 주는 중요한 사례로서 이해되고 있다. 신세대 역사가들이 발견한 바에 따르면, "인민의 공동체Volksgemeinschaft"라는 이데올로기는 빵과 서커스를 약속했기 때문에 성공한 것이 아니라 그것들을 실제로 나누어 주었기 때문에 성공하였다. 이러한 관점에서 볼 때, 제3제국은 감옥이라기보다는 '기쁨을 통한 힘(Kraft durch Freude)'이라는 여가 선용 프로그램과 같은 조직들에 의해 운용되고 아우토반에 의해 결합되는 하나의 거대한 유원지처럼 보인다.

기쁨을 통한 힘과 아우토반은 제대로 모양새를 갖추기 위해서 세 번째의 거대한 프로젝트를 필요로 했다. 바로 폴크스바겐Volkswagen이었다. 다섯 명의 승객을 태우고, 최대 시속 96킬로미터의 속도로 달리며, 겨우 1,000라이히스마르크*의 가격에 불과한 국민차였다. 이러한 국민차에 대한 관념은 1933년에 있었던 아돌프 히틀러와 자동차 디자이너 페르디난트 포르쉐Ferdinand Porsche의 만남의 산물이었다. 오랫동안 지연된 연후에야 자동차 제작은 '기쁨을 통한 힘' 프로그램의 후원 아래

---

* 독일 라이히스 방크(제국은행)가 1924년에 발행한 본위 화폐로서 1948년 통화 개혁 때까지 유통되었다.

1938년에 시작되었다. 사실 폴크스바겐 비틀VW Beetle을 낳은 선행 모델은 "기쁨을 통한 힘 자동차"로 알려져 있다.

　세계 최초의 고속도로망 아우토반의 건설은 자동차 제작보다 5년 전에 시작되었는데, 1933년에 나치가 권력을 장악한 직후였다. 아우토반의 첫 번째 구간은 1935년에 완성되었다. 도로 위를 주행할 차들이 존재하기도 전에 도로가 건설되었다는 놀라운 사실은 그 프로젝트가 갖는 심리학적 충격 효과를 감소시키지 못했다. 오히려 정반대였다. 자동차의 급속한 확산으로 자동차 주행이 일상적인 활동이 되어 버린 미국에서와는 달리, 아우토반과 자동차 대중화의 약속은 자동차의 카리스마를 증대시켰을 뿐이었다. 마치 고대 조각상 토르소torso*와도 같이 조각상의 생략된 팔, 다리 부분은 관람자가 머릿속에서 스스로 채워 넣어야만 했던 것이다. 이런 상상의 결과는 자동차로 꽉 찬 완공된 고속도로 체계와 당연히 같을 수는 없었다.

＊　　　＊　　　＊

　아우토반의 콘크리트 표면은 "권력의 건축" — 기술적 성취였을 뿐 아니라 정부의 성취였기도 했다는 의미에서 — 의 또 다른 사례였다. 또한 에너지라는 관념을 연상시키기도 했다. 왜냐하면 "자동차"와 "고속도로"에 해당하는 독일어 Kraftfahrzeug와 Kraftfahrbahn에는 모두 Kraft라는 단어가 들어가 있고, 이는 문자 그대로 힘power을 의미한다. 그리하여 "히틀러의 도로들"이라고 불렸던 고속도로는 전국적인 권력망의 구체적인 등가물로서 이해될 수 있었다. 즉 전국적 영역의 성격을 아그로 폰티노 및 심지어 TVA처럼 지역적 프로젝트들의 영역으로 축소시킨 하나

---

* 머리와 팔다리가 없는 동체만의 조각 작품.

의 새로운 유형의 모뉴멘탈리즘이었다.

이 모든 공공사업들은 동일한 목적을 가지고 있었다. 즉 자유주의에 의해서 물리적으로뿐 아니라 경제적으로도 파멸되었던 것으로 여겨졌던 바로 그 국가를 재건하고 근대화시키는 것이었다. 그러나 아그로 폰티노와 TVA가 기술적·경제적 근대화를 내세우면서 이를 시도했던 반면에, 아우토반은 미학aesthetics에 초점을 맞추었다. 물론 결국에는 이 세 가지 프로젝트 모두가 의도했던 효과를 산출하기 위해서 대중 매체에 의존했다. 대다수의 미국인, 이탈리아인, 독일인은 아그로 폰티노나 TVA의 약속된 땅과는 너무나 동떨어져 살았거나 아우토반을 질주할 차 한 대도 소유하지 못했다. 그렇기 때문에 그들은 이러한 근대성modernity의 위대한 건설 현장들을 경험하기 위해서 뉴스 영화, 화보 잡지, 대형 인쇄물, 그리고 전시품에 의존했다. 그러나 아우토반의 보다 심오한 의미는 무엇이었는가? 아우토반이 국가에게 전달하고자 했던 것은 무엇이었는가?

비록 모순은 아니라 할지라도 아우토반autobahn이라는 용어에는 하나의 확실한 불일치가 존재했다. 반Bahn이라는 단어를 포함할 경우(아이젠반Eisenbahn, 즉 철도에서와 같이), 그것은 전통적인 도로와는 질적으로 다른 무언가가 의도되었음을 암시한다. 그러한 모순은 독일의 철도청이 아우토반 건설의 계획과 지시를 감독할 권한을 갖고 있었으나 실제로는 제한된 통제권만을 가지고 있었다는 사실에 의해 확대되었다. 이러한 상황은 거기에 관련된 다양한 파벌들 사이의 갈등을 지속시킬 토대를 마련했다. 어떤 사람들은 고속도로망의 모델로서 아이젠반을 고려했던 반면에, 다른 사람들은 공간과 이동에 관한 전적으로 새로운 미학을 창출하기를 원했다. 히틀러가 개인적으로 임명했던 아우토반 감독자인 프리츠 토트Fritz Todt와 특별히 엄선된 조경건축가들로 구성된 자문위원회는 독일의 철도 체계를 무시해도 좋을 모델로 간주했다. 그들의 주된 지도 이념은 "독일적 기술"이라는 전망이었는데, 이는 이중의 약속을 이행하겠다는 신비주의에 가까운 어구였다. 즉 일단 자본주의의 "노예 상태"로부터 기술을 해방시키고, 그다음 기술을 자연과 화해시킨다는 것이었다.[30] 이들 아우토반 계획가들에게 철도는 "유기적인" 경관의 주된 파괴자였다. 이제 아우토반은 철도가 파괴한 자연 경관을 구출하는 기능을 하게 되는 것이다.

토트는 어느 중요한 진술 중에 아우토반의 건설에서 경관이 의미했던 바가 무엇인지를 구체적으로 밝히려 했다.

> 경관 디자인의 문제는 아우토반의 가장 중요한 문제 중의 하나이다. …… 나는 여러 도로들이 개발될 때 그 길들이 마치 철도 선로처럼 인위적으로 뻗어 나갔다는 인상을 주지 않기를 제발 바란다. 그와는 반대로, 사람들에게 길이 자연과 연결되어 있다는 것을 느끼게 해 주고 싶다.

토트는, 아우토반은 "기술과 자연을 이어주는 팽팽하게 잡아당겨진, 결코 끊어지지 않는 끈이 되어야 할 것이다"라고 덧붙였다. 다른 계획가들은 "그 풍경을 파괴하는 것이 아니라, 〔아우토반의〕 길들이 펼쳐지는 감수성을 통해 각각의 개별적인 경관들이 갖는 고유한 성격을 강조하려고 했다." 그 궁극적인 목표는 "두 지점 사이의 최단거리의 연결이 아니라, 오히려 반대로 가장 숭고한 연결"이었는데, "그 경관을 이전보다 더욱 아름답게 만들"도록 기획하는 것이었다.[31]

이러한 고상한 목표들이 단순히 선전이었는지 아니면 아우토반이 진실로 나치즘의 생태학적인 업적을 의미하는 것인지에 관한 문제는 오늘날 역사가들의 관심을 계속해서 끌고 있다. 1980년대에 군사 전략에 관한

자연의 신격화로서의 아우토반.

주제들이 시들해지면서 학자들은 다른 극단으로 관심을 돌렸으며, 히틀러의 고속도로를 일종의 자연보호론적 노력이라고 "과잉 해석"하기 시작했다.[32] 최근에 역사가 토머스 첼러Thomas Zeller는 아우토반이 뻗어나간 길들을 결정했던 것은 환경주의자들이 아니라 주로 엔지니어들이었다는 사실을 지적하면서, 나치의 수사를 액면 그대로 받아들인 해석들을 비난했다. 하지만 의도와 실재 간의 계속적인 불일치들을 추적하는 대신에, 우리는 아우토반 계획가들이 경관의 "고유한 성격", "기술과 자연을 연결하는 끈", 그리고 "숭고한 연결"을 통해 실제로 의도하고자 했던 바가 무엇이었는지를 질문하는 편이 나을 것이다.

아우토반 프로젝트가 착수된 그 순간부터 이런 문구들은 많은 오해를 불러일으켰다. 토트의 자문위원회에 소속된 많은 조경 건축가들은, 토트가 경관을 보존할 수 있도록 아우토반이 설계되어야 한다고 주장하는 것으로 생각했다. 그러나 그들은 곧바로 토트가 마음속에 갖고 있는 생각이 경관의 보존이 아니라 "경관의 창조"라는 것을 알아차렸다.[33] 예를 들어, 본Bonn 근처의 지벵게비르게Siebengebirge 자연보호 지구를 관통하여 아우토반을 건설하려는 계획에 반대해 항의했던 사람들은 "용기 없는 자연 애호자"로서 즉각 내쫓겼다. 고속도로는 지역의 아름다움에 접근하기 쉽게 만들어져야 할 뿐 아니라 실제로 그 지역의 미학적 개량을 상징해야 한다는 토트의 주장과 함께 지벵게비르게 아우토반은 계획대로 건설되었다.[34]

토트는 또한 아우토반을 "풍경을 감싸고 도는 왕관"이라고 묘사했다. 그가 바이마르 시대의 표현주의* 건축가인 브루노 타우트Bruno Taut의 유명한 "도시 왕관city crown" — 도시의 자극적인 시각적 집중 — 이라는

---

* 반反양식, 반反기계 문명적인 태도를 보이는데 크리스털과 수정체, 땅과 잠재의식에 집착하고, 예술지상주의적 상상력을 가졌으며, 알파인 건축으로 이어졌다.

사상을 이용하고 있었는지는 확실하지 않다. 그러나 수많은 논평가들이 토트의 아우토반 경관을 브루노 타우트의 도시 왕관뿐 아니라 "수정처럼 산벼랑에서 유기적으로 자라나게 될 알파인Alpine 건축"이라는 전망과 나란히 자리매김하면서 자연화된 기술과 기술화된 자연이라는 국가 사회주의적 비전을 표현주의적 비전과 비교했다.[35]

아우토반의 의도된 미학을 이해하기 위해서는 파시스트 이탈리아의 아우토스트라다autostrada*보다는 독일의 계획가들에게 하나의 모델이 되었던 미국의 도로 양식을 살펴보는 것이 아마도 가장 좋은 방법일 것이다.[36] 제1차 세계 대전 이전 몇 년 동안에 일어났던 최초의 자동차 붐과 함께, 미국의 계획가들은 일련의 공원 도로를 건설했다. 미국의 공원 도로는 횡단보도가 없고, 일상적인 도로망과 분리되어 있었으며, 승용차를 위한 4차선 도로였다. 그 도로는 "유람 도로"였으며, 아우토반과 마찬가지로 최단거리의 길이 아니라 가장 경치가 아름다운 길이었다. 그 공원 도로는 휴양 운전 혹은 뒤늦게 1930년대 독일에 알려지게 된 것처럼 "자동차 여행"을 위해 건설되었다. 계획가들은 커브 길이나 가파른 오르막길과 내리막길을 피하려고 하지 않았다. 그와는 반대로, 도로들은 독창적이고 쾌적한 방식으로 운전의 경험과 자연을 즐기는 경험을 융합시키면서 아름다운 경치의 3차원적인 윤곽을 따라 만들어졌다. 지크프리트 기디온은 1941년에 공원 도로를 경험한 일에 대해 "자유는 운전자와 차 모두에게 주어졌다. 길고도 급격한 경사도를 오르내리는 것은 대지와 연결되어 있으면서도 바로 그 위에 떠 있다는 이중적인 쾌감, 즉 높은 산등성이에서 스키를 타고 손대지 않은 눈을 통과해 신속하게 미끄러져 내려오는 것과 같은 바로 그 느낌을 만들어 냈다."[37]

공원 도로의 기능은 운전을 재미있게 만드는 것이다. 공원 도로는 건

---

* 1923년부터 밀라노에서 스위스 방향으로 건설된 이탈리아의 고속도로.

축적인 기능을 수행하거나 혹은 풍경을 감싸고 도는 왕관의 기능을 목적으로 삼지 않았다. 가장 오래된 지방 공원 도로뿐 아니라 뉴딜 하에서 전국적으로 건설된 관광 목적의 공원 도로도 그러했다. 그 공원 도로 중에 TVA의 관할 구역에서 시작되고 끝나는 772킬로미터의 블루리지 파크웨이Blue Ridge Parkway가 가장 유명한 사례였다. 블루리지 파크웨이는 풍경에서 도로가 거의 보이지 않도록 만든 하나의 모델이었다. 이 도로는 매우 좁은 두 개의 차선으로 이루어져 자동차 도로라기보다는 오히려 짐마차 포장길을 닮았다. 이 도로는 경관을 왕관 모양으로 빙 도는 대신에 스스로를 시야에 드러나지 않도록 최선을 다했던 것이다.

[나치] 정권이 공원 도로에 관심을 갖도록 하는 사회공학의 한 수단으로서 자동차 대중화를 추진하기로 결정했던 것은 당연했다. 또한 미국 모델이 국가사회주의 독일의 특수한 욕구에 적합하게 개조되는 것은 불가피했다. 가장 중요한 차이는 아우토반이 경관에 해를 입히지 않고 융합되기보다는 오히려 눈에 띄는 구조적 역사물과 기념물로 돌출되도록 의도되었다는 것이다. 즉, 아우토반은 기술 시대에 걸맞게 최신식으로 만들면서도 그 이전의 원상태로 경관을 복원했던 더할 나위 없는 최고의 업적이었다. 아우토반은 최대의 규모와 영역으로 뻗어 나가도록 만들어졌다. 아우토반의 커브 길은 은폐되지 않도록 만들어졌다. 은폐되기는 커녕 오히려 정반대로 콘크리트로 상연되는 일종의 댄스를 표현하고 있었다. 아우토반이 "스위핑 하이웨이sweeping highway"[38]로 불리게 된 것은 그 도로가 자연경관과 운전자에게 역사적으로 전례 없는 역동적인 힘을 스며들게 하려 했기 때문이었다. 전례가 없는 역동적임 힘, 이것이야말로 제3제국이 요구했던 것이다.

정권의 선전가들은 이러한 긍정적 에너지의 주입을 가장 열광적으로 찬미했지만, 아우토반에 대해 찬양의 노래를 불렀던 것은 그들만이 아니었다. 나치의 수석 언론 대변인이었던 빌프리트 바데Wilfrid Bade는 다음과 같이 말했다. "거대한 평온함이 총통의 도로들 위에 감돌고 있다. 그 도로들은 웅장함과 단순함으로 경관의 일부가 되고 있다. …… 같은 방식으로, 도로들은 자연과 더없이 행복한 합일合—로 운전자들을 초대하고 있다. 그리고 나서는 오랫동안 잃어버렸던 아들의 귀가를 환영하는 어머니처럼 운전자를 꼭 껴안아 준다."

훗날 미국으로 이주한 비非나치 보수주의자인 하인리히 하우저Heinrich Hauser는 거의 심정을 토로하듯이 이렇게 말했다. "잠시 후에, 우리는 믿을 수 없으리만치 몹시 기쁜 안전감에 압도되었는데, 그것은 날아다니는 경험과 매우 유사한 일종의 무중력 상태로 달리고 있다는 느낌이었다."

가톨릭 자유주의자이자 히틀러 정권의 반대자였던 발터 디르크스 Walter Dirks는 1938년에 《프랑크푸르터 차이퉁》에 실린 기사에서 거의 똑같은 어조로 말했다.

아우토반은 당신이 이러저러한 나무나 집을 지나가면서, 이러저러한 장애물을 피하면서, 브레이크를 밟으면서, 가속기를 밟으면서, 기어를 변속하면서, 클러치를 누르면서, 그리고 경적을 울리면서 분주하게 운전하는 그러한 종류의 도로가 아니다. 보통의 도로 위에서는 우리는 운전을 하는 사람들이다 — 모터는 그저 힘을 제공하는 사물일 뿐이다. 아우토반 위에서는 우리는 더 이상 그 어떤 것도 하고 있지 않은 것처럼 생각된다. 거의 눈에 띄지 않는 방식으로, 거의 무의식적으로 우리는 차를 운전하고 조종하지만, 차는 우리가 어떤 방향을 택하더라도 이제 우리의 어떤 개입 없이도 고속도로의 차선을 따라 계속 움직이는 것 같다. 심지어는 "굴러 가는 것"이라는 말도 잘못된 것처럼 보인다. 왜냐하면 우리 밑에서 굴러가는 바퀴들을 상상하기

"차는 활공하는 것처럼 느껴진다. …… 도로는 능동적인 역할을 한다. 저항이나 마찰 없이 우리를 신속하고도 부드럽게 이동시켜 주고, 냉혹하게 자동차를 자신에게 빨아들이는 것이다."

어렵기 때문이다. 차는 활공하는 것처럼 느껴진다. 그것은 우리가 얼마나 수동적인지, 도로의 완만한 곡선이 우리의 의식에 얼마나 많은 영향을 미치는지를 보여 주는 증거이다. 운전자와 도로의 관계는 역전된 것 같다. 도로는 능동적인 역할을 한다. 저항이나 마찰 없이 우리를 신속하고도 부드럽게 이동시켜 주고, 냉혹하게 자동차를 자신에게 빨아들이는 것이다.[39]

만약 아우토반에 관한 디르크스의 묘사를 공원 도로에 관한 기디온의 설명과 비교한다면, 우리는 물리적이고 기술적으로 거의 동일한 운전 경험이 정반대의 심리적 감각을 자극할 수 있었다는 사실을 알게 된다. 공원 도로 위에서의 운전이 운전자의 개인적인 권력과 자유 의식을 확실하게 증가시켰던 반면, 아우토반은 거의 약물에 취한 듯한 수동적인 상태를 야기하는 무시무시한 효과를 가졌다. 그로 인해 공원 도로는 자유주의적-개인주의적 심성을 육성하고 아우토반은 전체주의적 심성을 육성한다는 결론을 내리도록 유혹하고 있다. 그리하여 한 역사가는 발터 디르크스와 빌프리트 바데처럼 아우토반-환상을 "어머니와 자식이라는 공생 관계로 해소되는 에고Ego의 판타지"라고 대중문화적 분석으로 해석했다.[40]

이는 바데와 같은 사람들 또한 미국의 공원 도로를 개인적 자유의 승리로 경험할 것인지, 아니면 그러한 느낌은 지크프리트 기디온이 고백한 자유주의의 투영에 지나지 않는 것인지에 대한 문제를 제기한다. 만약 발터 디르크스가 미국을 방문했더라면 아마도 그는 아우토반에 관해 느꼈던 것을 공원 도로에서도 똑같이 느꼈을 것이다. 아우토반에 관한 문헌에 나오는 수많은 사례들은 개인의 기호, 기질, 그리고 무엇보다도 정치적 정향이 얼마나 지대하게 사람들의 지각에 영향을 미쳤는지를 보여 주고 있다. 1930년대 영국의 역사가 스티븐 헨리 로버츠Stephen Henry Roberts는 제3제국에 대해 매우 비판적인 책 《히틀러가 만든 집 The House That Hitler Built》을 저술했다. 그는 이 책에서 아우토반을 제3제국의 축도縮圖라고 묘사했다.

쭉 뻗은 하얀 도로들은 나치 독일의 순수한 정형이다. 그것들은 쓸모없이 웅장하지만 가장 인상적이다. 아우토반의 도로들은 능률적으로 만들어지고 더 효과적으로 관리되어 어떻게 해서든지 개인을 무의미한 것으로 폄훼시켰다. 누구든 생각을 중단하게 되며 자신이 기계 시대에 유일한 자동 기계라고 깨닫게 된다. 아우토반의 도로들은 지루하고, 기계적이며, 그리고 더 정확히 말하면 비인간적이다. 그리고 이윽고 쭉 뻗은 하얀 차선 위에 제자리를 지키는 대신에 이리저리 왔다 갔다 함으로써 개인주의를 위해 저항하고 싶어진다.[41]

로버츠의 일차원적인 반론과 나란히 비교할 때, 아우토반에 관한 디르크스의 묘사는 엄청나게 많은 모호함을 지닌 것으로 드러났다. 행간, 즉 숨은 뜻을 읽어보면, 디르크스의 청중은 이 영국인 역사가[로버츠]가 단단히 주입했던 것보다 외관상 명시적이지 않은 디르크스의 글에서 오히려 전체주의적 획일성과 수동성에 대한 좀 더 미묘한 비판을 발견할 수 있을지도 모른다. 물론 증명하기는 불가능하지만, 디르크스가 기고했던 《프랑크푸르터 차이퉁》은 1943년에 폐간되기 이전에는 히틀러 정권을 우의적寓意的인 방법으로 비판했던 독일의 주요 신문이었음은 암시하는 바가 있다.

디르크스가 쓴 글의 제목은 "아우토반 위의 삼각형"이었는데, 이는 그가 운전했던 프랑크푸르트에서 베를린을 거쳐 뮌헨으로 갔다가 다시 프랑크푸르트로 돌아가는 길을 가리키는 것이었다. 그러나 바이마르 시대의 신즉물주의* 운동[42]의 언어를 기억하는 독자들에게 "삼각형"이라는 단어는 특별한 울림이 있다. 베를린을 통과하는 삼각형의 철도 건널목인 글라이스드라이에크Gleisdreieck는 근대 기술의 편재성遍在性과 전능함, 즉 전체주의적 잠재력을 상징하는 장소로 잘 알려져 있다. 근대 기술이 노후한 휴머니티에 대항해 거둔 승리에 관한 가장 유명한 찬가는 요제프 로트Joseph Roth**의 "삼각형 철도 교차로에 관한 증언"이었다. 로트는 신즉물주의 운동과 관련이 있었으며, 그의 글 역시 1924년에 《프랑크푸르터 차이퉁》에 실렸다. 그는 다음과 같이 썼다.

궤도들의 삼각형 속에서, 거대하고 빛나는 강철 레일들이 서로를 향해 흘러가고 있으며, 전기를 빨아 당겨 세계 너머로의 긴 여행을 위해서 에너지를

---

* 1920년대 독일에서 일어난 반反표현주의적인 예술 운동. 주관적 경향을 배제하고 사물에 대한 정확한 묘사를 강조했다.

** **요제프 로트** 오스트리아의 유대계 소설가이자 평론가.

받아들인다. …… 강철 레일들은 그들을 경멸하고 두려워하는 병약자보다 더 강하다. 강철 레일들은 그 병약자보다 오래 살 뿐 아니라 그를 밀치고 앞으로 나아갈 것이다. …… 결코 피로에 지치지 않는 강철의 내구성은 최고의 삶의 형태인데, 그것은 단단하고, 한결같고, 확고한 물질로부터 주조되는 생명성이다. 나의 삼각형 철도 교차로의 활동 무대를 지배하는 것은, 성공을 확신하기 위해 절대적 확실성의 신체(즉, 기계의 신체)에다 자신을 이식했던 논리적 두뇌의 결정이다. …… 그것이야말로 왜 이 금속제 활동 무대 속의 모든 인간들이 왜소하고 연약하고 길을 잃고 방황하는지, 왜 거대한 기업에서 인간들은 무의미한 보조적인 역할로 축소되었는지를 설명해 준다. …… 엄청나게 큰 소리로 울리는 박동이 세계를 귀먹게 할 때, 과연 작은 심장 박동들은 자신들의 박동소리를 여전히 들릴 수 있게 할 것인가? …… 다가올 세계는 어떤 미지의 힘을 위해 건설된 이러한 삼각형 철도 교차로와 같을 것이다.[43)]

에필로그: "우리가 행진할 때"

"AS WE GO MARCHING"

에필로그: "우리가 행진할 때"

제2차 세계 대전이 끝나기 1년 전에 미국의 고립주의*자인 존 플린John T. Flynn은《우리가 행진할 때*As We Go Marching*》라는 제목의 책을 출간했다. 그것은 뉴딜에 대해 그가 쓴 모든 비평들을 요약한 것이었다. 플린은 거의 총체적 모호성 — 역사의 패배자들의 장기적인 운명, 즉 역사 발전이 그들을 또 한 번 적절한 것으로 생각되게 만들 때까지 그리고 그들이 새로운 세대에 의해 재발견될 때까지 미래에 대한 그들의 예지가 기다림의 상태에 놓여 있는 운명 — 에 함몰되고 말았다. 독일에서 비스마르크와 빌헬름 제국의 반反국가주의적인 적대자들을 기억하는 사람이 아무도 없는 것과 마찬가지로, 1930년대 이른바 미국의 고립주의의 전반적인 지적知的 내용이 그러한 모호성에 함몰되었던 것이다. 진주만Pearl Harbor 이후, 미국의 제2차 세계 대전 참전에 대한 반대는 반역죄와 다름없는 것으로 간주되었다.

파시스트 지지자라고 부당하게 조롱거리가 되었던 대니얼 버넘, 앨프리드 빙엄Alfred Bingham, 그리고 로런스 데니스Lawrence Dennis와 같

---

* 미국의 고립주의란 독립 이후 미국이 취한 외교 정책의 근간을 지칭한다. 유럽 강대국이 아메리카 대륙에 미치는 영향력을 최소화하고 아메리카 대륙을 미국의 세력권으로 확보하기 위한 전략이었다. 제2차 세계 대전 이후 미국은 고립주의에서 개입주의로 전환했다.

은 존경받는 지식인들과 함께, 플린은 뉴딜에 관한 가장 통찰력 있는 분석가 중 한 사람이었다. 이들 중 어느 누구도 루스벨트 행정부와 히틀러와 무솔리니의 정권을 동등하게 다룬 사람은 없었다. 그럼에도 불구하고 그들은 이 세 정부 모두에서 자유주의적 자본주의로부터, 복지 국가와 그리고 사회에 대한 정부 계획과 지령으로 가득 찬 국가자본주의로의 전환이라는 거대한 역사적 변화를 알아차렸다. 1944년에 플린은 뉴딜의 정책들이 연방 적자를 계속해서 증가시킬 것이라고 예언했다. 물론 서민들이 계속 만족하고 국가 부채가 임계 규모에 도달하지 않는 한 그것 자체는 문제가 되지 않았다. 그러나 플린은 자의든 타의든 간에 뉴딜은 사회적 개입을 정당화하기 위해서 영구적인 위기 상태, 혹은 사실상 영구적인 전쟁 상태를 필요로 하는 입장으로 스스로를 몰아넣었다고 주장했다.

그것은 위기 속에서 태어나 위기들 속에서 살았지만 위기의 시대에 살아남을 수는 없다. 바로 그러한 자연법칙에 의해서, 만약 뉴딜이 계속되기 위해서는 스스로 해마다 신선한 위기들을 창출해야만 한다. 무솔리니는 전후 위기 때 권력을 장악했으며 이탈리아 인의 삶에서 스스로 위기가 되었다. …… 히틀러의 이야기도 마찬가지이다. 그리고 우리의 미래는 똑같이 동요하는 영구적인 위기의 길 위에서 모두 계획되어 나온다.[1]

플린은 미국이 이탈리아와 독일처럼 반드시 혹은 십중팔구 정치적 억압의 길로 추락하지는 않을 것임을 명백히 알고 있었다. 그 대신에, 10년 전에 길버트 몬터규와 휴이 롱이 했던 말을 되뇌면서, "너무나 덕이 높고 정중하기 때문에 결코 파시즘이라 불릴 수 없는 매우 품위 있고 섬세하고 상냥한 형태의 파시즘"을 예측했다.

1930년대의 뉴딜과 파시즘의 비교(그리고 베트남전 이후의 정치적 수사에서 파시스트로서의 미국America-as-Fascist이라는 모든 구성 개념들)와 관련된 문제는 항상 이러한 "품위 있고" 혹은 "부드러운" 미국적 파시즘 American Fascism이라는 개념이었다. 부드러운, 즉 민주주의적 파시즘은 용어상으로는 모순인 것으로 보인다. 그러나 정말로 그러한가? 오래 전에 토크빌은 미국 사회에 존재하는 평등주의적이고 순응주의적인 경향들에 대해서 경고하지 않았던가? 게다가 《미국의 민주주의Democracy in America》에는 품위 있는 전체주의의 고전인 헉슬리의 《멋진 신세계Brave New World》의 선구자로 해석되는 구절들이 존재하지 않는가?

　기어이 그러한 비교가 이루어진다면 그것은 확실히 합의에 의해서 매우 간절하게 형성된, 어떤 사회를 설명하려는 바람 때문이다. 그러나 "부드러운 파시즘"이라는 개념은 결국에는 많은 설명을 제공하지 못한다. 1906년에 베르너 좀바르트Werner Sombart*가 제기한 문제 ── "왜 미국에는 사회주의가 존재하지 않는가?" ── 에 대한 고찰은 때때로 유럽인의 마음에 미국 민주주의에서 수수께끼로 보이는 것을 이해하는 데 커다란 도움이 될지도 모르겠다. 1930년대경 평론가들은 이번에는 사회주의의 최대의 적과 관련된 똑같은 문제를 제기하고 있었다. "미국에는 왜 파시즘이 존재하지 않는가?" 양자의 경우에 대답은 동일했다. 사회주의나 파시즘은 미국에서 권력을 장악할 수 없었는데, 미국인들은 계급의식을 가지고 있지 않기 때문이었다. 유럽의 경우, 계급의식은 양 운동들[사회주의와 파시즘]의 배후에서 작동하는 주도적인 힘이었다. 19세기에 사회

---

* **베르너 좀바르트** 독일의 경제학자·사회학자. 베버와 함께 《사회과학 및 사회정책》을 발간하며 경제 이론과 역사의 종합을 기대했다.

주의는 노동 계급의 정치적 교의가 되었다. 그리고 20세기에 파시즘과 국가사회주의는 자본주의뿐 아니라 사회주의에 대항하는 중간 계급의 반란으로 출현했다. 파시즘과 국가사회주의의 독창적인 혁신은 스스로를 계급 위에 그리고 계급 너머에 있다고 선언하는 것이었는데, 이는 한 계급의 협소한 이익들에 복무하는 "구식"의 사회주의를 비판할 수 있는 능력과 대중 호소력을 설명해 주는 하나의 변화였다.

앞에서 반복해서 살펴본 것처럼, 파시즘과 국가사회주의는 대중 조작의 기법들을 사용했다는 측면에서 "미국적"이었다. 우리는 이제 파시즘과 국가사회주의가 무계급성의 이데올로기라는 측면에서도 역시 미국적이었다고 말할 수 있다. 파시즘과 국가사회주의가 권력을 장악하는 데 필요로 했던 정치적, 심리학적, 카리스마적인 도약은 이미 1세기 전 거의 시민 종교처럼 무계급성을 수립했던 앤드루 잭슨Andrew Jackson〔미국의 7대 대통령〕하의 미국에서 이루어졌다. 계급 없는 국민-공동체를 창출하려고 했던 노력을 볼 때, 파시즘과 국가사회주의는 대륙을 근대화시키고 대륙을 미국의 수준으로까지 끌어올리려는 시도였다고 볼 수 있다. 그러나 영향은 다른 방향으로도 역시 흘러 들어갔다. 사회 복지 체제를 채택할 때 뉴딜은 유럽에서 그리고 특히 50년 전에 독일에서 효력을 나타냈던 어떤 전환을 수행하고 있었다. 이는 하나의 거대한 교환이 발생했다고 추측하도록 만든다. 파시스트 유럽이 무계급성이라는 미국의 신조를 인수했던 반면에, 뉴딜의 미국은 유럽의 경제적·사회적 질서의 주요한 요소들을 수입했던 것이다.

이러한 모습을 확장시켜 보면, 1930년대 이전에 유럽과 미국은 각각 근대 대중 사회를 창출하는 데 필요했던 것의 절반씩밖에 소유하고 있지 않았다고 말할 수 있을 것이다. 유럽은 여전히 계급투쟁의 수렁 속에 빠져 있었던 사회 복지 국가였고, 미국은 중간 계급적인 마음의 평온을 갖고 있었지만 사회 보장 체제는 없었다. 대공황의 위기를 겪으면서 이데올로기만으로는 사회를 통합시키는 데 결코 충분하지 않다는 사실을 확실히 알게 되었다. 유럽에서는 계급투쟁과 계급의식의 존속이 거대한 사회적 갈등을 야기시켰지만, 미국에서는 복지국가주의라는 윤활유의 부재가 그와 똑같은 결과를 야기시켰다. 그러나 유럽에서 파시즘의 강요는 오로지 폭력에 의해서만 성취되었지만, 미국에서 국가 통제의 수락은 평화롭게 성취되었다. 이러한 차이는 계급 문제로도 설명 가능할지 모른다. 무계급의 폴크스게마인샤프트Volksgemeinschaft[국민공동체]와 로 스타토lo stato[국가]라는 버전을 만들기 위해서, 파시즘과 국가사회주의는 계급의식의 강력한 기반 — 즉 정당들, 정치화된 노조들, 교회들, 그리고 광범위하게 이데올로기화된 문화와 여론의 영역 — 을 파괴해야만 했다. 미국에서는 계급의식과 계급에 기반한 사회적, 정치적, 문화적 제도들이 존재하지 않았다. 따라서 조직되지 않은 시민 대중들 속에 존재하는 개인들에게, 권위주의적인 너와 나you-and-me 대통령에 의해 대표되는 국가가 그들의 이익을 위해 행동하고 있다고 설득하는 것은 상대적으로 쉬웠다.

전 지구적 활동 무대에서 파시즘적/국가사회주의적 노선에 따른 전체주의적 복지 국가와 루스벨트의 자유주의적 변이 중 어떤 국가주의 시스템이 승리를 거둘 것인지를 결정한 것은 바로 제2차 세계 대전이었다. 전쟁의 결과가 보여 주듯이, 파시즘과 국가사회주의를 통해서 근대화하려는 구舊유럽의 시도는 실패했다. 승리한 것은 미국이었지만, 알렉산드리아와 로마 제국이 그들의 시대에 그랬던 것처럼 미국은 패배한 적들의 문화의 주요한 부분을 자기 것으로 흡수함으로써만 안정성을 보장받을 수 있었다. 미국과 유럽을 연결시키는 범대서양의 "서구West"를 창출했던 전후의 거대한 종합은 1930년대의 타가수정cross-fertilization이 없었다면 불가능했을 것이다. 이것은 전쟁 전에 칼 만하임Karl Mannheim*이 우울하게 예견했듯이 전체주의 모델의 지속적인 영향을 포함하고 있었다.

> 서구 국가들이 보편적인 안전이라는 근본적인 문제(즉, 경기 순환의 관리)
> 를 취하자마자, 그들은 점차 독재 정권들이 그 출발점에서부터 했던 것처럼
> 모든 사회적 통제를 조작하도록 점차 강제받게 될 것이다. …… 〔전체주의
> 적〕 국가들과의 경쟁은 민주주의 체제에게 적어도 그들의 방법들 중 몇 가
> 지를 사용하도록 강요한다.[2]

　두 체제 중에서 어느 것이 전후의 서구에 좀 더 공헌했는지는 확실해
보인다. 얼핏 보면 미국이 지배적인 영향력을 행사한 것처럼 보인다. 특
히 파시즘/국가사회주의라는 "학교"를 나온 나라들에서 그러했다. 그러
나 미국의 생활 방식이 잉글랜드와 프랑스에서보다 독일과 이탈리아에
서 좀 더 철저하게 그리고 저항을 덜 받으면서 채택되었다는 사실은 파
시즘 그 자체가 이러한 재교육을 위한 일종의 준비 훈련이었을지도 모
른다는 것을 암시하고 있다.

　1945년의 패배와 뒤이은 전 지구적 무대의 중심부로부터의 이탈 이래,
유럽은 후견인 미국에 의해 보호받고 있는 부유한 불로 소득자라는 안
락한 상황에 처한 자신을 발견했다. 항상 미국에게 군사적 위협이었던
유럽 대륙은 일종의 평화주의pacifism의 오아시스로 전환되었다. 다른
한편 미국의 고유한 역할은 유럽이라는 "스위스"의 안전을 책임지면서
근본적으로 변화했다. 베르너 좀바르트의 말을 빌리면, 미국은 상인商人

---

* **칼 만하임**　헝가리 태생의 독일 사회학자. 역사주의에 입각해 지식사회학을 개척했으며,
사회 조직 밖에서 사회학적 영향을 미치는 과학에 대한 연구, 지도력과 합의에 대한 연구 등
을 했다.

에서 전사戰士로 거듭났다.

좀바르트가 제1차 세계 대전 때 상업적인 잉글랜드와 호전적인 독일을 구별하기 위해 이러한 용어를 사용했을 당시만 해도, 전사의 국가로서의 미국이라는 관념은 거의 상상할 수도 없었다. 테디 루스벨트와 같은 인물들에게는 실례가 되겠지만, 미국의 국가 아이덴티티를 구성하는 기둥들 중에는 군국주의적 유럽과는 대조적으로 미국은 평화로운 상인들의 공화국이라는 신념이 있었다. 이러한 자기 이미지는 40년의 냉전 동안에 소리 없이 역전되었다. '예방 전쟁'이라는 새로운 독트린과 2003년 이라크 전쟁에서 공식적으로 승인되었을 뿐이었다. 과거에는 군국주의적 괴물, 두 차례의 세계 대전에서는 미국의 적, 그리고 1945년 이후에는 미국의 가장 충성스러운 동맹국인 독일이 이라크 침공에 참가하기를 거부한 것은 역할의 교환을 강력하게 시사한 것이다. 좀바르트의 상인-전사 이분법의 미국식 버전도 바로 그러했다. 이러한 미국식 버전에 따르면 마르스Mars의 간판으로 자신 있게 그리고 공격적으로 행동하는 미국은 스스로 쾌락주의적인 비너스Venus의 지배 밑으로 추락해 버렸던 "퇴폐적인" 유럽과 거리를 두어야만 하며, 만약 필요하다면 단절해야만 한다고 보았다.

그러한 변화된 현실 배경에 맞서, 플린이 적대시한 루스벨트 체제에 대한 그의 예지는, 비록 그가 내놓은 이유 — 복지 국가를 창출하고 유지하는 비용 — 가 더 이상 관심사가 아니게 되었다고 할지라도, 1944년에 《우리가 행진할 때》에서 그가 처음에 제기했을 때보다 오늘날 더욱더 적절하게 들린다. "우리에게는 적들이 존재해야만 한다. 그 적들은 우리에게 하나의 경제적 필연성이 될 것이다."

주

서론: 비교에 대하여

1) Sigfried Giedion, *Architectural Review*, September 1948, 126쪽. 물론 그 이전에도 고립된 자아비판의 사례들이 존재했다. 예를 들어, 발터 그로피우스는 1935년에 그가 쓴 《신건축과 바우하우스*The New Architecture and the Bauhaus*》라는 책에서, 합리적 기능성에 대한 강조는 비록 실제로는 건축을 양식의 과도함stylistic excesses으로부터 벗어나게 할 수단인 "정화 기구purifying agency"로 단순하게 생각하면서도 일방적인 형식주의를 유발했다는 것을 이미 인정한 바가 있었다. John Gloag, *Word Warfare* (London, 1939), 55쪽을 참조하라.

2) 브루노 체비가 편집한 월간 잡지인 *L'architettura*, June 1991, 504쪽에 있는 익명의 논평을 참조하라. 개빈 스탬프와 그 학술회의 조직자인 조르조 추치는 모두 그 논문이 체비에 의해 써진 것이라고 추정했다. Gavin Stamp, *Architectural Review*, November 9, 1991, 58쪽; Giorgio Ciucci, *Classicismo classicismi: Architecttura Europa/America, 1920-1940* (Milan, 1995), 10쪽. 체비는 자신의 책 *Towards an Organic Architecture* (London, 1950), 49쪽에서 1930년대의 신고전주의를 "데카당스decadence"의 징후로 기술했지만, 그것의 등장을 과도한 모더니즘 형식주의에 기초한 건축 양식이라고 비난했다. 모더니즘이 경직화된 결과, 이른바 포스트모던한 건축의 대표자들이 전체주의의 죄상을 모더니즘 자체에 돌렸다는 것은 놀랄 만한 일이 아니다. 예를 들면, 레온 크리에Leon Krier는 "모더니즘은 좌파 및 우파 전체주의 체제들의 지배적인 양식이 되었다"고 썼다. *New Classicism*, edited by A. Papadakis and H. Watson (New York, 1990), 6쪽에 실린 크리에의 기고문을 참조하라.

3) 1930년대 신고전주의의 역사에 관한 최근의 수많은 저작들은 정치 체제, 국가적 전통, 그리고 개별 건축가들을 구별하고 있다. Giorgio Ciucci, *Classicismo classicismi*; Ciucci, "Linguacci classicisti negli anni trenta in Europa e in America," in *L'estetica della politica: Europa e America negli anni trenta*, edited by Maurizio Vaudagna, Rome, 1989; Hartmut Frank, "Welche Sprache sprechen Steine?," *Faschistishe Architek-*

turen: Planen und Bauen in Europa, 1930-1945, edited by Frank (Hamburg, 1985), 7~21쪽, 그리고 Franco Borsi, *The Monumental Era: European Architecture and Design, 1929-39* (New York, 1987)을 참조하라.

4) Louis Craig et al., *The Federal Presence: Architecture, Politics, and Symbols in U.S. Government Building* (Cambridge, Mass., 1978), 331쪽. 또한 Borsi, 196쪽을 참조하라.

5) 사요 궁의 50주년을 기념하는 전시회 카탈로그에서, 베르트랑 르무안Bertrand Lemoine은 모뉴멘털리즘이 없었다면 "그 전시회는 그 같은 존재감을 갖지 못했을 것이며, 동일한 비중을 지니지도 못했을 것이다"고 썼다. "독일과 소비에트 전시관의 규모를 따라 잡을 수 있는" 유일한 건물인 사요 궁은 "'나치'의 기념비도 '무솔리니'의 기념비도 아니었다. 그것은 물론 국가를 표현하는 미학에 순응했지만, 근대적이고 진보적인 윤리와 함께 민주적이고 쾌락주의적인 가치들을 지니고 있었다. 그것은 또한 경제적 안전지대로서, 실업의 시기 때는 일자리 제공자로서 ……[그리고] 가난한 사람들의 최후의 쉼터로서 국가의 역할을 강화시켰던 전 지구적인 경제 위기라는 맥락 속에서 이해되어야만 한다." 르무안은 계속해서 궁 광장의 "민주적인" 성격을 뉘른베르크의 나치 연병장과 대조하고 있다. "무기력한 군중들의 침묵으로 가득 찬 커다란 산책길, 요란한 확성기에 의해 증폭된 단 하나의 목소리는 없지만, [그러나 도리어] 양측으로 개방된 앞뜰, 통로의 장소, 교환의 장소, 기쁨의 장소가 있다. 즉 누군가 팔꿈치에 몸을 의지하면서 난간에 섰을 때 발견하게 될 공기와 빛, 도시의 잡음, 센 강의 풍경, 에펠탑과 샹드마르스가 있다. 영감에 충만한 이 공간은 대중에게 파리의 경치를 응시할 수 있는 하나의 전망대이자 하나의 극장을 제공한다. …… 그 풍경은 항상 똑같지만, 관찰자들의 분위기에 따라 그리고 군중들의 스펙터클에 따라 끊임없이 새로워진다." Bertrand Lemoine, "Le Palais de Chaillot," in *Paris 1937: Cinquantenaire de l'Exposition internationale des arts et des techniques dans la vie moderne* (Paris, 1987), 98, 89쪽.
영국의 자유주의 건축 비평가인 존 글록John Gloag 또한 국가 표현의 미학에 공통되는 요소들을 주목했다. 1939년에 알베르트 슈페어Albert Speer의 신新제국 궁전에 관해 쓰면서, 글록은 모더니즘에 대한 반작용으로서 그 건물을 이해했으며, 파리, 런던, 워싱턴에 있는 그 시기의 신고전주의적 건물들에 똑같이 적용할 수 있는 방식으로 서술했다. "그 벽은 방벽으로서 다시 설치된다. 그것은 더 이상 강철 뼈 위로 살짝 깔린 피부가 아니다. 즉, 그것은 중세의 피부 두께를 다시 얻었다. 그 창은 벽을 관통한 느낌을 주는데, 마치 그 건물이 처음에는 구멍이 없는 튼튼한 상자로 인식되었던 것처럼 말이다. 이후에 외부 세계와의 접촉을 허용해도 괜찮다는 생각이 나중에 생겨나서, 창들이 그려지고 두꺼운 돌들이 뚫리며 창틀이 삽입된 것처럼." 글록은 이러한 건축의 효과는 하나의 "텅 빈 고요"

238

라고 덧붙였다. 그것은 "모던한modern 운동에 대한 단순한 반작용 이상의 무엇, 이들 건물들에게 권력과 힘 그리고 약간의 고결함을 부여하는 새로운 '양식'을 창조하고 싶어 못 견뎌하는 제도판drawing-board 이상의 무엇을" 의미한다. "…… 그것들은 건축의 새로운 질서이며, 힘을 표현하는 하나의 강건한 근육질의 질서이다." *Word Warfare*, 40~41쪽에서 인용.

6) Robert C. Fried, *Planning the Eternal City* (New Haven, 1973), 32쪽에서 인용.

7) Timothy J. Colton, *Moscow: Governing the Socialist Metropolis* (Cambridge, Mass., 1995), 280쪽에서 인용.

8) 로마의 도시 풍경에 무솔리니가 가장 급진적으로 개입한 것은 제국로Via del Impero였다. 이 제국로는 베네치아 궁(무솔리니의 집무실로 사용되기도 했다)과 콜로세움 사이에 위치한 넓은 가로수 길이며, 새로운 정권을 로마 제국과 상징적으로 연결시키기 위해 의도된 것이었다.

9) John W. Reps, *Monumental Washington* (Princeton, 1967), 21쪽.

10) 워싱턴 도시 계획 이후 몇 년 동안 구상되었던 버넘의 시카고 도시 계획은 알베르트 슈페어의 게르마니아 비전과 비교되어 왔다. Lars Olof Larsson, *Die Neugestaltung der Reichshauptstadt: Albert Speers Generalbebauungsplan für Berlin* (Stockholm, 1977), 116쪽을 참조하라.

11) J. W. Reps, 같은 책, 194쪽.

12) 그 주제에 관해 미국에서 이루어진 두 개의 연구는 Diane Ghirardo, *Building New Communities: New Deal America and Fascist Italy* (Princeton, 1989)와 Leila Rupp, *Mobilizing Woman for War: German and American Propaganda, 1939-45* (Princeton, 1978)이다. 립Rupp은 명백하게 뉴딜 이후의 시기에 초점을 맞추고 있다. 1973년에 독일인 역사가인 하인리히 빙클러Heinrich August Winkler는 "두 차례의 세계 전쟁 사이의 시기를 비교적인 관점에서 바라볼" 필요성을 지적했는데, 이 관점은 "앵글로색슨 민족들에서 문제를 민주적으로 해결하는 방식을 장려했던 현저히 다른 사회적·제도적 구조들frameworks뿐 아니라 유럽에서 파시스트 운동들의 성공에 기여했던 특수한 전제 조건들을 조망할 수 있게 할 것이다." Winkler, *Die grosse Krise in Amerika* (Göttingen, 1973), 7쪽을 참조하라. 그러나 정작 빙클러 자신은 그러한 연구 노선을 추구하지 않았다. 30년 후 그의 학생 중의 한 명이었던 키란 클라우스 파텔Kiran Klaus Patel은 나치의 제국노동봉사단Reichsarbeitsdienst과 미국의 민간자원보존단Civilian Conservation Corps을 비교한 박사 논문을 발표했다. Patel, *Soldaten der Arbeit* (Göttingen,

2003)을 참조하라. 또한 독일과 미국의 일자리 창출 정책을 비교하면서 필리프 가제르트Philipp Gassert가 쓴 미간행된 석사 논문도 있다. Gassert, "Der New Deal in vergleichender Perspektive: Arbeitsbeschaffungsmassnahmen in den USA und im 3.Reich 1932-1935" (University of Heidelberg, 1990)을 참조하라. 위르겐 코카Jürgen Kocka의 선구적인 비교역사학 저작인 *Angestellte zwischen Faschismus und Demokratie: Zur Politischen Sozialgeschichte der Angestellten USA 1890-1945 im internationalen Verleich* (Göttingen, 1977)은 뉴딜과 나치 정부에 관해서보다는 계급-특수적인 그리고 국가-특수적인 사회심리학에 관심을 쏟고 있다. 이탈리아 인 학자들이 파시즘과 뉴딜 사이의 연계에 대해서 상대적으로 폭넓은 관심을 보여 주었다. 무엇보다도 마우리치오 바우다냐Maurizio Vaudagna는 수많은 논문들, 그의 전공논문인 *Corporativismo e New Deal* (Turin, 1981)과 그가 편집한 논문 편집물인 *L'estetica della politica: Europa e America negli anni Trenta* (Rome, 1987) 등으로 그 분야에서 유명해졌다. 바우다냐의 중요한 논문으로는 "Il corporativismo nel giudizio dei diplomatici americani a Roma, 1930-1935," *Studi storici*, vol. 3 (1975), 764~796쪽, 그리고 "New Deal e corporativismo nelle riviste politiche ed economiche italiane," in *Italia e America dalla Grande Guerra ad oggi*, edited by Giorgio Spini, Gian Giacomo Migone, and Massimo Teodori (Rome, 1976), 110~140쪽이 있다. 바우다냐에 앞서서, 프랑코 카탈라노Franco Catalano는 그의 논문 "New Deal e corporativismo fascista," *Il movimento di liberazione in Italia*, vol. 87 (1967)에서 파시즘과 뉴딜 간의 비교의 필요성에 관해 썼지만, 그는 여세를 몰아 자신의 비교 연구를 진척시키지는 못했다.

13) John A. Garraty, "New Deal, National Socialism, and the Great Depression," *American Historical Review*, vol. 78 (1973), 907ff쪽.

14) Daniel Ritschel, "A Corporatist Economy in Britain? Capitalist Planning for Industrial Self-government in the 1930s," *English Historical Review* (1991), 47쪽을 참조하라.

15) B. Montagnon, A. Marquet, and M. Déat, *Néo-Socialisme?* (Paris, 1933)을 참조하라. 신新사회주의자들neosocialists은 사회당Socialist Party으로부터 배제되었지만 제3공화국이 끝날 때까지 그들은 계속해서 파시즘을 반대했다. 그러고 나서 비시Vichy 정권 하에서 그들은 파시스트 정당을 형성했다. 벨기에에서 앙리 드 망의 전개 과정도 유사했다. 중요한 차이가 존재했다면 결코 소수자를 대표하지 않았다는 점인데, 앙리 드 망은 그 당의 지도자였다. 1926년에 출간된 그의 책 《마르크스주의를 넘어서*Au delà du marxisme*》에

서, 드 망은 자신들의 정치적 힘이 소진해 감에 따라 나중에 있을 사회주의 정당들의 비판을 예상했다. 드 망은 또한 중산층에 다가가는 사회주의를 처음으로 부르짖었던 사람이기도 했다. Zeev Sternhell, *Ni droite ni gauche: L'idéologie fasciste en France* (Paris, 1987), 156ff쪽을 참조하라.

16) 3장의 "상징의 힘the power of symbols"이라는 제목의 절(78~84쪽)을 참조하라.

17) Marcel Déat, "Socialisme et fascisme," *La grande revue* (August 1933), 191쪽.

18) John Middleton Murry, *Adelphi*, vol. 7, 329쪽, 그리고 vol. 6, 245쪽; 또한 Niebuhr, *Adelphi*, vol. 7, 199쪽을 참조하라.

1장 친족 관계?

1) 1933~1935년의 파시스트 인터내셔널은 오로지 이탈리아만의 프로젝트였다. 즉, 유럽에서 처음으로 설립된 파시스트 권력이 국가사회주의에 대항해서 역사적 중요성과 정신적 권위에 대한 자신들의 요구를 지켜 내려는 시도였다. 파시스트 인터내셔널의 등장은 국제적으로 열광은커녕 거의 이해받지도 못했다. 더군다나 그 프로젝트를 배후에서 주도했던 세력은 트로츠키주의적 성향을 가진 파시스트 지식인들이었다. 무솔리니 정권의 점증하는 관료화에 실망한 파시스트 지식인들은 국제주의가 새로운 추진력을 가진 운동을 제공하고 자신들의 영구 혁명의 이상을 실현하는 데 도움이 되기를 희망했다. 그러나 이탈리아 파시스트 운동에 관한 선도적인 역사가 마이클 레딘Michael Ledeen은 1935년에 몽트뢰Montreux의 한 호화 호텔에서 요란한 선전 팡파르와 함께 조직되었던 그 국제회의를 "하나의 거대한 속임수"라고 불렀다. 레딘은 그 대표들은 "일단의 파시스트, 의사 파시스트pseudo-fascist, 그리고 네오파시스트 기업인들이었으며, 자신들의 진출과 자금 운용을 위해서 로마로부터 기금을 달라고 간청했던 기업들과 관련되어 있었다"고 쓰고 있다. Michael Ledeen, *Universal Fascism: The Theory and Practice of the Fascist Inaternational, 1928-1936* (New York, 1972), 125~126쪽.

2) 처음 세 개의 인용문은 Hans-Jürgen Schröder, *Deutschland und die Vereinigten Staaten, 1933-1939* (Wiesbaden, 1970), 93쪽에서 인용했다. 다른 인용문들은 다음의 연구들로부터 인용했다. Hans-Jürgen Schröder, "Das Dritte Reich und die USA," in *Die USA und Deutschland, 1918-1975*, edited by Manfred Knapp, Werner Link,

Hans-Jürgen Schröder, and Klaus Schwabe (Munich, 1978), 117~118쪽; Harald Frisch, "Das deutsch Rooseveltbild (1933-1941)," Ph.D. diss., Free University of Berlin, 1967, 35쪽; 그리고 Philipp Gassert, *Amerika im Dritten Reich* (Stuttgart, 1997), 210~212쪽.

3) 도드Dodd의 회고는 *Franklin D. Roosevelt and Foreign Affairs*, vol. 2 (Cambridge, Mass., 1969), 27쪽에서 인용했다. 윌슨Wilson의 보고는 *FDR and Foreign Affairs*, 2nd ser. (New York, 1995), vol. 9, 21~22쪽에서 인용했다.

4) Frisch, 37쪽에서 인용했는데, 그는 1936년 이전의 미국에 관한 보고서를 "조작이 없는 영역"(44쪽)으로서 묘사하고 있다. 국가사회주의 집권 후 첫 6개월 동안에 독일 언론에 비친 미국의 이미지에 관해서는 Kiran Pater, "Amerika als Argument: Die Wahrnehmung des New Deal am Anfang des 'Dritten Reiches,'" master's thesis, Humboldt University of Berlin을 참조하라. 또한 *Amerikastudien*, vol. 15, 2000도 참조하라. 프랑스의 급진적 생디칼리스트인 조르주 소렐Georges Sorel의 전기 작가이기도 한 작가 미하엘 프로인트Michael Freund는 그러한 경향을 뒷받침하면서, 뉴딜과 국가사회주의 사이의 근본적인 차이점을 강조하였다. 프로인트는, 유럽의 전체주의 국가들이 "미국의" 낙관주의를 채택하고 있을 때, 뉴딜은 미국에서의 비관주의 경향을 의미했다고 주장했다. "행진하고 있는 유럽 국가들에게 새로운 미래가 펼쳐져 있는 것처럼 보였다. 세계는 보다 넓어져 가는 것처럼 보였고, 그들은 '개척자들'처럼 미지의 영토들을 정복하고 있다고 믿었다. 이전에는 따분한 미국적 특징의 하나였던 거대한 과업들이라는 정신이 이탈리아와 러시아와 같은 나라들을 사로잡았다. 한편 루스벨트를 지도자로 갓 선출한 국가는 이러한 아메리카주의Americanism로부터 벗어나려고 하고 있다." Freund, "Angelsächsische Revolution," *Deutsche Zeitschrift*, vol. 47 (1933-1934), 252쪽.

5) Bernard Fay, *Roosevelt and His America* (Boston, 1934), 310쪽. 뉴딜이 국가사회주의 및 파시즘과 밀접한 관계가 있다고 보았던 소수의 해외 통신원들 중 한 명은 영국의 독립파 사회주의자 페너 브로크웨이Fenner Brockway였다. 브로크웨이는 자신의 저서 《루스벨트는 성공할 것인가? *Will Roosevelt Succeed?*》에 미국 방문을 기술하면서 "치어 리더들의 외침과 익살에 호응하면서 고함치고 비명을 지르는 군중들은 파시스트 국가들의 대중심리학과 정확하게 일치할 것이다"라고 썼다. 그는 "정서적으로 …… 미국은 런던의 활기 없는 무관심보다는 베를린과 모스크바에 더욱 가깝다"라고 덧붙였다. 뉴딜을 "동의에 의한 독재"라고 부르면서, 그는 루스벨트를 둘러싼 개인숭배가 히틀러에 대한 독일의 열광을 떠오르게 한다고 말했다. 브로크웨이는 "나를 오해하지 말라. 나는 두 사

람을 비교하고 있는 것이 아니다. 나는 유사한 심리를 자극하기 위해서 채택된 유사한 방법들을 비교하고 있는 것이다"고 썼다. 그가 느끼기에 뉴딜의 선전 방법들은 심지어 소련에 적용된 선전 방법들을 넘어서는 것이었다. "심지어는 5개년 계획에 대한 모스크바의 선전도 이것과 비교될 수 없다." 그리고 민간자원보존단이라는 노동 캠프들은 그에게 독일에 있는 그것의 등가물들을 온통 떠올리게 했다. "우리는 만약 전쟁이나 혹은 사회 봉기가 일어날 징후를 보이면, 독일의 것과 거의 마찬가지인 미국의 캠프들은 민간적인 목적으로부터 군사적인 목적으로 즉각 이전될 수 있을 것이라는 불안한 느낌을 가지고 있다." John Dizikes, *Britain, Roosevelt and the New Deal: British Opinion, 1932-1938* (New York, 1979), 96, 166~167쪽에서 인용.

6) 잡지 《포린 어페어스*Foreign Affairs*》의 편집장인 해밀턴 피시 암스트롱Hamilton Fish Armstrong은 국가사회주의를 "그것이 가진 함의와 잠재성에서는 러시아 혁명과도 같이 급진적이지만, 프로이센 방식으로 이루어진 20세기 혁명"으로 특징지었다. 그리고 "…… 이들 청년 나치들은 몇 년 전 러시아에서 청년 소비에트 노동자들처럼 무식하게 되는 것을 자랑으로 여기고 있으며, 또한 그들은 소유의 부담이 없다는 것을 자랑으로 여기고 있다. …… 세계를 통치하게 될 극소수의 대중, 그들은 우주적인 어떤 충동에 의해서 앞으로 전진할 것을 강요받는다"고 말했다. H. F. Armstrong, "Hitler's Reich," *Foreign Affairs*, vol. 11 (June 1933), 595쪽을 참조하라. 파시즘과 국가사회주의에 대한 다른 평가에 관해서는, Wolfgang Schieder, "Das italienische Experiment: Der Faschismus als Vorbild in der Krise der Weimarer Republik," *Historische Zeitschrift*, vol. 262 (1996), 73~125쪽을 참조하라. 시더Schieder는 "견해상 파시스트를 애호하는 분위기"(84쪽)에 관해 썼는데, 여기에는 심지어 테오도어 볼프Theodor Wolff와 에밀 루트비히Emil Ludwig와 같은 자유주의적인 독일 유대인이 포함되어 있으며, 이들은 모두 무솔리니의 공공연한 찬양자들이자 히틀러에 대한 헌신적인 반대자들이었다. 시더는 "히틀러를 거부함에 있어서, 누구든 무솔리니에 대한 열광을 표출할 수 있었"으며, 국가사회주의를 "독일의 의사 파시즘"으로서 폄훼할 수 있었다(Schieder, 99쪽)고 썼다.

7) Maurizio Vaudagna, "New Deal e corporativismo nelle riviste politiche ed econo-miche italiane," in *Italia e America dalla Grande Guerra a oggi*, edited by Giorgio Spini, Gian Giacomo Migone, and Massimo Teodori (Rome, 1976), 103쪽.

8) 그 서평은 *Popolo d'Italia*, on July 7, 1933에 실렸다. Marco Sedda, "Il New Deal nella pubblicistica politica italiana dal 1933 al 1938," *Il politico*, vol. 64 (1999), 250쪽에서 인용.

9) Maurizio Vaudagna, *Corporativismo e New Deal* (Turin, 1981), 201쪽. 워싱턴 주재 이탈리아 대사인 아우구스토 로시Augusto Rossi는 "이탈리아의 자축self-celebration"이 갖는 위험에 관해 로마에 보고했다. "우리의 언론이 루스벨트를 성급하게 무솔리니의 사도로서 묘사할 때 …… 나는 이러한 주제를 계속 고집하는 것은 좋은 생각이 아니라고 느꼈으며 …… 내가 보기에는 '파시즘'이라는 단어가 파벌 경쟁에 더 이상 사용되지 않게 될 것 같았다." Vaudagna, "Mussolini and Roosevelt," in *Roosevelt and His Contemporaries*, edited by Cornelis A. van Minnen and John F. Sears (New York, 1992), 165쪽을 참조하라.

10) Marco Sedda, 263쪽에서 인용.

11) 같은 책, 247쪽.

12) Giovanni Selvi, "Fermentazione fascista nel mondo," *Gerarchia* (1935), 576, 577쪽.

13) Marco Sedda, 251, 258, 265쪽을 참조하라. 뉴딜과 코포라티즘을 연결시키려는 욕망에 대한 흥미로운 결과 중 하나는 그들 자신의 체제와 소비에트 공산주의 간의 관계에 대한 파시스트의 태도들에서 발견될 수 있다. Rosaria Quartararo, "Rome e Mosca: L' immagine dell' Urss nella stampa fascista, 1925-1935," *Storia contemporanea*, vol. 27 (1996), 447~472쪽을 참조하라. 볼셰비즘을 단순히 악마처럼 만들었던 국가사회주의와는 대조적으로, 1925년과 1935년 사이의 이탈리아 파시즘은 러시아의 공산주의 실험에 대한 자신의 관심을 비밀로 하지 않았다. 미국이 진정한 파시즘 체제를 채택하는 첫 단계로서 뉴딜을 여겼던 것처럼, 잡지 《크리티카 파시스타Critica fascista》에 따르면, 러시아의 볼셰비즘 역시 "파시즘의 전주곡"으로 여겨졌다. Quartararo, 449쪽에서 인용. 또한 볼셰비즘에 대한 이탈리아 파시즘의 관심이 1922년 초에 시작되었다는 증거에 대해서는 452쪽을 참조하라. 볼셰비즘을 향한 개방성은 대외 정책상의 고려에 따라 동기가 부여되었다. 1935년까지 무솔리니는 동과 서 사이의 중재자로서 국제적 비중을 획득하려는 성공적인 전략을 추구했다. 10년 전에 이탈리아가 소련을 재빠르게 외교적으로 승인한 것처럼, 로마와 모스크바 간의 1933년 불가침 조약은 이 전략의 일부였다.

14) *Die deutsche Volkswirtschaft*, vol. 2 (1938), 75쪽, and vol. 3 (1938), 100쪽. 당시의 독일 신문들에는 "코너에 몰린 루스벨트", "루스벨트의 딜레마", 그리고 "루스벨트의 걱정거리" 등과 같은 머리기사들로 가득 차 있었다. 루스벨트의 1937년 외교 정책 변화에 앞서, 독일의 매체는 루스벨트의 권위에 가해진 자유주의적 강제들의 희생자로서 루스벨트를 동정하는 경향이 있었다.

15) Herbert Hoover, *Addresses Upon the American Road* (New York, 1938), 160쪽. "너

무 멀리Too far"와 "이식transplant"이라는 표현은 George Wolfskill and John A. Hudson, *All But the People: Franklin D. Roosevelt and His Critics, 1933-39* (London, 1969), 214쪽에서 인용했다.

16) Mauritz Hallgren. 처음의 인용은《스펙테이터Spectator》(August 18, 1933)로부터의 인용이다. 두 번째의 인용은 Arthur Ekirch, *Ideologies and Utopia: The Impact of the New Deal on American Thought* (Chicago, 1960), 188~189쪽에서 인용했다.

17) Roger Shaw, "Fascism and the New Deal," *North American Review*, vol. 238 (1934), 559, 562쪽.

18) V. F. Calverton, "Will Fascism Come to America?," *Modern Monthly*, vol. 8 (1934), 472쪽

19) 같은 책, 462쪽.《아메리칸 머큐리American Mercury》에서 조지 소콜스키George E. Sokolsky는 다음과 같이 썼다. "미스터 루스벨트도 그의 전문위원회[두뇌 집단]도 완전한 파시즘 철학에 의해서 지도되지는 않았다. 그들은 논리 정연한 철학을 가지고 있지 않다. 그러나 그들의 실험은 그들을 파시즘 입장으로 끌고 가고 있다." George E. Sokolsky, "America Drifts Toward Fascism," *American Mercury*, vol. 32 (1934), 259쪽.

20) George Soule, *The Coming American Revolution* (New York, 1934), 294쪽.

21) Oswald Garrison Villard, *Political Quarterly*, vol. 5 (1934), 53~54쪽.

22) J. B. Mathews and R. E. Shallcross, "Must America Go Fascist," *Harper's Magazine*, vol. 169 (1934), 4쪽.

23) Gilvert H. Montague, *Annals of the American Academy of Political and Social Sciences*, vol. 180 (1935), 159쪽.

24) Norman Thomas, "Is the 'New Deal' Socialism? A Socialist Leader Answers," *New York Times*, June 18, 1933.

25) "피를 나눈 형제들"이라는 용어는 Arthur M. Schlesinger, *The Politics of Upheaval*, vol. 3 of *The Age of Roosevelt* (Boston 1960), 648쪽에서 인용했다. "이러한 근대적 길드들"이라는 용어는 Farnklin D. Roosevelt, *The Public Papers and Addresses*, vol. 2 (New York, 1938), 252쪽에서 인용했다.

26) Maurizio Vaudagna, "Mussolini and Roosevelt," in *Roosevelt and His Contemporaries*, 158쪽을 참조하라.

27) John P. Diggins, *Mussolini and Fascism: The View from America* (Princeton,

1972), 279쪽에서 인용했다. 롱Long에 관해서는 Maurizio Vaudagna, "Il corporativismo nel giudizio dei diplomatici americani a Roma, 1930-1935," *Studi storici* (July-September 1975), 772ff쪽을 참조하라.

28) 회고록에서 프랜시스 퍼킨스Frances Perkins는 그 책을 라파엘로 빌리오네Raffaelo Viglione가 쓴 《조합주의 국가*The Corporate State*》로 생각하고 있었다. 이 추측은 *The Coming of the New Deal* [vol.2 of *The Age of Roosevelt* (Boston, 1959), 153쪽]에서 아서 슐레진저Arthur Schlesinger에 의해 사실로 둔갑했다. 이러한 제목을 가진 책이 존재하지 않기 때문에, 문제의 책은 아마도 Fausto Pitigliani, *The Italian Corporative State* (London, 1933)일 것이다. 마우리치오 바우다냐Maurizio Vaudagna 또한 브레킨리지 롱이 존슨에게 보낸 것이라고 주장한 한 편지를 인용하고 있는데, 거기에서 롱은 이탈리아의 조합들은 "당신이 전력을 다해서 씨름해 왔던 바로 그 법령들의 노선에 따라" 조직되었다고 쓰고 있다(Vaudagna, "Mussolini and Roosevelt," 164쪽). 존슨의 유산에는 그러한 편지는 존재하지 않는다. 하지만, 롱은 같은 날(1934년 5월 16일)에 렉스퍼드 터그웰에게 편지를 쓰긴 썼는데, 거기에서 그는 거의 똑같은 내용을 말했다. "당신의 마음은 이 노선들[코포라티즘]을 따라 달리고 있으며, 내가 생각컨대 당신은 어떤 특별한 흥미를 발견하게 될 것이다. …… 그것은 국가산업부흥국 하의 법전 작업Code work과 어떤 유익한 관계를 가지고 있을 수도 있다."(Long Parers, Box III, Library of Congress, Manuscript Division)

29) *The Diary of Rexford G. Tugwell: The New Deal, 1932-1935*, edited by Michael Vincent Namorato (New York, 1992), 138, 139쪽. 독일 주재 미국 대사인 윌리엄 도드와 가진 사적인 토론에 대한 터그웰 자신의 설명은 그의 정치적 심리학을 명백하게 보여준다. 도드가 나치의 야만성에 대해 공포를 표현했을 때, 터그웰은 도드의 요점은 이해했지만 그것이 정치적으로 부적절하다고 생각했다. "나는 당신이 본토를 통일할 때, 당신은 자동적으로 내부의 정치적 긴장들을 창출할 것이며, 그러한 긴장들은 그 정부에게 국내 문제들에 집중하고 해외 점령지들을 무시하도록 할 것이라고 주장했다."(194쪽) 정치적 정책 결정 수준의 아래 단계에 근무했던 기술 관료들은 NRA 법령들과 파시스트 코포라티즘 사이의 유사성들을 이해하는 데 아무런 문제가 없었다. 누군가가 다음과 같이 말했다. "파시스트 원칙들은 우리가 여기 미국에서 발전시켜 왔던 것들과 매우 유사하며, 그래서 우리는 이번에 특별한 관심을 가지고 있다."(Janet C. Wright, "Capital and Labor Under Fascism," National Archives, Record Group 9, Records of the National Recovery Administration, Special Research and Planning Reports and Memoranda, 1933-35, Entry 31, Box 3)

30) *One Third of a Nation: Lorena Hickok Reports on the Great Depression*, edited by Richard Lowitt and Maurine Beasley (Urbana, 1981), 218쪽.

31) 해럴드 이커스의 언급은 Lewis S. Feuer, "American Travelers to the Soviet Union, 1917-32: The Formation of a Component of New Deal Ideology," *American Quarterly*, vol. 14 (1962)에서 인용했다. 또한 나치의 일자리 창출 부서에 관한 루스벨트의 개인적인 관심에 대해서는 Kiran Klaus Patel, *Soldaten der Arbeit* (Göttingen, 2003), 412~413쪽을 참조하라.

32) Peter Vogt, *Pragmatismus und Faschismus: Kreativität und Kontingenz in der Moderne* (Weilerswist, 2002). 포크트가 "선택적 친화성"이라는 용어를 사용한 것은 다소 기괴하다. 왜냐하면 그는 실제로 양측이 서로를 오해하고 있다고 주장하기 때문이다. John P. Diggins, "Flirtation with Fascism: American Pragmatic Liberals and Mussolini's Italy," *American Historical Review*, vol. 71 (1966), 495쪽.

33) "Conscious, intelligent"라는 말은 John P. Diggins, 같은 책, 493쪽에서 인용했으며, "제퍼슨의 파시즘"은 Peter Vogt, 같은 책, 56쪽에서 인용했다.

34) John P. Diggins, 같은 책, 494쪽에서 인용했다.

35) 거의 예외 없이, 당대의 정치·사회학자들은 국가사회주의에 대해서 이해 혹은 동정을 거의 나타내지 않았다. 이해했던 한 작가는 캘리포니아의 정치학자였던 윌리엄 먼로 William B. Munro였는데, 그는 유럽의 정부 체계에 관한 통상적인 연구를 하는 저자였지 결코 나치 지지자는 아니었다. 독일을 여행한 후에 먼로는 나치의 반反유대주의anti-Semitism를 중세적인 야만으로의 불합리한 퇴보가 아니라 "유대 민족의 구성원들이 전전戰前 독일에서 은행과 신용에 대한 통제권을 통해 그리고 거대 산업체, 백화점, 그리고 신문사의 소유권을 통해 엄청난 경제적 권력을 축적했다"는 사실에 대한 하나의 반작용이었다고 기술했다. William B. Munro, "Hitler and the New Deal in Germany," *Proceedings of the Institute of World Affairs* (Los Angeles, 1934); reprinted in The Governments of Europe (New York, 1938), 634쪽.

36) 이 인용의 출처는 불명확하다. 아서 슐레진저는 출처가 1930년대 저널리스트인 로런스 데니스Lawrence Dennis의 것이라고 했는데, 그는 종종 파시스트로 오해받아 고발당하기도 했다. 슐레진저는 데니스를 인용한다. "지금 정력적으로 파시즘을 비난하고 있는 지도자들이 이 나라에 도입하려는 파시즘의 유형 중 이보다 더 논리적이고 정치적 전통에 잘 맞는 것은 없었다." Arthur Schlesinger, 위의 책, 665쪽의 25번 주를 참조하라. 1936년에《저널 오브 소셜 사이콜로지Journal of Social Psychology》는 미국 대중들이 지닌

잠재적인 파시스트 경향들을 입증할 목적으로 여론 조사를 실시했다. 대다수의 응답자들은 자신을 반파시스트라고 표시했지만, 동시에 그들은 파시즘 관점들이 명시적으로 확인되지 않을 경우에는 그것에 대해 지지를 표명했다. *Journal of Social Psychology*, vol. 7 (1936), 309~319, 438~454쪽.

미국에 존재했던 파시스트 운동들 중에서 가장 잘 알려진 것은 바로 "실버 셔츠"였는데, 이 운동은 공산주의와 싸우기 위해서 1933년에 저널리스트 윌리엄 더들리William Dudley가 만든 프로테스탄트 민병대였다. 그러나 그것은 소규모의 주변부 집단에 지나지 않았다. 만약 우리가 사회학자 베르너 좀바르트Werner Sombart의 논리를 따른다면, 실패 이유는 명백했다. 집단 운동들은 국가 차원에서 스스로를 개인주의의 창설자라고 여길 기회가 거의 없었다. 급진적인 유명 인사들 위주로 형성된 자발적이고 포괄적인 또 다른 범주의 운동들이 존재했는데, 당시의 많은 논평자들은 이들 운동들을 비록 명백하지는 않지만 잠재적으로는 파시스트적인 것이라고 여겼다. 1930년대 중반에 이 운동들은 뉴딜에 대한 중대한 도전을 의미했다. "라디오 신부님radio priest"이라는 별명을 가진 "신부" 찰스 코글린Charles E. "Father" Coughlin과 루이지애나 주의 주지사이자 상원 의원인 휴이 롱 — 두 사람 모두 초기에는 FDR의 지지자들이었다가 나중에는 격렬한 중상모략가가 되었다 — 과 같은 사람이 행한 대중 선동은 오늘날에는 유럽의 파시즘과 국가사회주의의 진정한 미국적 등가물로 간주된다.

37) Leon Samson, "Is Fascism Possible in America?," *Common Sense* (August 1934), 17쪽. 샘슨이 들고 있는 사례들 중의 하나는 대통령 제도이다. "여기서 대통령은 인민의 호민관이다. 그는 민주주의의 형식과 전제군주제Caesarism의 내용을 동시에 구현하고 있다. …… 미국의 대통령이 어떤 형태의 파시즘도 취하지 않은 채 파시즘의 기능을 수행하는 것은, 엄밀하게 말해서, 계급에 반하여 대중의 대변인으로서 기능하는 그의 역할에 있다." 구별 짓는 또 다른 요소는 미국의 삶의 속도이다. "미국의 템포는, 권력의 딜레탕티슴dilletantism(원문 그대로!) — 파시스트적 생활 양식의 주요한 정신적 요소 — 으로 가는 문을 열면서, 역사적으로 질서 정연하며 실질적인 모든 것을 깔아뭉개는 진정으로 파시스트적 방식으로 움직인다."(18쪽) 미국의 개인주의 이데올로기 내에 존재하는 사회적 순응주의에 관한 분석은, 토크빌Tocqueville에서부터 이탈리아의 한 역사가가 최근에 "순응주의적 민주주의의 역설"이라고 불렀던 것에 이르기까지 유럽의 평자들 사이에서는 하나의 오랜 전통을 갖고 있다. Daria Frezza, *Il leader, la folla, la democrazia nel discorso pubblico americano, 1880-1941* (Rome, 2001). 존 메이너드 케인스John Maynard Keynes는 "미국인들은 평균적인 여론이 평균적인 여론의 본질이라고 믿는 바를 발견하는 일에 지나치게 관심을 갖는 경향이 있다"는 의견을 피력하면서 1930년대에 이

러한 생각을 정식화했다. *The General Theory* (New York, 1936), 159쪽. 정치적 올바름에 대한 보다 최근의 관념이 명확하게 보여 주듯이 이러한 종류의 순응은 표면상으로는 자발적인 과정의 결과이며 그에 따라 정치적 통찰은 모든 사람들이 같은 의견을 가지도록 유도한다. "사고" "팔리는" 관념들을 말하는 영어의 경향은 우리에게 이러한 관계의 심리학을 보다 잘 이해하게 해 주며, 그것은 오직 양측이 서로 의존적이기 때문에 작동한다. 유럽의 평자들은 도로 교통에서 미국인이 운전 중에 취하는 행동에서 작동하는 하나의 유사한 심리학을 찾아냈다. "그 결과는 우리가 오로지 꿈에서만 가능한 도로 위에서의 안전 의식이다." Hyacinthe Dubreuil, *Les codes Roosevelt: Les perspectives de la vie sociale* (Paris, 1934), 135쪽.

38) Waldo Frank, "Will Fascism Come to America?," *Modern Monthly*, vol. 8 (1934), 465~466쪽.

39) E. Francis Brown, "The American Road to Fascism," *Current History* (July 1933), 397쪽.

40) William Pepperell Montague, "Democracy at the Crossroads," in *Actes du huitième congrès international de à Prague, 2-7 septembre 1934* (Prague 1936), 481쪽.

41) William E. Leuchtenburg, "The New Deal and the Analogue of War," in *The FDR Years: On Roosevelt and His Legacy* (New York, 1995), 35~75쪽에서 인용.

42) 스위프Swope의 계획과 NRA에 관해서는 Kim McQuaid, *A Response to Industrialism: Liberal Businessmen and the Evolving Spectrum of Capitalist Reform, 1880-1960* (New York, 1986)을 참조하라. 또한 McQuaid and Edward Berkowitz, *Creating the Welfare State* (New York, 1980)와 David Loth, *Swope of G.E.* (New York, 1958)를 참조하라.

43) Richard T. Ely, *Hard Times: The Way in and the Way Out* (New York, 1931), 103쪽.

44) Vaudagna, *L'estetica*, 97쪽(서론의 3번 주를 참조하라).

45) Daniel R. Fusfeld, *The Economic Thought of FDR and the Origins of the New Deal* (New York, 1956), 50쪽에서 인용했다.

46) Richard Hofstadter, *The Age of Reform* (New York, 1955); Arthur A. Ekirch, *Progressivism in America* (New York, 1974), 그리고 Robert Miewald, "The Origins of Wilson's Thought: The German Tradition and the Organic State," in *Politics and*

Administration, edited by J. Rabin and J. Bowman (New York, 1984)을 참조하라.

47) 당시의 비판자들도 검열에 걸리지 않는 한에서는, 미국이 프로이센 군국주의에 대한 투쟁에서 프로이센 독재의 경로에 고개를 숙였다면서 두려움을 드러냈다. 향후 독일 주재 미국 대사가 되게 될 윌리엄 도드는, 윌슨이 "비스마르크Bismarck가 제국주의 독일을 건설하는 데 도입했던 바로 그 프로그램을 채택할 수밖에 없을 것이다"라고 경고했다. 경제학자인 토머스 카버Thomas N. Carver는 "우리는 프로이센화化될 위험에 처해 있는 가?Are We in Danger of Becoming Prussianized?"라는 제목의 논문에서, "이미 우리의 전쟁에서 정부의 권위를 점점 더 많이 사용하게 됨에 따라 권력의 중앙집권화도 그에 상응해서 진행되었다. 중앙집권화가 논리적이고 효율적인 극단으로 가게 된다면 시저리즘 Caesarism, 보나파르티슘Bonapartism, 관료주의, 프로이센주의Prussianism를 유발한다. 비록 그 권위주의자가 아무리 자신이 민주주의적이라고 생각하더라도 혹은 민주주의적인 척 하더라도, 권위주의 프로그램이 갖는 바로 그 성격 때문에 그는 논리적으로 그리고 불가 피하게도 세계가 지금 프로이센주의라고 부르는 그러한 권력의 중앙집권화를 추구하게 된다"고 말했다. Arthur A. Ekirch, *Progressivism in America* (New York, 1974), 271, 273쪽에서 인용했다. 로버트 니스베스Robert Nisbeth는 윌슨의 두 개의 "권능 부여법 enabling acts"(방첩법 Espionage Act과 선동금지법 Sedition Act)을 "서구 최초의 전체주의의 실질적인 경험 — 항상 대기 중인 테러와 함께, 문화와 사회, 교육, 종교, 산업, 예술, 지역 공동체와 거기에 포함된 가족 등 모든 가능한 영역으로 확장되었던 정치적 절대주의 — 이라 칭했다. [이것은] 우드로 윌슨 하의 미국의 전시 국가와 함께 온 것이다." Robert Nisbeth, *Twilight of Authority* (New York, 1975), 183쪽. 다른 곳에서 니스베스는 "우 리가 그것을 인정하기 싫겠지만, 전체주의 국가의 20세기 첫 번째 시연試演은 1917~ 1918년의 미국에서 이루어졌다. …… 영국과 프랑스는 말할 필요도 없이, 심지어 카이 저[독일 황제의 칭호 — 옮긴이]의 군사-정치적 질서조차도 미국이 행했던 전쟁 국가war-state의 총체성에는 미치지 못하였다"고 말했다. Robert Nisbeth, *The Making of Modern Society* (Brighton, Eng., 1986), 192쪽.

48) Allen F. Davis, "Welfare, Reform and World War I," *American Quarterly*, vol. 19 (1967), 519, 520, 521쪽.

2장 리더십

1) Marquis de La Londe, "L'expérience américaine: La popularité du Président Roosevelt," *La revue mondiale* (September 1-15, 1935), 4쪽.

2) 독일어 판으로부터 인용했다. Hendrik de Man, *Massen und Führer* (Potsdam, 1932), 43, 44쪽.

3) Alexander Dorna, *Le leader charismatique* (Paris, 1998), 26~27쪽.

4) Erich Becker, *Diktatur und Führung* (Tübingen, 1935), 35쪽.

5) Roger Bonnard, *Le droit et l'État dans la doctrine nationale-socialiste* (Paris, 1936), 92, 94쪽.

6) Hadley Cantril and Gordon W. Allport, *The Psychology of the Radio* (New York, 1935; repr., New York, 1971), 109쪽.

7) Betty H. Winfield, *FDR and the News Media* (Urbana, 1990), 105쪽. 특히 루스벨트의 라디오 연설들에 대해서는 Robert S. Fine, "Roosevelt's Radio Chatting: Its Development and Impact During the Great Depression," Ph.D. diss., New York University, 1977을 참조하라. 파인 R. S. Fine(127쪽)은 루스벨트의 어휘에 관해서 《뉴욕타임즈》가 1937년에 행한 분석을 인용하고 있는데, 그 연구는 루스벨트가 영어에서 가장 흔히 쓰이는 단어 가운데 겨우 500개만을 사용한 때가 70퍼센트 정도 된다고 결론 내렸다.

8) Orrin Dunlap, "When Roosevelt Gets on the Air," *New York Times* (June 18, 1933)에서 인용했다.

9) Betty H. Winfield, 같은 책, 105쪽.

10) John Dos Passos, *Common Sense* (February 1934), 17쪽.

11) Orrin Dunlap, 같은 책. Bernard Fay, "La campagne électorale aux États-Unis," *Revue des deux modes* (December 1, 1936), 614쪽.

12) Bernard Fay, 같은 책을 참조하라. "군중과 접촉한 사람들 중 어떠한 위대한 연설자도 이득을 보지 못하지만, 그는 라디오에 출현해서 잃을 게 하나도 없었다. 그렇기는커녕, 그가 가진 탁월한 기술은 재치 넘치는 대화 기술 — 비공식적이고, 미묘하고, 친밀한 — 이었기 때문에, 그는 라디오를 위해서 태어난 사람처럼 보인다."

13) Warren Susman, *Culture as History* (New York, 1984), 160쪽.

14) Arthur M. Schlesinger Jr., *The Coming of the New Deal*, vol. 2 of *The Age of Roosevelt* (Boston, 1959), 572쪽.

15) Ernst Hanfstaengl, *Zwischen Weissem und Braunem Haus: Memoiren eines politischen Aussenseiters* (Munich, 1970), 36~39쪽. 오늘날의 분석가들은 동의한다. "고요하게 말할 때, 그의 깊은 바리톤 목소리는 가성을 사용하지 않고도 높은 테너의 음역에 도달할 수 있었다. 그것은 여전히 체스트 보이스胸聲였다. 히틀러는 효과적인 수사학적인 연설에서 핵심적인 기술인 그의 성량을 바꾸려고 하지 않았다. 그는 또한 좀 더 깊고 좀 더 온화한 음역에서 매력 있고 선율적인 특성을 가진 목소리를 개발했다. 대체로 그 인상은 단조로움이 없는 총체적 표현성의 하나, 즉 그의 청중에게 암시적으로 영향을 미치는 하나의 완벽한 혼합물이라는 것이다." Karl-Heinz Göttert, *Geschichte der Stimme* (Munich, 1998), 439쪽.

16) Ulrich Ulonska, *Suggestion der Glaubwürdigkeit: Untersuchungen zu Hitlers rhetorischer Selbstdarstellung zwischen 1920 und 1933* (Hamburg, 1990), 286쪽.

17) 같은 책, 97, 103쪽. 역설적이게도, 히틀러의 웅변 양식은 1918~1919년 겨울의 불운했던 바이에른 혁명 당시 뮌헨의 주도적인 사회주의 정치인들의 웅변 양식에서 영향을 받았다. 그 사건의 목격자였던 오토 차레크Otto Zarek는 나중에 히틀러의 수사修辭와 사회주의 지도자이자 극작가 에른스트 톨러Ernst Toller의 수사를 비교했다. "결국 청중들의 마음을 사로잡은 것은 톨러의 주제가 아니라 톨러의 태도였다. 인민들은 그가 옳은지 그른지에 관해서는 결정을 할 수 없었지만 그가 진정성을 가지고 있다는 것은 의심하지 않았다. …… 그는 자신이 가진 확신의 힘으로 인민들을 사로잡았다. …… 그들의 처지가 인류의 처지라는 것을 그가 계속 설명했을 때 …… 교외에서 이 자그마한 톨러는 칭송과 박수를 받았다. …… 그들은 삶 속에서 하나의 사명을 원했다. 톨러는 그들에게 그것을 제공했다." Sterling Fishman, "The Rise of Hitler as Beerhall Orator," *Review of Politics*, vol. 26 (1964), 249쪽에서 인용했다.

18) Joachim Fest, *Hitler* (Berlin, 1995), 217쪽.

19) Detlef Grieswelle, *Propaganda der Friedlosigkeit: Eine Studie zu Hitlers Rhetorik 1920-1933* (Stuttgart, 1972), 43쪽.

20) 히틀러의 등장을 목격한 어떤 프랑스 인은 군중들이 "기다림에 의해서 …… 이미 스스로 취해 버렸다"고 묘사했다. Pierre Frédérix, "Hitler, manieur de foule," *Revue des deux mondes* (March 1, 1934), 65쪽. 기다림의 철학에 관해서는 프랑스의 사회학자 마

르셀 모스Marcel Mauss를 참조하라. "기다림이란, 감정, 지각, 그리고, 좀 더 엄밀하게 말해, 신체의 동작과 상태가 직접적으로 사회적 상태의 조건이 되며, 그것들 자체가 사회적 상태에 의해 조건 지어진 그러한 사건들 중의 하나이다. …… 기다림은 지도자와 그 지지자들의 전율하는 융합을 발생시킨다. 그들은 그와 카리스마적으로 동일시하는 반면에 그는 그들을 통해서 자신을 자아도취적으로 인식한다. 그들은 자신들이 그토록 간절하게 염원해 왔던 희망들을 그에게서 발견하게 될 것이라고 믿을 때, 바로 그때 내적인 변화, 심지어 어떤 사람들이 말하는 '정신-생리학적psycho-physiological'인 변화가 일어난다." Dorna, 같은 책, 29쪽에서 인용했다. 비록 형태는 다르지만, 방송이 있는 날에 매 시간마다 선전이 방송되는 한에 있어서는 루스벨트의 노변정담들 또한 청취자들의 기대를 강화시켰다. John A. Sharon, "The Psychology of the Fireside-Chat," Ph.D. diss., Princeton University, 1949, 95쪽을 참조하라.

21) Claudia Schmölders, *Hitlers Gesicht* (Munich, 2000), 54쪽에서 인용했다.

22) Joachim Fest, 같은 책, 448쪽.

23) Eitel W. Dobert. F. W. Lambertson, "Hitler, the Orator: A Study in Mob Psychology," *Quarterly Journal of Speech*, vol. 28 (1942), 124쪽에서 인용했다.

24) Otter Strasser. F. W. Lambertson, 같은 책, 127쪽에서 인용했다.

25) 외교정책협회Foreign Policy Assocation 의장 제임스 맥도널드James G. MacDonald의 1933년 5월 4일 뉴욕에서의 연설로 독일 대사인 한스 루터Hans Luther가 요약했다(Polit. Arch. AA, R 80307, Blatt K 269124).

26) Detlef Grieswelle, 같은 책, 39쪽.

27) Konrad Heiden, *Hitler* (New York, 1936), 304쪽.

28) Theodor Adorno, "Freudian Theory and the Pattern of Fascist Propaganda," in *The Culture Industry: Selected Essays on Mass* Culture (London, 1991). 아도르노는 이러한 생각들을 히틀러뿐 아니라 휴이 롱Huey Long과 코글린 신부Father Coughlin와 같은 인물에게도 적용했는데, 아도르노는 이들의 운동을 유럽 파시즘의 미국적 등가물이라고 특징지었다. 주도적인 미국 사회 심리학자이자 1920년대와 30년대의 선전 전문가인 해럴드 라스웰Harold Lasswell은 1933년 "히틀러주의의 심리학The Psychology of Hitlerism"이라는 논문에서 그 지도자의 인기에 대해서 좀 더 정직하게 설명하였다. "히틀러의 역할은, 아이를 울린 자신의 책임을 그 아이를 때린 이웃집 소년이 못되었다는 말로 돌리는 유모의 역할과 닮아 있다." *Political Quarterly*, vol. 4, 380쪽. 종종 인용되었던 언급에서 히틀러는 대중을 "여성"으로 묘사했는데, 그것은 지도자로서의 그 자신의

자의식과 잘 어울린다. 그러나 우리가 살펴본 것처럼, 그의 연설들의 "남성다운 masculine" 공세적인 부분은, 조화롭고 "여성스러운feminine" 서론이 나온 이후에만 등장한다. 요아힘 페스트는 대중의 정서와 욕망에 대한 히틀러의 "드물게 여성스러워 보이는 감성"에 관해서 쓰고 있다. Joachim Fest, 같은 책, 186쪽.

29) 이러한 맥락에서 특별히 언급할 가치가 있는 것은 히틀러가 총애했던 사진작가 하인리히 호프만Heinrich Hoffmann이 만든 삽화집들이다. 《아무도 알지 못하는 히틀러 *The Unknown Hitler*》와 《산에서의 히틀러 *Hitler in His Mountains*》와 같은 제목들을 달고 있는 이 책들은 지도자가 대대적인 인기를 획득한 이후에 출간되었으며 독자들에게 "사적인 히틀러private Hitler"를 알고 있다는 인상을 주기 위한 것이었다. *Hoffmann & Hitler: Photographie als Medium des Führermy-thos*, edited by Rudolf Herz (Munich, 1994)를 참조하라.

30) Hadley Cantril and Gordon W. Allport, *The Psychology of the Radio* (New York, 1935; repr., New York, 1971), 13쪽.

31) Eugene E. Leach, "Mastering the Crowd: Collective Behaviour and Mass Society in American Social Thought, 1917-1939," *American Studies* (1986), 109쪽에서 인용했다.

32) Warren Susman, 같은 책, 165쪽.

33) Franco Minganti, *Modulazioni de frequenza: L'immaginario radiofonico tra letteratura e frequenza* (Pasian di Prato, 1997), 35쪽.

34) Eckhard Breitinger, *Rundfunk und Hörspiel in den USA, 1930-1950* (Trier, 1992), 79, 78, 86쪽.

35) James Thurber의 논문, "Soapland," in Thurber, *The Beast in Me and Other Animals* (New York, 1968), 254쪽에서 인용했다.

36) David Welch, *The Third Reich: Politics and Propaganda* (London, 1993), 34쪽.

37) 같은 책, 33쪽.

3장 선전

1) Max Lerner, "The Pattern of Fascism," *Yale Review*, vol. 24 (1934), 310쪽.

2) Harold D. Lasswell, "The Person: Subject and Object of Propaganda," *Annals of the American Academy of Political and Social Science*, vol. 179 (1935), 189쪽.

3) Fritz Morstein Marx, "Propaganda and Dictatorship," *Annals of the American Academy of Political Science* (May 1935), 212쪽에서 인용했다. 그 인용이 진짜인지는 다소 불확실하지만, 에르네스트 브람슈테트Ernest K. Bramsted 또한 괴벨스의 유사한 진술을 인용하고 있다. "만약 선전이 헛되이 수행되지 않도록 하려면 …… 선전이 인민들을 설득하고 가르칠 목적으로 인민들을 이해하고 인민들의 변화하는 분위기에 다가가게 하려면, 어떤 일이 있어도 대중들의 동요하는 경향을 파악해야 한다." *Goebbels and National Socialist Propaganda, 1925-1945* (Michigan, 1965), 53~54쪽.

4) Richard W. Steele, "The Pulse of the People: Franklin D. Roosevelt and the Gauging of American Public Opinion," *Journal of Contemporary History*, vol. 9 (1974), 203쪽. 또한 Richard W. Steele, "Preparing the Public for War: Efforts to Establish a National Propaganda Agency," *American Historical Review*, vol. 75 (Oct. 1970)를 참조하라.

5) 노변정담 내에서의 국민 투표적인 요소들에 관해서는, Thomas Vernor Smith, "The New Deal as Cultural Phenomenon," in *Ideological Differences and World Order*, edited by F. S. C. Northrop (New Haven, 1949), 225쪽을 참조하라.

6) John A. Garraty, 같은 책, 932, 925쪽(서론의 13번 주를 참조하라).

7) Elisha Hanson, "Official Propaganda and the New Deal," *Annals of the American Academy of Political and Social Science*, vol. 179 (1935), 178쪽.

8) Daria Frezza, "Democrazia e mass media: Il New Deal e l'opinione pubblica," in *Ripensare Roosevelt*, edited by Tiziano Bonazzi and Maurizio Vaudagna (Milan, 1986), 226쪽.

9) William E. Berchtold, "Press Agents of the New Deal," *New Outlook* (July 1934), 24쪽.

10) Kiran Klaus Patel, "Die Edition der 'NS-Presseanweisungen' im Kontext von Quellensammlungen zum 'Dritten Reich,'" *Archiv für Sozialgeschichte*, vol. 42 (2002), 369쪽. 확고한 지위를 가진 나치의 공식 언론은, 독재 체제에서 전형적으로 나타나는 현상처럼 종종 명목상 독립적인 매체들보다 더 큰 자유를 누렸다. 파텔Patel은 "나치 언론은 당에서 허용하는 발언 수위를 더 자주 벗어났"으며, "이전에 반反나치적이었던 미디어는 친정권의 많은 출판사들보다 정부의 지침을 더욱 완고하게 고집했다"라고 덧붙여 말했다.

11) *Führerbilder: Hitler, Mussolini, Roosevelt, Stalin in Fotografie und Film*, edited by Martin Loiperdinger, Rudolf Herz, and Ulrich Pohlmann (Munich, 1995), 168, 171~172쪽에 실린 쿨버트David Culbert의 논문을 참조하라.

12) Richard W. Steele, *Propaganda in an Open Society: The Roosevelt Administration and the Media, 1933-1940* (Westport, Conn., 1985), 18~20쪽을 참조하라.

13) Franz Springer, "Die politischen Prinzipien des Rundfunkrechts in den Vereinigten Staaten von Amerika, Italien, England und Sowjetrussland," Ph.D. diss., Erlangen, 1935.

14) Richard W. Steele, 같은 책, 128ff, 18~24쪽을 참조하라. 그는 "방송사들은 권력자들에게 자신들의 가치를 증명해 보임으로써 잠재적으로 해가 될지 모를 개입으로부터 안전을 도모하고자 했다. …… 행정부가 말해야 하는 모든 것들은 신문 기자, 편집자, 혹은 신문사 사주의 중재를 거치지 않고 방송 전파를 탔다"라고 결론 내린다(20쪽).

15) Fest, 187~188쪽(2장의 18번 주를 참조하라)에서 인용했다. 또한 Adolf Hitler, *Mein Kampf* (Munich, 1943), 193쪽에 나오는 유사한 구절도 참조하라. "나는 〔선전에서〕 사회주의-마르스크주의 당들이 능란한 솜씨로 사용했던 수단을 발견했다."

16) Adof Hitler, 같은 책, 552쪽.

17) Edward L. Bernays, "Molding Public Opinion," *Annals of the American Academy of Political Science*, 84쪽; H. D. Lasswell, 같은 책, 189쪽.

18) Richard Albrecht, "Symbolkampf in Deutschland 1932: Sergej Tschachotin und der 'Symbolkrieg' der drei Pfeile gegen den Nationalsozialismus als Episode im Abwehrkampf der Arbeiterbewegung gegen den Faschismus in Deutschland," *Internationale Wissenschaftliche Korrespondenz zur Geschichte der deutschen Arbeiterbewegung*, vol. 22 (1966), 498~535쪽, 그리고 Karl Rohe, *Das Reichsbanner Schwarz Rot Gold: Ein Beitrag zur Geschichte und Struktur der politischen Kampfverbände zur Zeit der Weimarer Republik* (Düsseldorf, 1966)을 참조하라.

19) Richard Albrecht, 같은 책, 506쪽을 참조하라. 마르크스주의 철학자 에른스트 블로흐 Ernst Bloch는 1937년에 국가사회주의에 대한 동료들의 대응에 유사한 비판을 퍼부었다. "내가 유물론적 로고스logos, 즉 변증법적 유물론에 맞설 생각은 없지만, 인간은 돌로 만든 것이 아니다. 혁명은 인간의 이성을 장악할 뿐만 아니라, 사회주의자들이 오랫동안 간과했던, 인간의 상상력도 장악한다. 나치당은 거짓말을 했지만, 그들은 인민을 위해서 거짓말을 했다. 반면 사회주의자들은 진실을 말했지만, 오로지 추상적인 진실만을 말했

다. 이제 인민의 관심사에 대해 그들에게 진실을 말해야 할 때가 되었다." "Kritik der Propaganda," *Neue Weltbühne* (May 25, 1937), 553쪽.

20) 1933년 7월 24일의 노변정담.

21) A. Schlesinger, *The Coming of the New Deal*, 114쪽(2장 14번 주를 참조하라)에서 인용했다.

22) Andrew Davis Wolvin, "The 1933 Blue Eagle Campaign: A Study in Persuasion and Coercion," Ph.D. diss., Purdue University, 1968, 51쪽에서 인용했다.

23) 블루 이글 캠페인에 참가한 지원자들의 수는 150만 명에 이른다. Ernst Basch, *Das Wiederaufbauwerk Roosevelts* (Zurich, 1935), 110쪽을 참조하라.

24) John Kennedy Ohl, *Hugh S. Johnson and the New Deal* (Dekalb, Ill., 1985), 140, 106, 102쪽.

25) Hugh S. Johnson, *The Blue Eagle from Egg to Earth* (New York, 1935), 154~155쪽에서 인용했다.

26) Garraty, 같은 책, 930쪽(서론의 13번 주)에서 인용했다.

27) Wolvin, 같은 책, 194~195쪽에서 인용했다.

28) 같은 책, 197쪽.

29) 루스벨트의 지지자였던 앤 오헤어 매코믹Anne O'Hare McCormick은 블루 이글 캠페인을 "그 법령의 내부와 외부에 있는 사람들에게 근대적 삶의 중심적인 문제들에 대해 무언가를 열심히 생각할 것을 강요하는 일종의 교육 기관으로" 묘사했다. *New York Times Magazine* (July 8, 1934).

30) Wolvin, 같은 책, 221쪽.

31) William E. Berchtold, "The World Propaganda War," *North American Review*, vol. 238 (1934), 429쪽. 베르히톨드는 요제프 괴벨스Joseph Goebbels와 관련해 "많은 선전 부서가 루스벨트의 노트에서 몇 페이지를 차지했다"고 덧붙였다(428쪽).

32) Ethan Colton, *Four Patterns of Revolution: Communist USSR, Fascist Italy, Nazi Germany, New Deal America* (New York, 1935), 270쪽. 그러나 콜턴은 "그러나 [뉴딜]은 투쟁 정신이 부족했다. 비교해 보면, 그 대응은 미약했다. 십자군적인 심성을 창출하려는 노력은 실패했다. 돈이라는 목적들은 희생도 영웅주의도 야기시킬 수 없었다"라고 쓰면서 이 의견을 제안했다.

33) *Economist*, September 9, 1933; *Spectator*, September 22, 1933.

34) John Dizikes, *Britain, Roosevelt and the New Deal: British Opinion, 1932-1938* (New York, 1979), 163쪽에서 인용했다.

35) Robert de Saint-Jean, *La vraie révolution de Roosevelt* (Paris, 1934), 51쪽. 마르키스 드라롱드Marquis de La Londe는 그 캠페인의 연극적인 이미지에 너무나 감명을 받아서, *La revue mondiale* (September 1-15, 1935), 4쪽에 게재한 논문에다 이 구절을 한 마디 한 마디 인용했다.

36) Simone-Maxe Benoit, *Revue Politique et littéraire*, vol. 164 (July 1935), 59쪽.

37) Marquis de La Londe, 같은 책, 3쪽.

38) Louis Rosenstock-Franck, *L'Expérience Roosevelt et le milieu social américain* (Paris, 1937), 115쪽.

39) Bernard Fay, "Deux ans d'expérience Roosevelt," *Revue des deux mondes* (March 1, 1935), 37~38쪽. 스위스의 일간지인 *Neue Zürcher Zeitung* (September 3, 1933)에 이전에 실린 논문도 똑같이 지적했다. "국민적 열광의 감정뿐 아니라 두려움의 감정에 대해서도 호소할 필요가 있다는 것이 이미 증명되었다."

40) Fritz Morstein Marx, *Government in the Third Reich* (London, 1937), 96쪽.

41) H. Lassell, 같은 책, 360쪽.

42) "Opferritual und Volksgemeinschaft am Beispiel des Winterhilfswerks," in *Faschismus und Ideologie, 2.Sonderband "Das Argument"* (Berlin, 1980); Herwart Vorlander, "NS-Volkswohlfahrt und Winterhilfswerk des deutschen Volkes," *Vierteljahresschrift für Zeitgeschichte*, vol. 34 (1986), 365ff쪽; Florian Tennstedt, "Wohltat und Interesse: Das Winterhilfswerk des deutschen Volkes—die Weimarer Vorgeschichte und ihre Instrumentalisierung durch das NS-Regime," *Geschichte und Gesellschaft*, vol. 13 (1987), 174ff쪽에서 인용했다.

43) Aryeh Unger, "Propaganda and Welfare in Nazi Germany," *Journal of Social History*, vol. 4 (1970-71), 136쪽. 동시에 블루 이글 캠페인과 동계 구제 조직 배후에 있던 사람들 또한 평당원들이 비참여자들에 대해 자경단원적 보복 행위를 저지르지 못하도록 했다. A. Unger, 138쪽.

44) 이 말은 케인스가 루스벨트에게 보낸 편지에서 발견된다. Richard Adelstein, "The Nation as an Economic Unit: Keynes, Roosevelt and the Managerial Ideal," *Journal*

of American History, vol. 78 (1991), 177쪽을 참조하라.

45) Pierre Frédérix, "Hitler, manieur des foules," *Revue des deux mondes* (March 1, 1934), 63쪽.

46) "정권regime"이라는 용어는 여기서는 역사가 피터 테민Peter Temin의 의미로 사용된다. "정권은 어떤 단 하나의 결정으로부터 도출된 하나의 추상이다. 그것은 모든 결정들의 체계적이고 예상 가능한 부분을 대표한다. 그것은 정부와 중앙은행이 결정해야 하는 개별적인 선택들을 관통해서 꿰는 실이다." *Lessons from the Great Depression* (Cambridge, Mass., 1989), 91쪽.

47) 테민Temin에 따르면, 사회는 "폭넓게 이해될 수 있었던 변화의 극적이고 고도로 가시적인 상징들을" 통해서만 경제 위기와의 투쟁에 동원될 수 있었다. 같은 책, 92쪽. 루스벨트가 "좀 더 내실 있는 행동 대신 전투적인 단어들과 상징적인 행동들을 사용했던 경향"에 관해서는 Paul Conkin, *FDR and the Origins of the Welfare State* (New York, 1976); 그리고 Conkin and David Burner, *A History of Recent America* (New York, 1974), 236~237, 243, 248쪽. 루스벨트의 조세 개혁의 내용에 대해서 갖는 상징의 우세함에 관해서는 Mark H. Leff, *The Limits of Symbolic Reform: The New Deal and Taxation, 1933-1939* (New York, 1984).

48) Hartmut Berghoff, "Enticement and Deprivation: The Regulation of Consumption in Pre-War Nazi Germany," *Material Culture and Citizenship in Europe and America*, edited by Martin Daunton and Matthew Hilton (Oxford, 2000), 167쪽.

49) Thomas Vernor Smith, "The New Deal as a Cultural Phenomenon," in *Ideological Differences and World Order: Studies in the Philosophy and Science of the World Culture*, edited by F. S. C. Northrop(New Haven, 1949), 208ff쪽을 참조하라. 워런 서스먼은 게임에 대한 강조를 소설, 문화 산업, 특히 영화, 라디오, 스포츠에 대한 기술적 성격, 그리고 점증하는 도박의 인기로 거슬러 올라가서 추적하고 있다. 이러한 발전은 대공황 시기의 현실 도피적 욕구를 반영할 뿐만 아니라, "희망의 의식을 살아있게 할, 본질적인 가치들을 유지하고 강화하기 위한" 기회들을 드러내는 것이었다. "1930년대에 삶을 …… 지배했던 특정한 종류의 게임의 증가는 중요한 사회적 강화social reinforcement를 제공하는 경향이 있었다. 심지어는 춤들도 대규모 참여와 긴밀한 협력을 요구하는 거의 민속적인 양식의 패턴으로 뚜렷이 회귀했다." *Cultural as History*, 162쪽(2장 13번 주를 참조하라).

50) Thomas Vernor Smith, 같은 책, 227쪽에서 인용한 퍼킨스의 언급. Stuart Chase, *A*

New Deal (New York, 1932), 252쪽.

51) Roger Caillois, *Man, Play and Games* (Urbana and Chicago, 2001), 55쪽.

4장 땅으로 돌아가자

1) Alexius Boér Jr., "Die internationalen Goldbewegungen," *Weltwirtschaftliches Archiv*, vol. 31 (1930), 462쪽을 참조하라. 금에 대한 심리학적 의존은 프랑스에서 가장 오래 지속되었고 이는 사적 투자의 문화가 강력했기 때문이다. 사람들은 금 본위 제도로 부터의 어떠한 이탈도 체제를 즉각적인 파멸로 이끌 것이라고 믿었다. 심지어 1969년 후 반에도 샤를 드골Charles de Gaulle은 금 보유고는 프랑franc貨의 "안정성, 공정성, 그리고 보편적 타당성"을 보장하기 위해 필요하다고 선언했었다. 그러나 케인스Keynes가 처음 으로 깨달았던 것처럼, 금 본위 제도를 통해 공세적인 금융 정책과 투자 정책들에 가해 졌던 제약들로부터 자본이 자유로워지려면 그 전에 심리학에서의 어떤 변화가 필요했 다. 오로지 이것이 이루어진 이후에 비로소 1945년 이후의 서구의 경제와 문화를 결정했 던 국가, 경제, 소비자 사회 간의 그런 새로운 관계가 발생할 수 있었다. 오늘날 우리들이 보기에, 한 국가의 소비 능력과 짝을 이루는 국내총생산이 해당 국가 통화의 안정과 안 전을 보장한다. 경제적 자급자족과 땅을 중시하는 1930년대의 심리학은, 종종 잊어 왔던 금 본위제 시대와 소비자 시대 사이의 과도기적 국면이다. 이는 심지어 세계에서 가장 거대한 금 재고를 보유하고 있었던 미국에 대해서도 사실이었다. 사실 1936년에 미국이 금 보유고를 뉴욕 시로부터 포트녹스[연방 금괴 보관소가 있는 켄터키 주의 도시 — 옮긴이]로 이전 한 것은 상징적인 행동처럼 보일 수도 있다. 즉 전권을 휘두르는 도시의 금권가들의 손 아귀로부터 인민의 부를 되찾아 국가의 품으로 반환하는 것이다.

2) Ferdinand Fried, *Wende der Weltwirtschaft* (Leipzig, 1939), 387쪽.

3) Ferdinand Fried, *Autarkie* (Jena, 1932), 42쪽. 프리트의 동료인 베른하르트 라움 Bernhard Laum 또한 전前자유주의적 경제의 "유기적인" 통일체의 파괴와 그리고 전 세계 적 상업과 전 세계 경제적 노동 분업에 의해 야기된 유해한 "양극단extremes"을 비판했 다. "죽음은 양극단에 있다"라고 라움은 썼다. "삶의 존속은 오로지 중간에 있다." 즉 국 가적 아우타키의 "유기적인" 시스템에 있다. *Die geschlossene Wirtschaft: Soziologische Grundlegung des Autarkieproblems* (Tübingen, 1933), 466쪽.

4) Warren Susman, 같은 책, 211~212쪽(2장 13번 주를 참조)을 참조하라.

5) 마르크스의 이러한 측면에 대한 논의는 생태적 마르크스주의ecological Marxism에 의해서 최근에 전개되었다. 마르크스는 자연에 대한 자본주의의 착취를 프롤레타리아에 대한 자본주의의 착취와 동일한 것으로 보았다고 이들은 해석한다. 생태적 마르크스주의자들 은 "무자비하고" 거대한 산업적 양식의 농업이 아닌, "자연적인" 정서의 유대를 통해 자 신들의 토지에 묶여 있는 소규모 개인농을 선호했던 마르크스의 후기 저작들의 구절들 을 강조했다. John Bellamy Foster, *Marx's Ecology: Materialism and Nature* (New York, 2000), 165쪽을 참조하라. 또한 Paul Burkett, *Marx and Nature: A Red and Green Perspective* (New York, 1999)를 참조하라.

6) Mary McLeod, "Urbanism and Utopia: Le Corbusier from Regional Syndicalism to Vichy," Ph.D. diss., Princeton Unversity, 1988, 299, 312쪽에서 인용한 Le Corbusier.

7) Reynold M. Wik, *Henry Ford and Grass-Roots America* (Ann Arbor, 1972), 192쪽에 서 인용된 포드의 언급. "Cars sprouting": Helmut Magers, *Roosevelt: Ein Revolutionär aus common sense* (Leipzig, 1934), 112쪽.

8) Egon Bandmann in *Deutsche Zukunft* (December 23, 1934), 13쪽; Stuart Chase cited in Arthur M. Schlesinger Jr., *The Crisis of the Old Order: 1919-1933*, vol. 1 of *The Age of Roosevelt* (Boston, 1957), 201쪽.

9) Stuart Chase, *Mexico: A Study of Two Americas* (1931; repr., New York, 1946), 310~311쪽.

10) 같은 책, 323~324쪽.

11) Jean-Louis Cohen, *Faschistische Architekturen,* edited by Hartmut Frank (Hambrug, 1985), 205쪽에서 인용.

12) 역사가인 메흐틸트 뢰슬러Mechtild Rössler는, "대학들 간의 공동 프로젝트들에서 자주 관리와 독립적인 책임은 이 새로운 사상의 학술적 연구를 구성하는 기본적인 요소들이 었다. 국가사회주의의 정치 기관들 혹은 당으로부터의 직접적인 압력은 존재하지 않았 다. '외부'로부터 요구도 없었다"라고 썼다. Mechtild Rössler, "Die Institutionalisierung einer neuen 'Wissenschaft' im Nationalsozialismus: Raumforschung und Rau-mordnung 1935-1945," *Geographische Zeitschrift*, vol. 75 (1987), 181쪽. 미국의 경우, "지역 계획"은 이미 학문 분야로 존재하고 있었지만, 처음 뉴딜의 일부로서 정부 정책이 되었다.

13) 같은 책, 186, 182쪽. 강조는 원문.

14) David. R. Conrad, *Education for Transformation: Implications in Lewis Mumford's Ecohumanism* (Palm Springs, 1976), 110쪽에서 인용.

15) *American Regionalism,* edited by Howard W. Odum with Harry Estill Moore (New York, 1938), 12쪽(Lewis), 28쪽(Mumford), 3, 639~640쪽(Odum).

16) Howard W. Odum, 같은 책, 637쪽. Elliott: William Yandell Elliott, *The Need for Constitutional Reform* (New York, 1935), 191~193쪽.

17) "전원도시 사회주의"는 부분적으로는 1890년대에 나타났던 유토피아적인 소설들로부터 영감을 받았다. Edward Bellamy, *Looking Backward;* William Morris, *New from Nowhere;* and Peter Kropotkin, *Fields, Factories and Workshops;* or *Industry Combined with Agriculture and Brain Work with Manual Work.* 그 소설들은 후기 자본주의적 세계들을 묘사했는데, 그 세계에서 도시와 농촌 간의 분화는 도시의 산업적 사회를 해체하여 농촌의 산업적 전원생활로 전환시킴으로써 화해되었다.

18) 독일의 경우, 이러한 발전에 관련된 많은 건축가들(모더니즘의 아이콘인 브루노 타우트를 포함하여)은 모두가 제1차 세계 대전 직후에 도시를 전원도시로 대체하기를 원했던 사람들이었다. 그리고 이들은 1920년대 중반에 신新즉물주의New Objectivity의 핵심 부분이었던 도시에 대해 숭배로 전환했다. Tilman Harlander, *Zwischen Heimstätte und Wohnmaschine* (Basel and Boston, 1995), 33쪽을 참조하라.

19) Paul Conkin, *Tomorrow a New World: The New Deal Community Program* (Ithaca, 1959), 239~240쪽.

20) 같은 책, 246ff쪽.

21) 같은 책, 118쪽.

22) Diane Ghirardo, *Building New Communities: New Deal America and Fascist Italy* (Princeton, 1989), 181쪽. 이러한 미국과 유럽 역사의 단편을 비교한 극소수의 학자 중의 한 명인 다이앤 기라도 또한 "정부에 의해서 행사된 통제의 종류에서, 미국의 협동농장은 독일과 이탈리아의 국가 주도적인 협동농장과 극적으로 달랐다. 미국에서는 일단 건물이 완성되면 정부는 분쟁을 조정하도록 요청받은 때를 제외하고는 얼토당토않은 행동을 취했다. 일상적인 작동에서 볼 때 미국의 협동농장들은, 협동농장을 통해서 온정주의적이고 궁극적으로는 전체주의적인 통제 수단으로 극적인 사회 변화를 수행하려는 욕구를 드러냈다"라고 썼다(138쪽).

23) Roswitha Mattausch, *Siedlungsbau und Stadtneugründungen im deutschen Faschismus* (Frankfurt, 1981), 79쪽.

24) Harlander, 60ff쪽과 Dieter Münk, "Die Organisation des Raumes im Nationalsozialismus," Ph.D. diss, University of Bonn, 1993, 181쪽에서 인용한 페더 Feder. 또한 Dirk Schubert, "Gottfried Feder und sein Beitrag zur Stadtplanungstheorie," *Die alte Stadt*, vol. 13 (1986), 특히 204ff쪽을 참조하라. 소도시 독일small-town Germany이라는 전망을 가진 것은 페더 혼자만이 아니었다. 1931년에 루돌프 뵈머 Rudolf Böhmer는 1만 2천 명 가량의 인구를 가진 농민-시민의 도시들Ackerbürgerstädte을 만들자는 책으로 동요를 일으켰다. 사회민주당원이자 근대주의자인 마르틴 바그너 Martin Wagner 또한 1933년 이전에 5만 명의 주민을 가진 중간 규모의 분권화되고 반半농촌적인 도시들이라는 개념을 발전시켰다. Tilman Harlander, Katrin Hater, Franz Meiers, *Siedeln in der Not* (1988), 57~58쪽을 참조하라. 1934년 1월 24일자《도이체 바우차이퉁Deutsche Bauzeitung[독일건축신문]》은 "독일 제국 전체에 규칙적인 간격으로 허브들의 네트워크, 소규모 농촌 도시들의 네트워크"를 설립하려는 뢰르허C. Chr. Lörcher의 계획에 관해 보도했다(62쪽). 이것들은 그 주변 지역들과 경제적으로 연계되도록 되어 있었다. 물론 이 모든 사상들의 지적인 조상은 에버니저 하워드가 가졌던 전원도시에 대한 초창기의 이상이었다.

25) 그린벨트 공동체들이 쇠퇴한 도시 내 지역이나 빈곤화된 농촌 지역들보다는 오히려 도시 인근의 매력적인 부동산에 명백히 집중하는 한 그 지향은 자경 자급 농장 사업과는 반대되었다. 타운과 농촌 간의 사회적 불균형들을 교정하려고 노력하는 대신에, 터그웰의 전망은 "농촌에서 도시로의 불가피한 이동을 위한 좀 더 질서 있는 패턴"이었는데, 실제로 터그웰에게 그것은 도시가 아니라 도회적 주변부를 의미했다. 그의 사상은 궁극적으로 전원도시 이상에서 자극받기보다는 19세기의 프런티어 운동에서 자극받았다. 19세기 프런티어 운동은 이전에는 방치되어 왔던 것들을 포기하면서 훨씬 많은 미개척지의 자연을 정착지로 만드는 목적을 가지고 있었다. 미국 프런티어의 종결로 인해, 타운과 농촌 사이에 있는 매력적인 토지 지역들이 "정복되어야 하는" 영토의 역할을 떠맡았다. 그러나 프런티어 확장의 경우와는 다르게, 그린벨트 공동체들은 그것들이 에워싸고 있었던 도회지 공간들을 물리적으로 원상태로 회복시키려는 의도를 가지고 있었다. 터그웰은 "나의 사상은 그저 인구 중심지들을 외부로 가져가려는 것, 값싼 땅을 고려하는 것, 전체적인 공동체를 세우는 것, 그리고 그곳으로 사람들을 유인하는 것이다. 그리고 나서 도시들로 다시 돌아가서 전체 슬럼들을 헐어 버리고 그것들을 공원으로 조성하는 것"이라고 선언했다. 그리하여 다른 목적과 수단으로, 그리고 완전히 다른 의미에서, 그린벨트

263

공동체들도 역시 일종의 농촌-도시 공생 관계를 목표로 했다. 농장들이 농촌의 생활 수준을 도시의 생활 수준으로 끌어올리기 위해서 기획되었던 반면에, 터그웰의 정책은 보조금이 약속된 지역들이 쇠퇴한 도시 중심지들을 "녹지화"하는 긍정적인 효과를 가져올 것으로 기대했던 것이다.

26) Münk, 409쪽을 참조하라.

27) Clemens J. Neumann, "Deutsches Siedeln und symbolisches Bauen," *Siedlung und Wirtschaft* (1934), 476쪽.

28) Harlander, *Zwischen Heimstätte und Wohnmaschine*, 73쪽에서 인용.

5장 공공사업

1) Bernice Glatzer Rosenthal, *New Myth, New World* (University Park, 2002), 그리고 Bernice Glatzer Rosenthal, editor, *Nietzsche and Soviet Culture* (Cambridge, Eng., 1994).

2) Hans Siemsen, *Russland: Ja und Nein* (Berlin, 1931), 147쪽. 또한 Albert Rhys Williams, *The Soviets* (New York, 1937), 147쪽을 참조하라.

3) Mario M. Morandi, "L'introduzione all'Agro Pontino," *Civiltà fascista*, vol. 2 (1935), 1009~1010쪽.

4) Valentino Orsolini-Cencelli, "Littoria e la bonificazione dell'Agro Pontino," *Gerarchia* (1933), 850쪽.

5) 파시스트 문화에서 개인주의와 집단주의의 관계에 대한 또 다른 사례는 기계들과 특히 자동차(류)가 갖는 상징적 중요성이었다. 그의 책 《파시즘의 무대 기획 *Staging Fascism*》에서 문화사가인 제프리 슈납Jeffrey Schnapp은 18BL 트럭이 파시스트 신화에서 했던 역할을 연구했다. 18BL은 제1차 세계 대전에서 이탈리아 군대의 주요한 수송 수단이었으며 1919년 현재 그것은 또한 파시스트들을 위해 선택된 차량이었는데, 그들은 사회주의자들과 싸우기 위해서 스콰드리squadri[돌격대원들 — 옮긴이]를 공장 정문과 당 사무소로 수송할 때 그 차량을 사용했다. 무솔리니가 권력을 장악한 이후, 그 차량은 파시스트적 국가 재건의 첫 번째 상징이 되었는데, 즉 그것은 많은 부분 경주용 차와 비행기를 본떠, 인간과 기계를 결합한 것으로 이해되었다. 그것이 개인적인 "조종사pilot"를 넘어 파시스

트 전사들의 집단이라는 집단성을 강조했다는 중요한 차이를 가지고서 말이다. 18BL은 심지어 1935년의 무대 연기에서 원래는 무솔리니 운동 초창기에 사회주의자들에게 죽음을 당했다고 전해져 온 19세의 파시스트를 위해 마련된 영웅의 역할을 맡았다. 슈납은 "그 트럭은 순교당한 조반니 베르타Giovanni Berta의 신체에서 느낄 수 있는 것과 동일한 정서적 반응을 도출해 내는, 겸손하고 영웅적인 병사들뿐 아니라 운전병에 이르는 모든 파시스트였다"고 쓰고 있다. 슈납은 18BL이 "혁명의 생모生母"라고 결론 내렸다. *Staging Fascism: 18BL and the Theater of Masses for Masses* (Stanford, 1996), 55~56쪽. 상징적으로, 그 트럭은 집단으로서의 철도와 개별적인 수송 수단으로서의 자동차 사이를 매개하는 지위를 점했다. "트럭들은, 한편으로는 산업과 도시 프롤레타리아트와 …… 그것들의 연계들로 인해, 다른 한편으로는 근대화된 농업과 농민과 그것들의 연계들로 인해, 근대 수송 역사의 초기에 집단성의 상징으로서 나타났다. 기차의 경우와는 달리, 문제의 집단성은 쉽사리 국가와 동일시될 수 없다. 왜냐하면 트럭 여행이 주는 운동의 자율성과 자유가 대단하기 때문이다."(54쪽, 강조 포함)

6) "반도시"라는 용어에 대해서는 Riccardo Mariani, "Monumentalismus und Monu-mente," in *Realismus: Zwischen Revolution und Reaktion* (Munich, 1981), 418쪽. 무솔리니의 대변인으로 알려져 있는 건축가 마르첼로 피아첸티니Marcello Piacentini는 신도시의 배치에서 녹지 공간의 양과 그것의 주변 지역과의 "유기적인" 연결을 상찬했다. 동시에 그는 신도시들의 면적들이 지나친 데 반해 공공 편의 시설들이 충분치 않다고 비판했다. 이는 나중에 비판자들에게 피아첸티니가 "자신이 의미했던 바를 설명하지 않았으며, 나는 아직도 그가 염두에 두고 있었던 것을 이해하지 못하고 있다"는 불만을 품도록 만들었다. Henry A. Millon, "Some New Towns in Italy in the 1930s," in *Art and Architecture in the Service of Politics*, edited by Millon and Linda Nochlin (Cambridge, Mass., 1978), 332~333쪽. 신도시의 녹지 공간에도 불구하고 1930년대의 평자들과 그 이후의 비판자들 모두가 신도시는 전원도시를 의도한 것이 아니었음을 알아차리는 일은 어려웠던 것으로 증명되었다. 다이앤 기라도Diane Ghirardo도 마찬가지로, 신도시와 고전적인 전원도시를 완전히 구별되는 개념들(60쪽)로서 그리고 유사한 현상으로서 엇갈리게 특징지으면서 그들 간의 관계를 명확하게 설정하지 못했다(81쪽, 4장 22번 주를 참조하라).

7) McLeod, 308쪽(4장 6번 주를 참조하라).

8) Valentino Orsolini-Cencelli, "Littoria e la bonificazione dell'Agro Pontino," *Gerarchia* (1933), 851쪽.

9) Corrado Alvaro, *Terra nuova: Prima cronaca dell'Agro Pontino* (1934; repr., Milan, 1989), 15, 26, 29, 47~48, 78쪽.

10) Schnapp, 57쪽에서 인용.

11) 같은 책, 75쪽.

12) 아마도 폰티네 습지의 개간은 일종의 매개적인 현상, 신도시가 기념비성 ― 뉴딜 및 국가사회주의의 정착지 사업들을 선전과 마찬가지로 너무나 비효율적인 것으로 만들었던 잃어버린 요소 ― 이라는 외관을 제공했던 확장된 정착지로서 가장 잘 이해될 수 있다. 여기서 아그로 폰티노 사업을 나치 정권 초기의 잊혀진 "동프로이센 계획East Prussia plan"과 비교하는 것은 교훈적이다.

동프로이센 계획은, 당지역위원장이자 고트프리트 페더와 마찬가지로 당의 중간 계급 분파에 속했던 에리히 코흐Erich Koch에 의해 1934년에 제기되었다. 그 계획은 독일의 침체되고 불연속적이고 가장 동쪽에 치우쳐 있는 영역을 소생시키는 것을 목적으로 했다. 코흐의 그 주장은 아그로 폰티노와 유사하다. 독일에게 동프로이센은 자유주의적 산업화에 의해 손상되었던 지역을 상징하는 패러다임이었다. 루르Ruhr 계곡의 탄광에 일하러 사람들이 서쪽으로 이동해 인구가 급감했기 때문에, 그것은 대초원의 개척을 연상시켰다. 게다가 그것의 지리학적 위치 덕분에, 코흐도 동프로이센을 "서쪽에서 동쪽으로, 대도시에서 지방으로, 주택 건물에서 향토로 가는 도중에 있는 독일 인민들을 위한 전위적이고 개척자적인 전초 부대"라고 묘사했다. Erich Koch, *Aufbau im Osten* (Breslau, 1934), 65쪽.

동프로이센 계획의 범위는 그 전임자의 계획의 범위를 압도했다. 즉 바이마르 공화국의 동부 구제Eastern Relief 사업이 그것인데, 이 사업은 지역 재정 지원에 목매다는 토지 소유자들에게에게만 제공해 왔다. 반면 코흐의 계획은 중소 규모의 공장들을 서부 독일로부터 재배치함으로써, 그리고 산업 노동자들을 농부로 전환함으로써 인구를 200만에서 350만 명으로 증가시킬 것을 제안하는 것이었다. 그 계획은 서부 독일에서의 도시 과밀화를 억제하고 "텅 빈" 동부에 사람들을 거주시키는 이중적인 이득을 얻는 것이었다.

그 계획의 또 다른 옹호자인 하인츠 슈말츠Heinz Schmalz는 동프로이센의 재정착지가 "새로운 내구력을 발견하게 함으로써" 서부 독일의 산업을 회복시킬 것이라고 주장했다. Heinz Schmalz, *Die Industrialisierung Ostpreussens als Schicksalsfrage für den gesamtdeutschen und osteuropäischen Raum* (Berlin, 1934), 15쪽. 슈말츠는 새로운 동프로이센이 중소 규모의 산업적·농업적 사업들이 혼합되어 있기 때문에 네덜란드와 독일 남서부의 뷔르템베르크 주와 유사하다고 생각했다. 그는 또한 그 지역을 동유럽에서 독일의 식민지적 야망들을 위한 교두보로 간주하였다. 1934년과 1935년에 실시된 그 계획을 둘러싼 선전은 이 모든 요소들을 포함하고 있었다. 자유주의에 의해 황폐화된 경관들을 다시 회복시킨다는 전망, 경공업과 농업이 조화롭게 공존하는 중간 계급 혼합 경제의 설립, 거의 미개간된 땅에 란트도시 개념의 실현, 그리고 자유주의의 황무지로부터 진실된 국가사회주의적인 문화 형태의 창출.

의미심장하게도, 독일의 루스벨트 전기 작가인 헬무트 마거스Helmut Magers는 동프로이센 계획과 테네시 강 유역 개발 공사 사이에서 수많은 유사점들을 보았다. Helmut Magers, *Roosevelt*, 110~111쪽. 짧은 시간에 그 프로젝트는 아그로 폰티노의 독일적 등가물이 될 수 있을 것으로 생각했다. 그러나 그 제안은 선전 가치에 필수적인 기념비적인 요소들이 부족했으며, 코흐의 제안은 아우토반을 건설에 우호적인 분위기 속에 곧 파묻혀 버렸다.

13) 그럼에도 불구하고, 포드가 구상했던 그 계획은 나중에 실현되게 될 계획들을 예시했을 뿐 아니라 능가하는 것이기도 했다. 역사가인 월터 크리즈Walter L. Creese가 언급한 것처럼, "포드의 전망이 지닌 균형, 웅장함, 그리고 총괄적인 분위기는 정말이지 이후의 TVA 사상가들의 계획이 결코 필적하지 못할 것이다." Walter L. Creese, *TVA's Public Planning: The Vision, the Reality* (Knoxville, 1990), 29쪽. 포드와 머슬 숄스 프로젝트에 관해서는 Reynold M. Wik, *Henry Ford and Grass-Roots America* (Ann Arbor, 1972), 112~113쪽; David E. Nye, *Electrifying America: Social Meanings of a New Technology, 1880-1940* (Cambridge, Mass., 1990), 298쪽; 그리고 Ronald Toby, *Technology as Freedom: The New Deal and the Electrical Modernization of the American Home* (Berkeley, 1996), 48~49쪽을 참조하라.

14) 어느 정도 TVA는 개별 주들의 경계들을 따르기보다는 오히려 미국을 행정적인 지역들로 나누는 움직임이었다는 점에서 파일럿 프로젝트로서 이해될 수 있었다. William E. Leuchtenburg, "Roosevelt, Norris and the 'Seven Little TVAs,'" *Journal of Politics*, vol. 14 (1954), 418쪽, 그리고 Edward M. Barrows, "United Regions of America: A New American Nation," *New Outlook* (May 1933), 19ff쪽.

15) Schlesinger, *The Coming of the New Deal*, 324쪽(2장 13번 주를 참조하라)에서 인용한 루스벨트. David Mitrany, *The Functional Theory of Politics* (New York, 1975), 162~163쪽. 공공 기업체의 역사적 발전과 단계적인 우상 숭배idology에 관해서는 Susan Tenenbaum, "The Progressive Legacy and the Public Corporation: Entrepreneurship and Public Virtue," *Journal of Policy History*, vol. 3 (1991), 309~330쪽을 참조하라.

16) David. E. Lilienthal, *TVA: Democracy on the March* (New York, 1944), 1~2쪽.

17) Arthur E. Morgan, "The Human Problem of the Tennessee Valley Authority," *Landscape Architecture* (April 1934), 123쪽. 또한 Donald Davidson, *The Tennessee*, vol. 2 (New York, 1948), 238쪽을 참조하라.

18) "Totality" : George Fort Milton, "Dawn for the Tennessee Valley," *Review of Reviews* (June 1933), 34쪽. "Planning cannot" : Julian Huxley, "An Achievement of Demo-cratic Planning," *Architectural Review*, vol. 93 (1943), 166쪽. 탤벗 햄린Talbot F. Hamlin도 유사한 입장을 갖고 있었다. "내 생각에는 TVA 프로젝트에는 또 다른, 훨씬 깊은 희망과 신뢰의 원천이 존재하기도 한다. 그것은 계획 ― 거대한 규모의 계획 ― 이 민주주의 체제에서 가능하다는 것을 보여 주는, 세계에서 가장 놀라운 당대의 사례이다. 독재 체제의 계획과 같은 그러한 그릇된 능률은 인민의 이익을 위해서 기획되고 집행되는 거대한 국가적 사업들을 산출하는 데 필요한 것이 아니다." Talbot F. Hamlin, "Architecture of the TVA," *Pencil Points*, vol. 20 (1939), 731쪽. 비판자들이 TVA의 성취들 대부분이 엄밀히 말해서 그것이 구조상으로는 민주주의적이지 않았기 때문에 발생했다는 것을 깨닫게 되었기에, TVA에 대한 오늘날의 평가는 좀 더 양가兩價적이다. 예를 들면, Phoebe Cutler, *The Public Landscape of the New Deal* (New Haven, 1985), 136쪽.

19) Schlesinger, *The Crisis of the Old Order, 1919-1933*, 123~124쪽(4장 8번 주)에서 인용.

20) Émile Zola, *Travail* (Paris, 1993), 545~546쪽. 저자의 번역.

21) James W. Carey and John J. Quirk, "The Mythos of the Electronic Revolution," *American Scholar* (Summer 1970), 226~227쪽. 구원과 재생의 원천으로서 전기에 대한 관념은 18세기의 이른바 전기 신학electrical theology에 그 뿌리를 갖고 있는데, 그 신학에서는 신을 모든 삶의 전기적 원천으로 바라보았다. 영혼은 "동물 자기animal magnetism"에 의해서 정화될 수 있다는 프란츠 안톤 메스머Franz Anton Mesmer의 동시대의 관념도 또한 오늘날의 전기 충격 요법의 선구자로 간주될 수 있다.

22) Walter Creese, 54, 250쪽.

23) F. A. Gutheim, "T.V.A.: A New Phase in Architecture," *Magazine of Art*, vol. 33 (September 1940), 527쪽. 이러한 정황 속에서는 누구든 일시적으로 서로에게 도움이 되는 두 개의 똑같이 강력한 계급들의 이중 지배라는 레닌의 생각을 인용할 수 있었다. 자신을 탐욕스런 자본주의에 대항하는 "인민들"의 옹호자로 간주한 뉴딜은 자신의 전력화 프로그램을 경제적 무기로서뿐 아니라 방패막이로도 사용하였다.

24) Walter Creese, 162쪽에서 인용.

25) Brian Black, "Ecology and Design in the Landscape of the Tennessee Valley Authority, 1933-1945," in *Environmentalism in Landscape Architecture*, edited by Michael Conan (Washington, D.C., 2000), 83~84쪽.

26) Talbot Hamlin, 722쪽.

27) Walter Creese, 165쪽을 참조하라. 또한 노리스 댐과 거의 같은 시기에 착수된 것으로 알려져 있는 모스크바의 메트로Metro와 비교할 수도 있었을 것이다. 메트로에서의 기술은 의사 역사적pseudohistorical인 외양 뒤에 숨겨져 있었을지라도, 소비에트 수도에서의 공공 수송 체계는 공학에 있어서의 혁명적인 성취로서 여전히 찬양받고 있었다. 비록 정치적 스펙트럼의 정반대에 위치한 목적들로부터 유래했을지라도, 미국과 소련 정부 모두가 새로운 기술에 중점을 둔 거대한 공공사업 프로젝트들에 착수하고 선전적으로 연출하는 한에 있어서는 양 체제는 수렴되었다.

28) F. A. Gutheim, 524쪽.

29) Hyacinthe Dubreuil, *Les codes de Roosevelt: Les perspective de la vie sociale* (Paris, 1934), 136쪽. 자신의 요점을 증명하기 위해서, 뒤브뢰유Dubreuil은 미국인이 자동차 경적을 거의 사용하지 않는다는 것과 도로의 차선을 엄격히 준수한다는 사실을 인용하였다.

30) Thomas Zeller, *Strasse, Bahn, Panorama: Verkehrswege und Landschaftsveränderung in Deutschland von 1930 bis 1990* (Frankfurt, 2002), 54쪽을 참조하라. 독일적 기술이라는 사상은, 미국에서 소스타인 베블런Thorstein Veblen이 가장 주도적인 대표자였던 국제적인 테크노크라트 운동의 국가사회주의적 변종으로서 이해될 수 있다.

31) "그 문제The question"는 Erhard Schutz: "'Verankert fest im Kern des Bluts': Die Reichsautobahn—mediale Visionen einer organischen Moderne im 'Dritten Reich,'" in *Faszination des Organischen: Konjunkturen einer Kategorie der Moderne*, edited by H. Eggert, E. Schütz, and P. Sprengel (Munich, 1995), 236쪽에서 인용. 그 논문은 Schütz, "Faszination der blassgrauen Bänder," in *Technikdiskurs der Hitler-Stalin-Ära*, edited by Wolfgang Emmerich and Carl Wege (Stuttgart, 1995)와 거의 동일하다. "팽팽하게 잡아당겨진Tightly drawn"은 Schütz, "Faszination," 128쪽에서 인용. "파괴를 의도한 것은 아니었다It was intended not to destroy"는 Hugo Koester (1943), Zeller, 156쪽에서 인용. "가장 짧은 것이 아닌Not the shortest"은 Emil Maier-Dorn (1938), Schütz, "'Verankert,'" 240쪽에서 인용.

32) Karl-Heinz Ludwig, "Politische Lösungen fü r technische Innovatione 1933-1945,"

Technikgeschichte, vol. 62 (1995), 336쪽.

33) Erhard Schütz and Eckhard Gruber, *Mythos Autobahn: Bau und Inszenierung der "Strassen des Führers," 1933-1941* (Berlin, 1996), 128쪽.

34) 토트의 언급은 Thomas Zeller, Strasse, 83쪽에서 인용했다. 또한 Thomas Lekan, "Regionalism and the Politics of Landscape Preservation in the Third Reich," *Environmental History*, vol. 4 (1999), 396~397쪽을 참조하라.

35) 토트의 언급은 Thomas Zeller, " 'The Landscape' s Crown' : Landscape, Perceptions, and Modernizing Effects of the German Autobahn System, 1934 to 1941," in *Technologies of Landscape: From Reaping to Recycling*, edited by David E. Nye (Amherst, 1999), 237쪽에서 인용했다. 토트와 타우트의 비교에 관해서는 Erhard Schütz, " 'Verankert,' " 238쪽을 참조하라.

36) 미국의 공원 도로에 관한 독일의 간행물들의 참고 목록들을 보려면, Thomas Zeller, *Strasse*, 163쪽을 참조하라.

37) Sigfried Giedion, *Space, Time and Architecture* (1941; repr., Cambridge, Mass., 1976), 825쪽.

38) 이 용어는 알빈 자이퍼트Alvin Seifert의 것이다. 자이퍼트는 아우토반을 조경하고 그 진로를 계획하는 책임을 맡고 있었다.

39) Walter Dirks, "Das Dreieck auf der Autobahn: Impressionen von einer Fahrt Frankfurt-Berlin-München-Frankfurt," *Frankfurter Zeitung*, December 11, 1938.

40) Erhard Schütz, " 'Verankert,' " 259쪽.

41) Stephen Henry Roberts, *The House That Hitler Built* (New York, 1938), 240쪽.

42) Carl Wege, "Gleisdreieck, Tank und Motor: Figuren und Denkfiguren aus der Technosphäre der Neuen Sachlichkeit," *Deutsche Vierteljahresschrift für Literaturwissenschaft und Geistesgeschichte*, vol. 68 (1994), 320~323쪽을 참조하라.

43) Joseph Roth, *What I Saw: Reports from Berlin, 1920-1933* (New York, 2003), 105~108쪽.

에필로그: "우리가 행진할 때"

1) John T. Flynn, *As We Go Marching* (New York, 1944; repr., 1972), 255, 256쪽. Bertram Myron Gross, *Friendly Fascism: The New Face of Power in America* (New York, 1980).

2) Karl Mannheim, *Man and Society in an Age of Reconstruction* (New York, 1940), 337~338쪽.

사진 출처

30쪽   Roger Viollet/Getty Images

83쪽   The Granger Collection, New York

85쪽   akg-images

90쪽   ⓒ Topham/The Image Works

100쪽   ⓒ Bettmann/CORBIS

103쪽   Mary Evans/Weimar Archive

118쪽   Archiv der sozialen Demokratie der Friedrich-Ebert-Stiftung

122쪽   ⓒ Hulton-Deutsch Collection/CORBIS

166쪽   Library of Congress

168쪽   Library of Congress

171쪽   ⓒ SV-Bilderdienst/The Image Works

188쪽   ⓒ Alinari Archives, Florence

192쪽   Hulton Archive/Getty Images

196쪽   The Granger Collection, New York

201쪽   Library of Congress

217쪽   Mary Evans/Weimar Archive

222쪽   Mary Evans/Institute of Civil Engineers

찾아보기

다

볼프강 쉬벨부시 Wolfgang Schivelbusch

"문화사의 거장"이라 불리는 볼프강 쉬벨부시는 1941년에 베를린에서 태어났다. 쉬벨부시는 프랑크푸르트와 베를린에서 문학, 철학, 사회학을 공부하였으며 1973년부터는 뉴욕에서 자유저술가로 활동하고 있다. 쉬벨부시가 지은 책으로는 《브레히트 이후의 사회 드라마》(1974), 《철도 여행의 역사》(1978), 《기호품의 역사》(1980), 《지식인의 황혼》(1982), 《섬광》(1983), 《빌헬름 시대의 한 오페라》(1985), 《뢰벤의 도서관》(1988), 《패배의 문화》(2003) 등이 있다.

차문석

성균관대에서 정치학 박사 학위를 받았고 성균관대, 동국대 등에서 연구원 및 연구 교수로 근무했다. 현재는 통일교육원 교수로 재직 중이다. 지은 책으로는 《반노동의 유토피아》, 《대중독재의 영웅 만들기》(공저), 《노동의 세기》(공저) 등이 있고, 옮긴 책으로는 《전쟁이 만든 나라, 북한의 군사공업화》(공역), 《악의 축의 발명》(공역), 《현대사상의 파노라마》(공역) 등이 있다. 논문으로는 〈20세기 사회주의에서 화폐와 수령〉, 〈북한의 시장과 시장 경제〉, 〈신의주 공장 연구〉 등 다수가 있다.

뉴딜, 세 편의 드라마
루스벨트의 뉴딜·무솔리니의 파시즘·히틀러의 나치즘

지은이 • 볼프강 쉬벨부시 | 옮긴이 • 차문석 | 발행인 • 임영근 | 초판 1쇄 발행일 • 2009년 4월 27일 | 펴낸곳 • 도서출판 지식의풍경 | 주소 • 서울시 마포구 서교동 457-6 성동빌딩 2층(121-841) | 전화 번호 • 332-7629(편집), 332-7635(영업), 332-7634(팩스) | E-mail • vistabooks@hanmail.net | 등록 번호 • 제15-414호 (1999. 5. 27.)

값 18,000원   ISBN 978-89-89047-35-3 03900